KB077993

500만 독자 여러분께 감사드립니다.

세상이 아무리 바쁘게 돌아가더라도
책까지 아무렇게나 빨리 만들 수는 없습니다.

길벗은 독자 여러분이
가장 쉽게, 가장 빨리 배울 수 있는 책을
한 권 한 권 정성을 다해 만들겠습니다.

독자의 1초를 아껴주는
정성을 만나보세요.

미리 책을 읽고 따라해 본 2만 베타테스터 여러분과
무따기 체험단, 길벗스쿨 엄마 2% 기획단,
시나공 평가단, 토익 배틀, 대학생 기자단까지!
믿을 수 있는 책을 함께 만들어주신 독자 여러분께 감사드립니다.

고경희 지음

최신
개정판

macOS

맥OS 무작정 따라하기

길벗

맥OS 무작정 따라하기

The Cakewalk Series – macOS

초판 발행 · 2021년 7월 30일

지은이 · 고경희
발행인 · 이종원
발행처 · (주)도서출판 길벗
출판사 등록일 · 1990년 12월 24일
주소 · 서울시 마포구 월드컵로 10길 56(서교동)
대표 전화 · 02)332-0931 | **팩스** · 02)323-0586
홈페이지 · www.gilbut.co.kr | **이메일** · gilbut@gilbut.co.kr

기획 및 책임 편집 · 최동원(cdw8282@gilbut.co.kr)
표지 및 본문 디자인 · 장기춘 | **제작** · 이준호, 손일순, 이진혁 | **영업마케팅** · 임태호, 전선하, 차명환
웹마케팅 · 조승모, 지하영 | **영업관리** · 김명자 | **독자지원** · 송혜란, 윤정아

교정교열 · 안종군 | **전산편집** · 예다움 | **CTP 출력 및 인쇄** · 벽호 | **제본** · 벽호

ISBN 979-11-6521-626-9 03000

(길벗 도서번호 007111)

정가 24,000원

> 이 책은 macOS Big sur 11.4 버전에 최적화되어 있습니다. 다른 버전을 사용 중이라면 메뉴와 화면 구성이 조금 다를 수 있지만,
> 실습을 따라하는데 큰 문제가 없습니다.

독자의 1초까지 아껴주는 정성 길벗출판사

길벗 | IT실용서, IT/일반 수험서, IT전문서, 경제실용서, 취미실용서, 건강실용서, 자녀교육서
더퀘스트 | 인문교양서, 비즈니스서
길벗이지톡 | 어학단행본, 어학수험서
길벗스쿨 | 국어학습서, 수학학습서, 유아학습서, 어학학습서, 어린이교양서, 교과서
페이스북 | www.facebook.com/gilbutzigy
네이버 포스트 | post.naver.com/gilbutzigy

한 입 베어 문 사과 로고로 유명한 Apple의 매킨토시 컴퓨터는 한때 전문가들의 전유물이었습니다. 하지만 최근에는 많은 사람이 사용하고 있을 정도로 대중화됐습니다. 또한 Mac은 데스크탑인 iMac을 비롯해 랩탑인 MacBook, MacBook Air, MacBook Pro 등 다양한 형태로 판매되고 있습니다. 큰 맘 먹고 Mac을 구입했지만 어디서부터 어떻게 시작해야 할지 난감하다면 이 책과 함께 시작해 보세요.

최신 macOS를 다루고 있습니다

macOS는 약 1년 주기로 새로운 버전을 발표하고 있습니다. iPhone, iPad와 연결해 작업하는 것도 점점 편리해지고 있고, 사용자들의 사용 패턴에 따라 기능도 추가되고 있습니다. 이 책에서는 최신 버전인 'Big Sur'를 다루고 있습니다. 앞으로도 최대한 빨리 최신 macOS의 기능을 정리해 전해드리겠습니다.

Windows 기능을 함께 표시했습니다

Mac이 대중화됐다고는 하지만 아직까지는 Windows에 익숙한 사람들이 많을 것입니다. 이 책에서는 Windows에 익숙해져 있는 사용자가 macOS를 빠르게 사용할 수 있도록 macOS의 기능이 Windows의 어떤 기능과 비슷한지를 함께 표기해 뒀습니다. 예를 들어, macOS의 Finder는 Windows의 파일 탐색기에 해당하죠. 익숙한 Windows 기능을 떠올리면서 기능을 익히면 macOS를 좀 더 쉽고 빠르게 다룰 수 있을 것입니다.

시스템 환경설정을 제대로 정리했습니다

Mac은 환경설정을 변경해 사용자에게 맞는 작업 환경을 만들 수 있는 멋진 시스템입니다. 하지만 환경설정이 너무 많아 어디를 어떻게 변경해야 할지 헷갈릴 때가 많습니다. 이 책에서는 중요한 환경설정에 대해서만 본문에서 다루고, 본문에서 미처 다루지 못한 내용은 따로 시스템 환경설정 장을 구성해 별도로 정리했습니다. Mac을 사용하며 환경설정을 변경해야 할 때 참고하시기 바랍니다.

Automator와 터미널, BootCamp를 설명하고 있습니다

macOS의 기본 기능에 어느 정도 익숙해졌다면 여러 작업을 하나로 묶어 자동으로 실행할 수 있는 Automator나 명령어를 직접 입력해 실행하는 터미널에 도전해 보세요. Mac 사용이 더욱 편리해집니다. 그리고 Mac을 사용하면서 Windows도 함께 사용하고 싶다면 이 책에서 설명하는 Boot Camp를 이용해 윈도우 10을 설치할 수 있습니다. 단, Apple 전용칩인 M1이 탑재된 Mac에는 Boot Camp를 설치할 수 없으니 참고하세요.

끝으로 출판을 허락해 주신 길벗출판사 관계자 여러분과 원고를 집필하는 동안 많은 도움을 주신 최동원 차장님께 감사드립니다.

즐거운 Mac 생활하시길

고경희(funcom@gmail.com)

PREVIEW

 macOS 기초

macOS를 처음 사용하시나요? Windows와 macOS의 차이점부터 키보드, 마우스/트랙패드까지 알아 두면 편리한 macOS의 기본 기능에 대해 알아봅니다.

기본 사용법　　이 Mac에 관하여　　Dock　　키보드　　마우스　　트랙패드　　데스크탑 배경 화면

 macOS 활용

Mac를 Mac답게 만드는 기능들! 다양한 앱을 설치할 수 있는 App Store와 iPad를 확장 모니터처럼 사용할 수 있는 Sidecar, 무엇이든 찾아주는 Spotlight 등 macOS에만 있는 유용한 기능에 대해 알아봅니다.

Lunchpad　　App Store　　Spotlight　　AirDrop　　Mission Control　　Sidercar　　Apple ID　　icloud

 파일 관리

Windows에 파일 탐색기가 있다면 macOS에는 Finder가 있습니다. 파일과 폴더 등의 항목을 다루는 기본적인 방법은 물론 태그와 스마트 폴더를 활용해 Finder를 제대로 활용해보세요.

Finder　　스마트 폴더　　압축　　미리보기

 정보 수집

큰 맘 먹고 구입한 Mac으로 웹 서핑만 하고 있지 않나요? macOS의 Mail과 연락처, 캘린더로 흩어져 있는 정보를 효율적으로 관리해 보세요.

Safari　　Mail　　연락처　　캘린더

멀티미디어

사진을 관리하고 보정할 수 있는 사진 앱과 나만의 동영상을 편집할 수 있는 iMovie 등 간편하지만 강력하고 재미있는 macOS의 멀티미디어 앱을 사용해 보세요.

 사진　 팟캐스트　 iMovie

 생산성

macOS에는 간단한 기록과 편집을 위한 스티커, 메모, 등의 앱과 무료지만 강력한 iWork가 있습니다. macOS만의 특별한 앱으로 생산성을 높이는 기록과 편집 작업에 대해 알아봅니다.

 스티커　 메모　 텍스트 편집기　 스크린샷　 iCloud Drive　 Pages　 Numbers　 Keynote　

 유지/관리

외장 하드 디스크를 포맷하거나 갑자기 느려진 시스템을 점검해 보세요. Mac를 항상 새것처럼 유지/관리하는 방법에 대해 알아봅니다

 디스크 유틸리티　 타임머신　 활성 상태 보기　 키체인　 서체 관리자　 Apple ID　 시스템 환경설정　

부록

단순 반복해야 하는 작업이 있다면 Automator를 사용해 보세요. 만약 Window가 필요하다면 Boot Camp를 사용해 설치해 보세요.

 Automator　 터미널　 Boot Camp

PREVIEW

Windows에 익숙해서 아직은 macOS가 어려운가요?
macOS의 기능이나 앱이 Windows와 어떻게 대응되는지
쉽게 확인할 수 있습니다.

03 | Finder 구성 요소 가리기 또는 보기

Finder 윈도우는 도구 막대, 사이드바와 미리보기 패널, 상태 막대와 경로 막대로 구성돼 있습니다. 각각의 구성 요소는 모두 가리거나 필요할 때만 화면에 표시할 수 있습니다.

⊞ 파일 탐색기

미리보기 가리기/보기

Finder의 [보기] 메뉴 중 [미리보기 가리기]를 선택하면 미리보기 화면을 감출 수 있습니다. 다시 표시하려면 [보기]-[미리보기 보기]를 선택합니다.

▲ 미리보기 보기

▲ 미리보기 가리기

사이드바 가리기/보기

Finder에서 [보기]-[사이드바 가리기]를 선택하면 사이드바를 감출 수 있습니다. 다시 사이드바를 표시하려면 [보기]-[사이드바 보기]를 선택합니다.

잠깐만요 ─────────────
command + option + S 키를 눌러도 사이드바를 감추거나 표시할 수 있습니다.

▲ 사이드바 보기

▲ 사이드바 가리기

132

잠깐
만요

깜박하고 놓치거나 지나치기 쉬운 내용이나 추가로 알아 두면
좋은 팁을 알려 줍니다.

원모어띵 macOS의 다양한 기능과 앱을 실행하는 여러 가지 방법을 설명합니다.

탭 macOS의 다양한 앱이나 기능을 파일 관리, 정보 수집, 기록과 편집 등과 같이 사용자를 기준으로 구분했습니다.

---

01 | 폴더를 만드는 다양한 방법

macOS의 Finder에서 새로운 폴더를 만드는 방법은 Windows의 파일 탐색기와 크게 다르지 않습니다. 하지만 Finder에는 파일 탐색기에 없는 '항목을 포함한 새로운 폴더 만들기'라는 편리한 기능이 있습니다.

 파일 탐색기

파일 관리

Finder 활용하기

[방법 1] 새로운 폴더 만들기

새로운 폴더는 Finder 윈도우나 데스크탑 화면 어디에서나 만들 수 있습니다. 여기에서는 Finder 윈도우의 '데스크탑' 폴더에 새로운 폴더를 만들어 보겠습니다.

1 Finder 윈도우의 사이드바에서 [데스크탑]을 선택한 후 오른쪽 내용 영역의 빈 공간을 [control]+클릭하면 나타나는 단축 메뉴에서 [새로운 폴더]를 선택합니다.

잠 깐 만 요
Finder 윈도우의 '데스크탑' 폴더는 Windows의 '바탕화면' 폴더와 같이 macOS의 데스크탑 화면을 폴더 형태로 표시한 것입니다.

원모어띵

새로운 폴더를 만드는 다양한 방법

- 단축키로 새로운 폴더 만들기: [command]+[shift]+[N]
- 단축 메뉴에서 새로운 폴더 만들기: Finder 윈도우 내용 영역에서 [control]+클릭한 후 [새로운 폴더] 선택하기
- Finder 메뉴 막대에서 새로운 폴더 만들기: Finder 메뉴 막대에서 [파일]-[새로운 폴더] 선택하기

전문가의 조언

어떤 보기 방식이 편리한가요?

Finder 윈도우의 보기 방식 중 어떤 것이 더 편리하고, 덜 편리하다고 할 수 없습니다. 각 보기 방식의 용도는 서로 다르기 때문이죠.

아이콘 보기는 사진이나 그림 파일의 내용을 아이콘 형태로 미리볼 수 있어서 편리합니다. 목록 보기는 여러 파일의 세부 정보를 확인해 특정 조건에 따라 파일을 정렬해야 할 때 유용하고, 계층 보기는 폴더 안에 여러 개의 하위 폴더가 포함돼 있을 경우 폴더 구조를 확인하기에 유용합니다. 갤러리 보기는 여러 개의 PDF 파일이나 문서 파일의 내용을 미리 파악하는 데 유용하죠. 각각의 보기 방식은 용도가 다르기 때문에 필요에 따라 변경하는 것이 좋습니다.

151

전문가의 조언 macOS의 다양한 앱과 각종 설정을 언제, 어떻게 사용하는 것이 좋은지 그리고 숨어 있지만 알아 두면 편리한 기능들을 친절하게 설명합니다.

CONTENTS

PART 2
Mac를 Mac답게 사용하기

SECTION 01

macOS에서 앱 다루기

SECTION 02

데스크탑 여러 개 사용하기

SECTION 03

iPad를 보조 모니터로 사용하기

CONTENTS

SECTION 03

미리보기

PART

4

쉽고 편리하게 정보 수집하기

SECTION 01

Safari

CONTENTS

PART 5

간편하고 강력한 멀티미디어

CONTENTS

PART 7 시스템을 안전하게 관리하기

SECTION 01

디스크 관리하기

SECTION 02

Time Machine으로 백업 및 복원하기

SECTION 03

시스템 관리하기

CONTENTS

부록

One More Thing!

PART 1

기초부터
탄탄하게

Microsoft의 Windows가 설치돼 있는 컴퓨터만 사용하다가 Apple의 macOS를 처음 사용해 보면 Windows와는 사용 환경이 많이 달라서 어디서부터 시작해야 할지 난감합니다. 설사 iPhone이나 iPad를 사용한 적이 있더라도 말이죠. macOS를 처음 사용한다면 가장 먼저 macOS의 기본적인 조작법을 배워야겠죠? 기본 조작법을 익히고 나면 필요할 때마다 원하는 기능만 찾아 공부해도 됩니다.

macOS

macOS
시작하기

이제 막 Mac을 사용하기 시작했나요? 그렇다면 이 장에서 설명하는 macOS의 기초를 꼭 확인하고 넘어가세요. macOS가 Windows와 어떻게 다른지, macOS는 어떻게 조작하는지를 안 후에 Mac을 사용하면 좀 더 쉽고 빠르게 익숙해질 것입니다.

01 | macOS와 Windows는 어떻게 다를까?

Windows에만 익숙한 사용자가 macOS를 처음 사용하게 되면 화면 배치는 물론 프로그램 시작 방법 등이 달라 어려움을 느낍니다. macOS 를 배우기 전에 Windows와 macOS가 어떻게 다른지 간단히 알아보겠습니다.

⊕ 시스템

잠 깐 만 요

macOS 전문적인 내용은 제외하고 사용자의 입장에서 macOS와 Windows의 차이점만 살펴보겠습니다.

macOS는 일체형 시스템입니다

macOS와 Windows의 가장 큰 차이는 macOS가 일체형 시스템이라는 것입니다. macOS가 포함 돼 있는 Mac 시스템은 MacBook Air, MacBook Pro, iMac 등의 하드웨어와 운영체계가 한 덩 어리이기 때문에 시스템이 안정적입니다. 즉, 하드웨어 때문에 오류가 발생하거나 시스템이 느 려지는 일이 거의 없습니다. 그 대신 사용자가 원하는 부품만 업그레이드할 수 없다는 단점이 있 습니다. 게임을 즐기는 사용자는 게임을 원활하게 실행하기 위해 메모리, 그래픽 카드, CPU 등 을 업그레이드하는 경우가 많은데, 이런 분은 Windows PC를 사용하는 게 낫겠죠?

Dock은 macOS로 가는 통로입니다

Mac을 켰을 때 가장 먼저 눈에 띄는 부분은 화면 아래에 있는 Dock입니다. Dock은 macOS로 가는 통로로, 사용 중인 앱이나 응용 프로그램이 표시됩니다. Dock에는 자주 사용하는 앱이나 폴더를 고정할 수도 있습니다. Windows의 작업 표시줄보다 확장성이 뛰어나고, 앱을 실행하거 나 윈도우를 최소화할 때 멋진 애니메이션 효과가 나타난다는 특징이 있습니다.

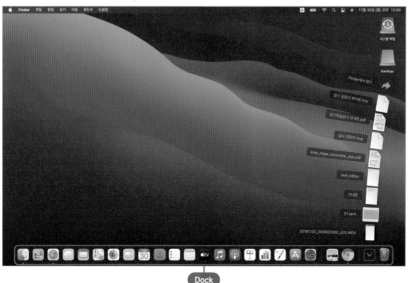

Dock

macOS에는 시작 메뉴가 없습니다

macOS에는 시작 메뉴가 없습니다. Windows에서는 시작 메뉴를 통해 시스템에 설치된 모든 앱을 살펴보고 실행할 수 있지만, macOS에서는 Launchpad나 Spotlight 검색을 통해 원하는 앱을 실행할 수 있습니다.

▲ Launchpad에서 앱 실행하기

▲ Spotlight 검색을 통해 앱 실행하기

모든 메뉴는 화면의 맨 위에 있습니다

macOS와 Windows의 눈에 띄는 차이 중 하나는 앱 메뉴의 위치입니다. Windows에서 앱을 실행하면 앱 윈도우 위에 메뉴가 표시됩니다. 여러 가지 앱을 실행하면 앱 윈도우마다 메뉴가 따로 표시되죠.

반면 macOS에서는 모든 앱의 메뉴가 항상 화면의 맨 위에 고정돼 표시됩니다. 여러 가지 앱이 실행돼 있는 상태라면 Apple 메뉴 의 오른쪽에서 현재 선택한 앱의 이름을 확인할 수 있습니다.

▲ macOS의 앱 메뉴

iPhone, iPad와 찰떡 궁합입니다

iPhone이나 iPad를 사용하고 있다면 Mac과 연동해서 사용할 수 있습니다. AirDrop이나 Photo Booth를 사용하면 iPhone이나 iPad에 있는 파일을 Mac으로 쉽게 옮길 수 있고, Mac에 있는 파일을 iPhone이나 iPad로 옮길 수도 있습니다. 또한 iPhone을 사용하는 다른 사용자와 메시지를 주고받거나 전화를 걸고 받을 수 있습니다. Mac과 iPhone의 '연속성 기능'을 사용하면 Mac이나 iPhone에서 하던 작업을 이어서 진행할 수 있습니다. 또한 macOS의 'Sidecar' 기능을 사용하면 iPad를 Mac의 보조 모니터로 사용할 수 있습니다.

02 | Mac의 시작과 종료

Mac을 켜는 것은 매우 쉽습니다. Mac의 키보드 오른쪽 위에 있는 [전원] 버튼을 2~3초간 누르고 있으면 Mac이 켜지고, 사용자 계정의 암호만 입력하면 바로 Mac을 사용할 수 있습니다. 이와 반대로 Mac을 안전하게 종료하려면 어떻게 해야 할까요? macOS의 기본 기능을 살펴보기 전에 Mac을 시작하고 종료하는 방법부터 알아보겠습니다.

⊕ 시작 메뉴

macOS 화면의 맨 왼쪽 위에 있는 [🍎]를 클릭하면 macOS를 종료하는 몇 가지 메뉴가 표시됩니다.

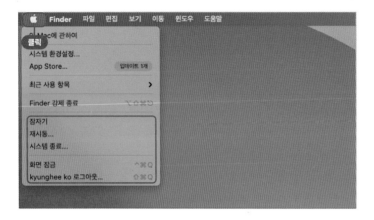

잠자기

[🍎]-[잠자기]를 선택하면 Mac이 '잠을 자는' 상태가 됩니다. '잠자기'는 Mac을 완전히 종료하지 않고도 최소한의 전력만 사용해 작업 환경을 유지하는 것을 말합니다. 마우스 버튼을 클릭하거나 키보드의 아무 키를 누르면 잠자기 상태에서 깨어나 로그인할 수 있고, 이전의 작업 환경을 그대로 사용할 수 있습니다. MacBook을 사용할 경우 덮개를 덮으면 자동으로 잠자기 상태가 됩니다.

재시동

[🍎]-[재시동]을 선택하면 실행 중인 앱이 모두 종료되고 Mac이 꺼졌다가 다시 켜지면서 로그인 화면이 표시됩니다. 실행 중인 앱 중에서 저장하지 않은 앱이 있다면 [재시동]을 선택하기 전에 미리 저장해야 합니다.

시스템 종료

[🍎]–[시스템 종료]를 선택하면 실행 중인 앱이 모두 종료되면서 시스템이 꺼집니다. [종료하기]를 선택하면 '컴퓨터가 60초 후에 자동으로 시스템 종료됩니다.'라는 메시지가 표시되고 카운트가 시작됩니다. 아무런 작업이 없는 상태로 카운트가 완료되거나 [시스템 종료]를 클릭하면 시스템이 종료됩니다. 시스템 종료를 취소하려면 [취소]를 클릭합니다.
다시 Mac을 시작하려면 [전원] 버튼⏻을 누릅니다.

> **잠 깐 만 요** ────────────────────────────────────
> 시스템 종료 상자의 '다시 로그인하면 윈도우 다시 열기'를 체크하면 시스템 종료 전 활성화돼 있던 앱이나 폴더 등이 시스템을 다시 시작할 때 활성화된 상태로 나타납니다.

화면 잠금

[🍎]–[화면 잠금]을 선택하면 시스템 전원을 유지한 상태에서 화면만 잠깁니다. 잠자기 상태에서는 바탕화면에서 실행 중인 앱이 잠시 멈추지만, '화면 잠금'은 바탕화면의 앱이 그대로 실행되고 있는 상태에서 화면만 잠기는 것이죠. 사무실이나 카페 등에서 잠시 자리를 비울 때 작업 화면을 가리기 위한 용도로 사용할 수 있습니다.

로그아웃

여러 명이 한 대의 Mac을 사용할 경우 [🍎]–[로그아웃]을 선택하면 현재 로그인돼 있는 사용자를 로그아웃하고 새로운 사용자로 로그인할 수 있습니다. '다시 로그인하면 윈도우 다시 열기'에 체크하면 로그아웃할 때 열려 있던 앱 윈도우를 기억하고 있다가 다음에 로그인할 때 다시 열어 줍니다.

03 | Mac의 화면 구성 살펴보기

Mac을 처음 실행하면 macOS 화면이 나타납니다. 화면이 Windows와 많이 달라 살짝 낯설기도 한데요. 처음 만나는 화면이 어떻게 구성돼 있는지 알아보겠습니다.

⊕ 데스크탑

macOS의 화면은 크게 위쪽에 있는 메뉴 막대, 아래쪽에 있는 Dock, 그 사이의 공간인 데스크탑 으로 구성돼 있습니다.

메뉴 막대

Apple 메뉴를 비롯해 현재 실행 중인 앱의 메뉴, 상태 메뉴 등 여러 메뉴와 정보가 표시됩니다.

데스크탑

데스크탑은 macOS에서 대부분의 작업을 실행하는 공간으로, 앱을 실행하면 데스크탑에 앱 윈도
우가 표시됩니다. 기본 배경으로 설정돼 있는 빅 서(그래픽) 화면은 시간에 따라 다른 모습으로
나타납니다. 낮에는 라이트 모드의 화면, 밤에는 다크 모드의 화면이 표시되는 거죠.

> **잠 깐 만 요**
> 데스크탑에 대한 자세한 설명은 '01. 데스크탑 배경 화면 바꾸기'(57쪽)를 참고하세요.

Dock

자주 사용하는 앱이나 기능을 모아 놓은 공간입니다. Dock은 3개의 영역으로 나뉘어 있고, 각 영
역 사이에 가느다란 세로 선으로 구분돼 있습니다.

> **잠 깐 만 요**
> Dock에 앱 아이콘을 추가, 삭제하는 방법은 '11. Dock에 앱 아이콘 추가 및 제거하기'(49쪽)를 참고하세요.

Dock의 첫 번째 영역에는 Mac에서 자주 사용하는 앱, 두 번째 영역에는 Dock에는 없지만 현재
실행 중이거나 최근에 사용했던 앱이 표시됩니다. 그리고 세 번째 영역에는 현재 열려 있는 파
일, 폴더, 휴지통이 표시됩니다. 현재 실행 중인 앱은 앱 아이콘 아래에 점으로 표시되고 최근에
사용한 앱은 최대 3개까지 표시됩니다.

04 | 메뉴 막대 살펴보기

macOS의 메뉴 막대는 어떤 앱을 실행하더라도 항상 화면의 맨 위에 표시됩니다. 그렇기 때문에 어떤 앱을 실행하든 메뉴를 항상 똑같은 방법으로 선택할 수 있습니다. macOS의 메뉴 막대는 어떻게 구성돼 있고, 앱에 따라 어떻게 바뀌는지 알아보겠습니다.

⊕ 시스템

Apple 메뉴

메뉴 막대의 가장 왼쪽에 있는 Apple 로고[]를 클릭하면 macOS 전체를 제어할 수 있는 Apple 메뉴가 표시됩니다. Apple 메뉴의 각 항목은 앞으로 하나씩 배울 것입니다. Apple 메뉴는 항상 메뉴 막대에 표시되기 때문에 어떤 앱을 실행하고 있더라도 쉽게 선택할 수 있습니다.

앱 메뉴

Apple 로고[]의 오른쪽에는 현재 사용 중인 앱의 이름과 해당 앱의 메뉴가 표시됩니다.

▲ Finder의 메뉴

 Safari   파일   편집   보기   방문 기록   책갈피   윈도우   도움말

▲ Safari의 메뉴

상태 메뉴

메뉴 막대의 오른쪽에는 키보드의 입력 소스, 배터리 잔량, 네트워크 연결 상태, 빠른 사용자 전환 등 현재 시스템의 상태를 보여 주는 상태 메뉴가 있습니다. 상태 메뉴의 각 아이콘을 클릭하면 해당 항목과 관련된 정보나 설정 방법 등을 볼 수 있죠. 상태 메뉴에 어떤 항목을 추가할 것인지는 '02. 제어 센터'(62쪽)를 참고하세요.

▲ 키보드와 관련된 상태 메뉴

잠 깐 만 요 ───

command 키를 누른 상태에서 상태 메뉴의 아이콘을 드래그하면 아이콘의 위치를 바꿀 수 있습니다.

Spotlight

상태 메뉴의 오른쪽에 있는 [Spotlight] 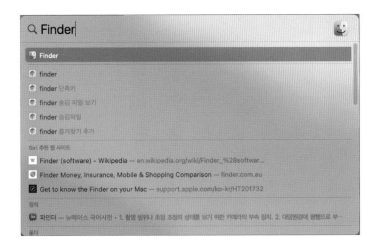를 클릭하면 macOS의 주요 기능인 검색 상자가 데스크탑의 중앙에 표시됩니다. 이 Spotlight 검색 상자에 검색어를 입력해 앱을 실행할 수 있고, 문서나 설정 등과 같은 관련 자료를 검색할 수도 있습니다. esc 키를 누르거나 Spotlight의 바깥 부분을 클릭하면 닫을 수 있습니다. Spotlight는 command + spacebar 키를 눌러도 열 수 있어요. Spotlight는 macOS에서 자주 쓰는 기능이므로 메뉴 막대에서 실행하는 방법이나 단축키로 실행하는 방법을 꼭 익혀 두세요.

잠 깐 만 요 ───

Spotlight에 대한 자세한 설명은 '06. 무엇이든 척척 찾아 주는 Spotlight'(89쪽)를 참고하세요.

제어 센터

메뉴 막대의 [제어 센터] 를 클릭하면 제어 센터 창이 표시됩니다. 제어 센터 창은 자주 사용하는 시스템 설정을 모아 놓은 곳으로, 시스템 설정 메뉴를 따로 열지 않고도 메뉴 막대에서 간단하게 설정을 변경할 수 있습니다. 제어 센터에서는 Bluetooth나 네트워크를 연결 또는 해제할 수 있고, 재생 중인 오디오를 조절할 수도 있습니다. 제어 센터에 대한 자세한 설명은 '02. 제어 센터'(62쪽)를 참고하세요.

▲ 제어 센터

Siri

메뉴 막대의 [Siri] 를 클릭하면 macOS의 음성 비서인 Siri를 실행할 수 있습니다. 간단한 앱 실행부터 필요한 정보 검색까지 음성으로 명령할 수 있죠.

 ▲ Siri로 요청하기

알림 센터

메뉴 막대의 가장 오른쪽에는 현재 날짜와 시간이 표시됩니다. 이곳을 클릭하면 '알림 센터'가 표시돼 일정이나 날씨, 확인하지 않은 알림 등을 확인할 수 있습니다. 알림 센터에 대한 자세한 설명은 '06. 알림 센터에서 알림 확인하기'(72쪽)를 참고하세요.

잠 깐 만 요

손가락 2개로 트랙패드의 오른쪽 밖에서 안으로 쓸어넘겨도 알림 센터를 표시할 수 있습니다.

▲ 알림 센터

앱 메뉴 확인하기

Finder는 macOS의 기본 앱으로, 아무런 앱도 실행하지 않은 상태에서는 메뉴 막대에 Finder 메뉴가 표시됩니다. 다른 앱을 실행하면 어떻게 될까요? Dock에서 macOS의 기본 브라우저인 [Safari] 를 한 번 클릭하면 바로 Safari가 실행됩니다.

Safari가 실행된 상태에서 메뉴 막대를 살펴보면 메뉴 바 왼쪽에 'Safari'라고 표시되고, 메뉴 막대에 '방문 기록', '책갈피' 등과 같은 Safari와 관련된 항목이 표시됩니다. 이렇게 macOS의 메뉴 막대에는 현재 화면에 실행돼 있는 앱의 메뉴가 표시됩니다.

보이는 메뉴가 전부가 아닙니다

Finder 메뉴 막대에서 [파일]을 클릭해 메뉴를 연 후 `option` 키를 눌러 보세요. 기존 메뉴 외에 또 다른 메뉴가 표시됩니다. [열기]는 [열기 및 윈도우 닫기], [윈도우 닫기]는 [모두 닫기]로 바뀌어 표시됩니다. 모든 메뉴 항목이 바뀌는 것이 아니라 관련된 추가 메뉴가 있는 항목만 바뀝니다. 메뉴 막대를 사용할 때는 `option` 키를 눌러 추가 메뉴가 있는지 확인해 보세요. macOS를 좀 더 편리하게 사용할 수 있습니다.

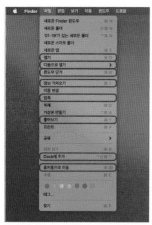 

▲ 기본 메뉴 / 추가 메뉴

05 | 앱을 실행하는 여러 가지 방법

Windows에서는 시작 메뉴만 펼치면 모든 앱을 한눈에 볼 수 있었지만, macOS에서는 필요한 앱이 어디 있는지 찾는 것부터 쉽지 않죠? 그동안 Windows만 사용했다면 macOS의 앱 실행 방법이 조금 어려울 수 있습니다. 이번에는 macOS에서 앱을 실행하는 여러 가지 방법에 대해 알아보겠습니다.

⊕ 시작 화면

[방법 1] Dock에서 앱 실행하기

macOS 화면의 아래에 있는 Dock에는 자주 사용하는 앱이 나열돼 있습니다. Dock에 있는 앱 아이콘 위에 마우스 포인터를 올려 놓으면 앱의 이름이 작은 말풍선으로 표시되고, 이 앱 아이콘을 클릭하면 앱을 바로 실행할 수 있습니다.

[방법 2] Finder에서 앱 실행하기

Dock에 없는 앱을 찾아 실행하려면 Dock에서 [Finder] 🙂 를 클릭해 Finder를 실행합니다. Finder 윈도우의 사이드바에서 [응용 프로그램]을 선택하면 macOS에 설치돼 있는 응용 프로그램을 모두 확인할 수 있습니다. 이 중 원하는 앱 아이콘을 더블클릭하면 앱을 실행할 수 있습니다.

잠 깐 만 요

Dock에 앱 아이콘을 추가하는 방법은 '11. Dock에 앱 아이콘 추가 및 제거하기'(49쪽)를 참고하세요.

[방법 3] Launchpad에서 앱 실행하기

Dock에 있는 [Launchpad] ⬚ 를 클릭하거나 트랙패드에서 엄지손가락을 포함해 4개의 손가락을 오므리면 앱 목록이 화면 가득 펼쳐집니다. Launchpad는 macOS에 있는 모든 앱을 나열해 놓은 곳으로, 앱 아이콘을 클릭해 앱을 실행할 수 있습니다.

잠 깐 만 요
Launchpad에 대한 자세한 설명은
'01. 앱을 간단하게 실행할 수 있는
Launchpad'(79쪽)를 참고하세요.

[방법 4] Spotlight에서 앱 실행하기

macOS의 Spotlight에서는 내 Mac에 설치된 앱이나 파일뿐 아니라 웹, App Store 등에서 관련 항목 모두를 검색할 수 있습니다. 메뉴 막대에 있는 [Spotlight] 🔍 를 클릭하거나 키보드에서 command + spacebar 키를 누르면 Spotlight 검색 상자가 표시됩니다. 여기에 'Finder'를 입력해 보세요. 검색 결과 중 '가장 연관성 높은 항목'에 Finder 앱이 표시되면 이 항목을 클릭해 앱을 실행할 수 있습니다.

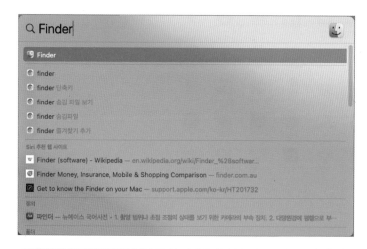

잠 깐 만 요
'Finder'를 누르면 Finder 앱뿐 아니라 macOS 시스템 안의 'Finder' 관련 문서와 온라인의 'Finder' 관련 정보들도 검색할 수 있습니다.

06 | 앱 윈도우 크기 조절하기

MacOS는 Windows와 다른 듯하면서도 비슷합니다. 이번에는 macOS에서 앱 윈도우를 조절하는 방법에 대해 알아보겠습니다. 윈도우 조절 방법만 알아도 macOS를 좀 더 편리하게 사용할 수 있습니다.

Windows에서는 윈도우 조절 아이콘이 앱 윈도우의 오른쪽 위에 있지만, macOS에서는 왼쪽 위에 있습니다. 빨강과 노랑, 초록 아이콘은 평소에는 아무것도 표시돼 있지 않지만, 마우스 포인터를 아이콘 위에 올려 놓으면 어떤 기능인지 알 수 있습니다.

조절 아이콘으로 조절하기

앱 윈도우 조절 아이콘 중 가장 오른쪽에 있는 [최대화] ◉를 클릭하거나 위로 마우스 포인터를 올리면 나타나는 메뉴 중 [전체 화면 시작]을 클릭하면 앱 윈도우가 화면에 꽉 차게 확대됩니다.

최대화 상태에서는 [최대화] ◉가 [축소] ◉로 바뀌어 표시됩니다. 앱 윈도우가 최대화된 상태에서는 조절 아이콘이 보이지 않죠? 마우스 포인터를 화면 왼쪽 위 모퉁이에 올려 놓으면 감춰져 있던 조절 아이콘이 나타납니다. [축소] ◉를 클릭하거나 마우스 포인터를 [축소] ◉ 위에 올려 놓으면 나타나는 [전체 화면 종료]를 선택해도 됩니다.

잠 깐 만 요
최대화 상태에서 키보드의 [esc]키를 눌러도 앱 윈도우가 원래 크기로 줄어듭니다.

앱 윈도우의 [최소화] ⊖ 를 클릭하면 현재 앱 윈도우가 Dock으로 빨려들어가면서 최소화됩니다. 앱 윈도우를 다시 데스크탑 화면에 표시하려면 Dock에서 최소화한 앱 아이콘을 클릭합니다. 앱 윈도우의 [닫기] ⊗ 를 클릭하면 현재 열려 있는 앱 윈도우를 닫을 수 있습니다.

원모어 딩 Mac에서 앱을 종료하는 방법

- 앱 완전 종료: command + Q
- Dock의 앱 아이콘을 control + 클릭한 후 단축 메뉴에서 [종료] 선택하기

마우스로 조절하기

Windows와 마찬가지로 앱 윈도우의 테두리 부분을 클릭한 후 원하는 방향으로 드래그하면 윈도우의 크기를 조절할 수 있습니다.

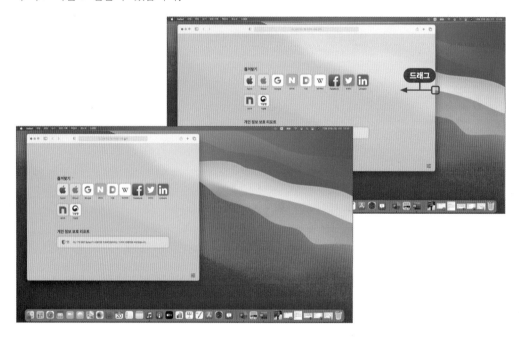

원모어 딩 앱 윈도우의 크기를 조절하는 또 다른 방법

- 앱 윈도우의 크기를 자동으로 조절하기: 앱 윈도우의 제목 표시줄 더블클릭하기
- 마우스 포인터가 있는 방향으로 조절하기: 앱 윈도우의 테두리 더블클릭하기

07 | 화면을 분할해 사용하기

Windows에서는 작업 화면을 바탕화면의 좌우 가장자리로 드래그해 정렬하는 화면 분할 기능이 있습니다. macOS에서도 Split View 기능을 사용해 화면을 분할할 수 있습니다.

⊕ 멀티태스킹

1 Dock에서 [Finder] 앱 아이콘 😊과 [Safari] 앱 아이콘 🧭을 클릭해 2개의 앱을 실행합니다.

2 마우스 포인터를 Finder 앱의 [최대화] 아이콘 🟢 위에 올려 놓으면 표시되는 추가 명령 중에서 [화면 왼쪽에 윈도우 배치]를 선택합니다.

3 Finder 앱 윈도우가 화면 절반의 왼쪽에 표시된 상태에서 Safari 앱 윈도우를 클릭합니다. 만일 여러 개의 앱이 실행 중이라면 오른쪽에 표시할 앱을 선택할 수 있습니다.

4 화면을 좌우로 나눠 2개의 앱 윈도우를 동시에 볼 수 있습니다.

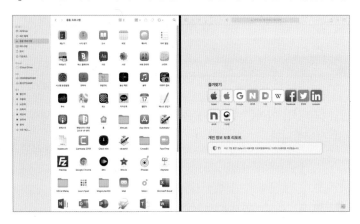

5 화면에 정렬된 두 앱 윈도우 사이의 수직선을 클릭한 후 왼쪽이나 오른쪽으로 드래그하면 정렬한 앱 윈도우의 크기를 조절할 수 있습니다.

잠|깐|만|요
Split View를 해제하려면 정렬된 두 앱 윈도우 중 하나의 [축소] 🔴 를 클릭하거나 esc 키를 누르면 됩니다

08 | Mac 정보 확인하기(이 Mac에 관하여)

Mac을 구매하기 전에는 여러 가지 조건과 사양을 신중하게 확인하고 구매했겠죠? 그럼 내가 신중하게 선택한 Mac의 시스템 사양은 어떻게 확인할 수 있을까요? 현재 사용 중인 Mac의 자세한 정보를 확인하는 방법에 대해 알아보겠습니다.

⊕ 시스템

Mac의 정보를 확인하려면 메뉴 막대에서 [🍎]-[이 Mac에 관하여]를 선택합니다.

개요 탭: macOS 버전과 프로세서, 메모리 등 현재 사용 중인 Mac의 정보가 요약돼 표시됩니다. 자세한 정보를 보고 싶다면 화면 상단의 개요 탭을 클릭합니다.

디스플레이 탭: 화면 해상도와 그래픽 카드를 확인할 수 있습니다.

저장 공간 탭: 시스템에 설치된 하드 디스크의 기본 용량이 그래프로 표시됩니다. 그래프의 각 영역 위에 마우스 포인터를 올려 놓으면 자세한 정보가 표시됩니다. 연결된 외장 하드나 USB 플래시 메모리가 있다면 함께 표시됩니다.

지원 탭: 현재 사용 중인 macOS와 Mac 제품의 도움말이나 설명서를 확인할 수 있습니다.

서비스 탭: Mac 제품의 AppleCare 서비스를 구입하면 일정 기간 동안 무상으로 제품을 수리받을 수 있습니다. 보증 기간이 얼마나 남았는지, 예전에 어떤 수리를 했는지 확인할 수 있습니다.

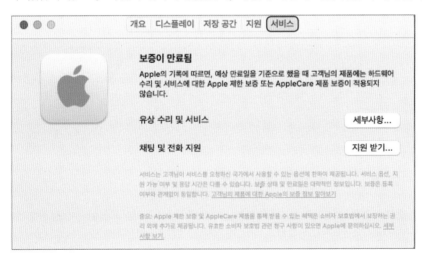

09 | Apple 키보드 살펴보기

Mac을 사용하면서 가장 먼저 부딪치는 난관은 Apple 키보드가 Windows에서 사용했던 키보드와 비슷하면서도 다르다는 것입니다. MacBook이나 iMac에서 사용하는 키보드가 모두 같지는 않지만, Mac의 특징적인 키를 익혀 두면 어떤 키보드에서나 똑같이 적용할 수 있습니다. 이번에는 일부 MacBook의 Touch Bar에 대한 내용은 제외하고, 기본적인 Apple 키보드를 중심으로 설명합니다.

⊞ 시스템

Apple 키보드에는 Windows의 키보드에 있는 Alt 키, Ctrl 키, Delete 키 등이 보이지 않습니다. 특히 일부 Apple 키보드에는 한/영 키나 CapsLock 키도 없습니다. 그리고 F1 ~ F12와 같은 기능 키는 기본적인 기능 외에 특수 기능이 함께 사용됩니다.

▲ Apple 키보드

잠│깐│만│요 ─────
Apple 키보드에는 숫자 키패드가 있는 키보드와 없는 키보드, 블루투스 키보드, MacBook 키보드가 있습니다. 한글 자판이 아닌 다른 언어로 된 자판의 키맵은 https://support.apple.com/ko-kr/HT201794를 참고하세요.

갑자기 키보드를 사용할 수 없을 때 응급 조치법

갑자기 키보드를 사용할 수 없거나 여분의 키보드도 없다면 가상 키보드를 사용할 수 있습니다. [⚫]-[시스템 환경 설정]-[손쉬운 사용]을 차례대로 선택한 후 왼쪽 창의 [키보드]를 선택하고 오른쪽 창의 [손쉬운 사용 키보드] 탭에 있는 '손쉬운 사용 키보드 활성화'에 체크하면 가상 키보드가 나타나면서 마우스로 키보드의 기능을 사용할 수 있습니다. 한글과 영문을 전환하려면 가상 키보드의 option (⌥)키를 클릭합니다.

기능 키에 포함된 특수 기능

Apple 키보드의 각 기능 키 F1 ~ F12 에는 작은 그림이 그려져 있습니다. 이것은 macOS의 특수 기능을 지정해 놓은 것으로, 각 기능 키를 누르면 해당 기능을 바로 적용할 수 있습니다. 만일 기능 키 F1 ~ F12 의 기본 기능을 사용해야 한다면 fn 키를 누른 상태에서 기능 키를 누르면 됩니다.

macOS 기초

기초부터 탄탄하게

> **잠 깐 만 요**
> 특수 기능 키는 command 키나 option 키 등과 함께 사용해 또 다른 기능을 실행하는 단축키로 사용됩니다. 단축키에 대한 자세한 설명은 '02. 입맛대로 시스템 환경설정 변경하기'(478쪽)를 참고하세요.

- ☐/☐ : 화면의 밝기를 한 단계씩 밝게 또는 어둡게 합니다.
- ☐ : 현재 실행돼 있는 모든 앱 윈도우와 데스크탑 화면을 한눈에 볼 수 있는 Mission control을 실행합니다. Mission control에 대한 자세한 설명은 '01. Mission control로 새 데스크탑 만들기'(95쪽)를 참고하세요.
- ☐ : macOS에 설치된 앱을 한 번에 확인할 수 있는 Launchpad를 실행합니다. Launchpad에 대한 자세한 설명은 '01. 앱을 간단하게 실행할 수 있는 Launchpad'(79쪽)를 참고하세요.
- ☐/☐ : 키보드 백라이트의 밝기를 한 단계씩 밝게 또는 어둡게 합니다.

> **잠 깐 만 요**
> 주변이 너무 밝거나 시스템 설정에서 밝기를 자동으로 지정하도록 설정돼 있을 경우에는 F5 키나 F6 키를 눌러도 키보드 백라이트의 밝기를 조절할 수 없습니다. 키보드 설정에 대한 자세한 설명은 '02. 입맛대로 시스템 환경설정 변경하기'(478쪽)를 참고하세요.

- ☐/☐ : 재생 중인 멀티미디어를 뒤로 감거나 이전 트랙이나 다음 트랙을 재생합니다.
- ☐ : 재생 중인 멀티미디어를 일시정지하거나 재생합니다.
- ☐ : 음소거합니다.
- ☐/☐ : 음량을 한 단계씩 낮추거나 높입니다.

전문가의 조언

macOS 단축키 조합

Windows에서 Shift, Ctrl, Alt 를 사용해 여러 가지 단축키를 만드는 것과 같이 Mac에서는 control, option, command, shift 를 사용해 단축키를 만들 수 있습니다. 이 키들은 단축키를 표시할 때 종종 기호로 표시되기 때문에 기호도 기억해 두는 것이 좋습니다. 각각의 키 위에도 기호가 표시돼 있으므로 자주 사용하다 보면 저절로 기억하게 될 것입니다. 만약 Mac에 Windows 키보드를 연결해 사용한다면, command 키 대신 ⊞ 키, option 키 대신 Alt 키를 사용합니다.

한/영 전환

Apple 키보드에서는 capslock 키로 한글과 영문을 전환할 수 있습니다. capslock 키를 누를 때마다 한글과 영문으로 바뀌고, 1~2초 정도 눌러 capslock 키가 점등되면 영문 입력 시 대문자로 고정되는 capslock 키로 동작합니다. control + spacebar 키를 눌러 한글과 영문을 전환할 수도 있습니다.

delete 키가 없어요

키패드가 있는 Apple 키보드에는 delete 키가 있지만, 키패드가 없는 키보드에는 없습니다. 만일 delete 키처럼 문자열 포인터의 바로 뒤에 있는 글자를 지우고 싶다면 fn + backspace 키를 누르면 됩니다.

원모어 띠딩 backspace 키의 다양한 사용법

- backspace : 포인터 바로 앞의 글자 지우기
- fn + backspace : Windows의 [Delete]키와 같이 포인터 바로 뒤의 글자 지우기
- control + backspace : 포인터 앞의 글자를 자음과 모음 단위로 삭제
- option + backspace : 포인터 앞의 글자를 한 단어씩 지우기
- fn + option + backspace : 포인터 다음의 글자를 한 단어씩 지우기
- command + backspace : 포인터 앞의 글자부터 포인터가 있는 줄의 맨 앞까지 한꺼번에 지우기

10 │ 트랙패드 사용법

Mac의 트랙패드를 사용하면 마우스 없이도 트랙패드 제스처로 macOS의 다양한 기능을 좀 더 쉽게 사용할 수 있습니다.

트랙패드를 사용하면 마우스의 클릭, 오른쪽 버튼 클릭, 휠 이동 등의 기능은 물론, 다양한 제스처로 앱이나 macOS의 기능을 편리하게 활용할 수 있습니다. 트랙패드 사용이 익숙해지면 마우스 없이도 macOS를 제어할 수 있습니다. 트랙패드의 다양한 사용법과 설정은 [🍎]-[시스템 환경설정...]-[트랙패드]에서 확인할 수 있습니다.

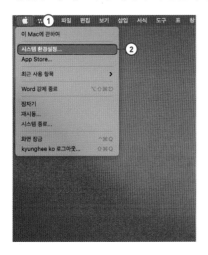 

포인트 및 클릭

[포인트 및 클릭] 탭을 클릭하면 트랙패드를 사용해 클릭하는 방법이나 마우스 포인터에 대한 설정 등을 확인할 수 있습니다. 트랙패드를 한 손가락으로 탭하거나 클릭하면 마우스 왼쪽 버튼을 클릭하는 것과 같습니다. 탭은 트랙패드를 터치하듯이 두드리는 것, 클릭은 트랙패드를 꾹 누르는 것과 같습니다. 탭이나 클릭 중 어떤 방법을 사용해도 동작은 똑같습니다. 트랙패드를 두 손가락으로 클릭하면 마우스 오른쪽 버튼을 클릭한 것처럼 단축 메뉴를 표시할 수 있습니다. '클릭' 슬라이드 막대를 움직여 트랙패드의 터치 강도를 조절할 수 있고, '이동 속도' 슬라이드 막대를 움직여 마우스 포인터의 이동 속도를 조절할 수도 있습니다.

원모어 트랙패드로 마우스 오른쪽 버튼 클릭하는 2가지 방법

- control + 클릭
- 트랙패드를 두 손가락으로 탭

이외에도 [포인트 및 클릭] 탭의 '보조 클릭' 항목에서 설정을 변경하면 트랙패드의 왼쪽이나 오른쪽 모서리를 클릭해 마우스 오른쪽 버튼을 클릭하는 동작으로 사용할 수 있습니다.

스크롤 및 확대/축소

[스크롤 및 확대/축소] 탭에서는 트랙패드를 사용해 화면을 스크롤하거나, 확대/축소하는 방법을 확인하거나, 설정을 변경할 수 있습니다. Finder 윈도우나 브라우저를 사용할 때 트랙패드를 두 손가락으로 쓸어올리거나 쓸어내리면 마우스의 휠 스크롤을 대신할 수 있습니다. 또한 사진을 볼 때 트랙패드를 두 손가락으로 오므리거나 펼치면 사진을 확대/축소할 수 있습니다.

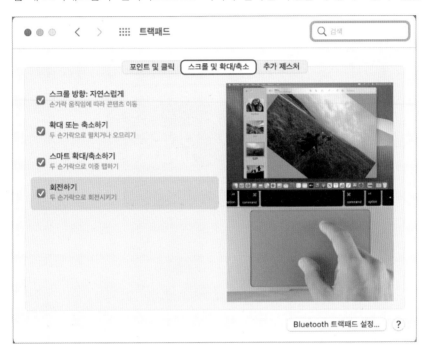

추가 제스처

[추가 제스처] 탭에서는 트랙패드에 제스처를 사용하는 다양한 방법을 확인하고, 설정을 변경할 수 있습니다. 브라우저에서 두 손가락을 좌우로 움직여 이전 화면이나 다음 화면으로 간단히 이동할 수 있습니다. 또한 엄지손가락을 포함한 세 손가락을 오므리거나 펼쳐 Launchpad를 표시하거나 데스크탑 화면을 표시할 수도 있죠.

 마우스, 트랙패드가 없을 때 Dock에서 앱 실행하기

트랙패드가 고장 났거나 마우스가 없는 상태에서도 키보드로 Dock에 있는 앱을 실행할 수 있습니다. 키보드로 Dock에 있는 앱에 접근하려면 control + F3 키를 누릅니다. control + F3 키를 누르면 Dock의 첫 번째 앱 아이콘인 Finder가 선택됩니다. 이 상태에서 키보드의 좌우 방향키를 눌러 실행하려는 앱 아이콘을 선택한 후 return 키를 누르면 앱을 실행할 수 있습니다.

11 | Dock에 앱 아이콘 추가 및 제거하기

Dock에 추가한 앱은 바로 실행할 수 있으므로 자주 사용하는 앱은 Dock에 추가해 놓는 것이 편리합니다. 이와 반대로 자주 사용하지 않는 앱은 Dock에서 제거할 수 있습니다.

⊕ 작업 표시줄

앱 아이콘을 드래그해 Dock에 추가하기

Dock에 없는 앱을 실행하려면 [Finder]-[응용 프로그램]으로 이동한 후 원하는 앱을 더블클릭해야 합니다. 자주 사용하는 앱이라면 Finder 윈도우에서 앱 아이콘을 클릭한 후 Dock의 원하는 곳으로 드래그해 추가할 수 있습니다. 다음은 [응용 프로그램]에 있는 스티커 앱을 Dock에 추가하는 것입니다.

> **잠깐만요**
> Launchpad에서 앱 아이콘을 Dock 으로 드래그해도 앱을 추가할 수 있습니다.

현재 실행 중인 앱을 Dock에 추가하기

Dock에 없는 앱이라도 앱을 실행하면 Dock의 두 번째 영역에 앱 아이콘이 표시됩니다. Dock의 두 번째 영역에 있는 앱 아이콘을 control+클릭하면 나타나는 단축 메뉴에서 [옵션]-[Dock에 유지]를 선택하면 첫 번째 영역의 끝에 추가됩니다.

Dock에서 앱 제거하기

Dock의 공간은 제한적이기 때문에 Dock에 추가한 앱 아이콘이 많아질수록 앱 아이콘이 작게 표시됩니다. 만약 자주 사용하지 않는 앱이 있다면 제거해서 Dock 공간을 확보할 수 있습니다. Dock에서 제거한다고 앱이 사라지는 것은 아니므로 안심하세요.

Dock에서 제거할 앱 아이콘을 [control]+클릭하면 나타나는 단축 메뉴에서 [옵션]-[Dock에서 제거]를 선택하면 해당 앱 아이콘이 Dock에서 사라집니다.

잠 | 깐 | 만 | 요
Dock에서 삭제할 앱 아이콘을 클릭한 후 Dock 밖으로 드래그하고 잠시 기다리면 '제거'라는 말풍선이 표시됩니다. 말풍선을 확인한 후 손을 떼면 해당 앱 아이콘이 Dock에서 제거됩니다. 기본 앱인 Finder와 휴지통은 제거할 수 없습니다.

12 | Dock에서 최근 사용한 앱 영역 없애기

Dock의 두 번째 영역에는 최근에 사용한 앱이 표시됩니다. 종료했던 앱을 바로 다시 실행한다면 편리하겠지만, 자주 사용하지 않는 앱이 표시되면 불편하죠. 이번에는 Dock의 두 번째 영역인 최근 사용 앱 영역을 없애는 방법에 대해 알아보겠습니다.

1 [🍎]-[시스템 환경설정]-[Dock 및 메뉴 막대]를 차례대로 선택합니다.

잠 깐 만 요 ─────────

Dock에서 [시스템 환경설정] 아이콘 🔘을 클릭해도 [시스템 환경설정]을 실행할 수 있습니다.

2 가장 마지막에 있는 'Dock에서 최근 사용한 응용 프로그램 보기'의 체크를 해제하고, 환경설정 윈도우를 닫습니다.

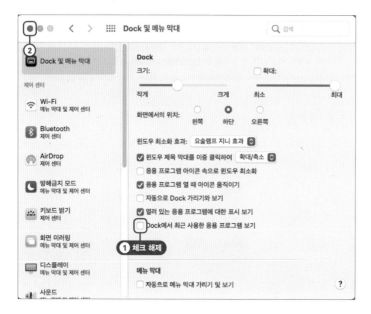

3 Dock에 최근 사용한 앱 영역이 따로 표시되지 않고, 앱 아이콘 영역과 파일/폴더 아이콘 영역으로 나뉘어 표시됩니다.

▲ 변경 전

▲ 변경 후

13 | Dock에서 단축 메뉴 사용하기

Dock에 있는 앱의 단축 메뉴를 사용하면 macOS를 좀 더 편리하게 사용할 수 있습니다. 이번에는 Dock에서 앱의 단축 메뉴를 사용하는 방법에 대해 알아보겠습니다.

⊕ 작업표시줄

단축 메뉴 열기

control 키를 누른 상태에서 Dock의 앱 아이콘을 클릭하면 해당 앱의 단축 메뉴가 표시됩니다. 예를 들어 [Finder] 💁 를 control +클릭하면 Finder의 단축 메뉴가 표시됩니다.

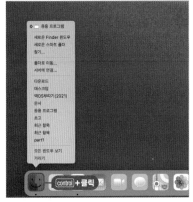

▲ Finder의 단축 메뉴

잠 깐 만 요

트랙패드를 사용한다면 앱 아이콘을 두 손가락으로 탭하고 마우스를 사용한다면 앱 아이콘을 오른쪽 버튼으로 클릭하면 됩니다.

앱마다 다른 단축 메뉴

단축 메뉴는 앱이 실행 중일 때와 실행 중이지 않을 때 다르게 표시됩니다. 예를 들어, Safari를 실행하지 않은 상태에서 단축 메뉴를 표시하면 기본 명령만 표시되지만, Safari를 실행한 상태에서 단축 메뉴를 표시하면 현재 열려 있는 윈도우 목록과 개인 정보 보호 윈도우를 열 수 있는 다양한 명령이 표시됩니다.

▲ Safari를 실행하지 않은 상태에서의 단축 메뉴(왼쪽)와 실행한 상태에서의 단축 메뉴(오른쪽)

또한 각 앱의 기능은 다르므로 Dock에 표시되는 단축 메뉴도 서로 다릅니다. 예를 들어, Safari 의 단축 메뉴에는 [새로운 윈도우]나 [새로운 개인 정보 보호 윈도우]를 열기 위한 명령이 표시되지만, FaceTime의 단축 메뉴에는 최근 통화와 관련된 명령이 표시됩니다.

▲ FaceTime을 실행한 상태에서의 단축 메뉴

앱 윈도우 여러 개 열기

앱을 사용하다 보면 현재 앱 윈도우를 그대로 둔 상태에서 새로운 앱 윈도우를 열어야 할 경우가 있습니다. 이때 단축 메뉴에서 새로운 윈도우를 열 수 있습니다. 예를 들어, 2개의 Finder 윈도우가 필요하다면 Finder 윈도우가 열려 있는 상태에서 Dock의 [Finder] 🙂 의 단축 메뉴를 엽니다. 단축 메뉴의 중간에 자주 열었던 Finder 윈도우가 표시되므로 그중에서 선택해 Finder 윈도우를 열 수 있고, [새로운 Finder 윈도우]를 선택해 새 Finder 윈도우를 열 수도 있습니다.

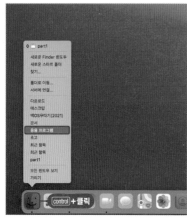

▲ 열었던 윈도우 선택

▲ 새로운 앱 윈도우 선택

또한 앱 윈도우를 여러 개 열어 놓은 상태에서 단축 메뉴를 사용하면 원하는 앱 윈도우만 쉽게 선택할 수 있습니다. 여러 개의 Finder 윈도우가 열린 상태에서는 단축 메뉴의 윗부분에 지금 열려 있는 Finder 윈도우의 이름이 표시됩니다. 이 중 원하는 Finder 이름을 선택하면 여러 개의 Finder 윈도우 중 선택한 윈도우가 선택됩니다.

▲ 단축 메뉴에서 앱 윈도우 선택

잠 깐 만 요 ─────────────────────────────────
단축 메뉴 중 윈도우 이름 앞의 다이아몬드 표시는 앱이 실행된 상태에서 앱 윈도우가 최소화돼 있다는 뜻입니다.

나에게 맞는
작업 환경 만들기

macOS의 기본적인 사용법을 익혔다면, 이제는 나에게 맞는 작업 환경을 만들어 보겠습니다. macOS의 기본 환경설정을 그대로 사용해도 되지만 자주 사용하는 파일이나 폴더를 Dock에 추가하거나 눈이 피곤하지 않은 배경으로 바꾸는 등 나만의 작업 환경을 만들어 놓으면 macOS를 좀 더 편리하게 사용할 수 있겠죠?

01 | 데스크탑 배경 화면 바꾸기

macOS는 시간에 따라 배경 화면이 달라집니다. 이것을 다이내믹 데스크탑이라고 하는데요, 시간에 상관없이 항상 밝은 색 또는 짙은 색으로만 표시되게 바꿀 수도 있습니다.

🌐 개인 설정−배경

데스크탑 배경 화면 바꾸기

1 데스크탑 화면을 control+클릭하거나 트랙패드를 두 손가락으로 탭한 후 [데스크탑 배경 변경...]을 선택합니다.

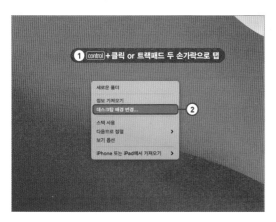

잠깐만요

[🍎] − [시스템 환경설정...] − [데스크탑 및 화면 보호기]를 차례대로 선택해도 됩니다.

2 기본적으로 '빅 서(그래픽)' 사진이 표시되고 있습니다. '자동'을 클릭하면 다음 옵션 중 하나를 선택할 수 있습니다.

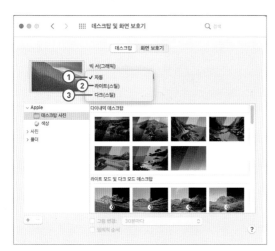

① **자동**: 배경 화면이 시간의 변화에 따라 달라집니다. 이 옵션이 기본적으로 선택돼 있습니다.

② **라이트(스틸)**: 밝은 색의 배경 화면이 표시됩니다.

③ **다크(스틸)**: 짙은 색의 배경 화면이 표시됩니다.

데스크탑 사진 사용하기

데스크탑 및 화면 보호기 윈도우의 왼쪽 창에는 [데스크탑 사진]이 선택돼 있고, 오른쪽 창에는 사용할 수 있는 사진이 세 가지 영역으로 구분돼 있습니다. 작은 그림을 선택하면 배경에 즉시 적용되고, 선택한 배경에 따라 옵션을 선택할 수도 있습니다.

다이내믹 데스크탑: 오른쪽 창의 다이내믹 데스크탑 항목에서 배경 화면을 선택하면 현재 지역의 시간을 기준으로 배경 화면 이미지가 바뀝니다.

▲ 다이내믹 데스크탑 배경

라이트 모드 및 다크 모드 데스크탑: 오른쪽 창의 '라이트 모드 및 다크 모드 데스크탑' 항목에서 배경 화면을 선택하면 macOS의 시스템 설정을 라이트 모드나 다크 모드로 지정했을 때 해당 모드에 맞는 배경 화면 이미지가 표시됩니다.

▲ 라이트 모드 및 다크 모드 데스크탑 배경

데스크탑 사진: 오른쪽 창의 데스크탑 사진 항목에서 배경 화면의 변화 없이 항상 똑같은 배경 화면 이미지가 표시됩니다.

▲ 데스크탑 사진 배경

내 사진으로 배경 화면 바꾸기

macOS에서 제공하는 배경 화면 이미지가 아닌 다른 이미지로도 데스트탑 배경 화면을 바꿀 수 있습니다. 가족이나 친구의 즐거운 모습을 배경으로 만들면 작업도 한결 즐거워지겠죠? 우선 배경 화면으로 사용할 이미지를 Mac으로 옮긴 후에 따라 하세요.

잠 | 깐 | 만 | 요

iPhone이나 iPad에 있는 사진을 Mac으로 옮기는 방법은 '02. 사진 옮기기'(283쪽)를 참고하세요.

1 배경 화면으로 사용할 사진을 '데스크탑 및 화면 보호기' 윈도우에 추가하기 위해 왼쪽 창의 아래에 있는 [+]를 클릭합니다.

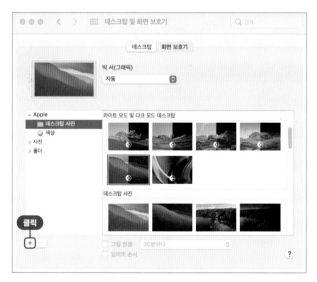

2 Finder 윈도우에서 배경 화면으로 사용할 이미지가 저장돼 있는 폴더를 선택한 후 [선택]을 클릭합니다. 여기에서는 'photo'라는 폴더를 선택했습니다.

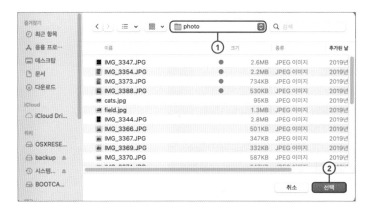

3 '데스크탑 및 화면 보호기' 윈도우에 추가한 폴더는 왼쪽 창의 '폴더' 항목 아래에 표시됩니다. 추가한 폴더에서 원하는 사진을 클릭하면 데스크탑 배경 화면으로 적용됩니다.

4 배경 화면으로 사용할 사진의 크기가 데스크탑 화면보다 작을 경우, 데스크탑 및 화면 보호기 윈도우의 '화면 채우기' 목록을 펼친 후 원하는 옵션을 선택하면 배경 화면에 사용할 이미지의 표시 방법을 선택할 수 있습니다.

① **화면 채우기**: 선택한 이미지의 비율을 유지한 상태에서 화면 가득 채웁니다.

② **화면에 맞추기**: 선택한 이미지의 가로나 세로 비율에 맞춰 확대/축소합니다.

③ **전체 화면으로 펼치기**: 선택한 이미지의 가로, 세로 비율과 상관없이 이미지를 화면에 가득 채웁니다. 이때에는 이미지 비율이 왜곡될 수 있습니다.

④ **중앙 정렬**: 선택한 이미지의 비율을 유지한 상태에서 화면 가운데에 표시합니다. 이미지 크기에 따라 화면에 모두 표시 되지 않거나 일부만 표시될 수 있습니다.

⑤ **타일**: 선택한 이미지의 비율과 크기를 유지한 상태에서 화면에 화면을 채웁니다. 선택한 이미지 크기가 작다면 작은 이 미지를 타일과 같이 반복해 화면에 표시합니다.

잠 깐 만 요

여러 개의 이미지를 선택한 후 '그림 변경' 항목에서 원하는 시간을 지정하면, 지정한 시간마다 이미지를 바꿔가며 표시할 수 있습니다. '임의의 순서' 항목에 체크하면 표시되는 이미지 순서가 임의로 변경됩니다.

02 | 제어 센터

macOS의 제어 센터에는 사용자가 자주 변경하는 Wi-Fi, 디스플레이 밝기 등의 시스템 설정이 표시되므로 간단하게 설정을 변경하거나 직접 단축키를 지정해 사용할 수 있습니다.

제어 센터 살펴보기

메뉴 막대의 오른쪽에 있는 [제어 센터] 를 클릭하면 메뉴 막대의 아래쪽에 제어 센터가 표시됩니다.

제어 센터에서 표시되는 설정 항목의 이름을 클릭하면 해당 설정에 대한 세부 옵션을 변경할 수 있습니다. 예를 들어 Bluetooth를 클릭하면 연결된 Bluetooth 기기를 확인하거나 해제할 수 있죠. 이와 같은 방법으로 Wi-Fi나 Airdrop 기능의 설정을 바로 변경할 수 있습니다.

▲ 세부 항목 옵션 변경하기

키보드의 밝기, 사운드 등과 같은 항목은 슬라이드 막대로 조절할 수 있습니다.

▲ 드래그해 조절하기

메뉴 막대에 제어 센터 항목 표시하기

메뉴 막대나 제어 센터에 표시되는 설정 항목은 사용자 설정에 따라 변경할 수 있습니다. 예를 들어 자주 변경하는 Wi-Fi나 Bluetooth 설정을 메뉴 막대에만 표시하거나 메뉴 막대와 제어 센터 모두에 표시할 수 있는 것이죠.

[🍎]-[시스템 환경설정]-[Dock 및 메뉴 막대]를 차례대로 선택합니다. 왼쪽 창의 'Dock 및 메뉴 막대' 아래에는 메뉴 막대나 제어 센터에서 표시되는 항목이 표시됩니다. 아래 그림에는 'Wi-Fi'가 메뉴 막대와 제어 센터 모두에 표시되기 때문에 '메뉴 막대 및 제어 센터'라고 표시돼 있고, 'Bluetooth'는 '제어 센터'에만 표시돼 있죠. [Bluetooth]를 선택한 후 [메뉴 막대에서 보기]에 체크해 보세요.

▲ 제어 센터에만 표시되는 Bluetooth

다시 데스크탑 화면으로 돌아오면 메뉴 막대에 Bluetooth 아이콘이 표시됩니다. 이제부터는 제어 센터를 거치지 않고도 메뉴 막대에서 Bluetooth 설정을 변경할 수 있습니다.

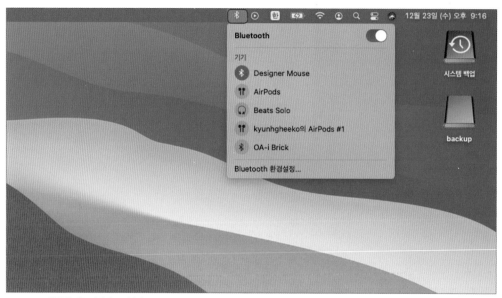

▲ Bluetooth 항목을 메뉴 막대에 표시하기

03 | 블루 라이트를 줄이는 Night Shift 설정하기

어두운 곳에서 밝은 컴퓨터 화면을 보고 있으면 눈이 쉽게 피로해지곤 하죠. 컴퓨터 화면에서 방출되는 블루 라이트는 수면에 방해가 되기도 하는데, macOS에는 화면을 좀 더 따뜻한 색감으로 바꿔 블루 라이트를 줄여 주는 Night Shift 기능이 있습니다.

⊕ 야간 모드

Night Shift 켜기 및 *끄기*

1 Night Shift 기능은 필요할 때마다 쉽게 켰다 끌 수 있습니다. 제어 센터에서 [디스플레이]를 클릭합니다.

2 [Night Shift] 아이콘 ☀을 클릭하면 [☀]으로 바뀌면서 Night Shift가 활성화됩니다. 디스플레이에 노란색이 더해진 부드러운 색감으로 바뀔 것입니다.

Night Shift 자동 설정하기

1 매번 Night Shift를 끄거나 켜는 것이 번거롭다면 지정한 시간에 Night Shift가 활성화되도록 설정할 수 있습니다. 제어 센터에서 [디스플레이]-[디스플레이 환경설정...]을 선택합니다.

잠 깐 만 요 ──────────────────────────────

[] - [시스템 환경설정...] - [디스플레이]를 차례대로 선택해도 됩니다.

2 '디스플레이' 윈도우의 [Night Shift] 탭을 클릭한 후 '시간 예약' 항목을 펼치고 [일몰부터 일출까지]를 선택하면 자동으로 사용자의 위치를 기준으로 일몰 후에 Night Shift가 켜지고 일출 후에는 꺼집니다.

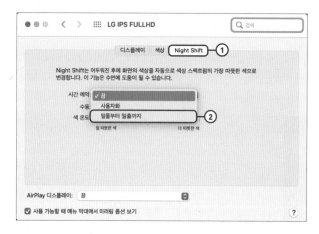

Night Shift를 설정할 때 경고 창이 나타나요

사용자에 따라 위치 서비스가 활성화돼 있지 않다면 다음과 같은 보안 창이 나타납니다. 사용자 위치의 일몰과 일출 시간을 확인하기 위해 Mac이 사용자의 위치를 확인해야 때문이죠. [개인 정보 보호 환경설정...]을 클릭하면 '보안 및 개인 정보 보호' 윈도우가 나타납니다.

보안 및 개인 정보 보호 윈도우의 왼쪽 아래에 있는 자물쇠 모양 아이콘 🔒을 클릭한 후 사용자 계정의 암호를 입력하고 [잠금 해제]를 클릭합니다.

'위치 서비스 활성화'에 체크한 후 열린 자물쇠 모양 아이콘 🔓을 클릭해 수정한 내용을 저장하면 됩니다.

04 | 다크 모드 설정하기

다크 모드는 Mac의 데스크탑, 내장 앱 등을 어두운 색으로 변경해 사용자가 작업 중인 콘텐츠에 집중할 수 있게 합니다. 화면을 집중해서 봐야 할 경우 다크 모드로 설정하면 집중도가 높아지고 눈의 피로도도 낮아질 수 있습니다.

⊕ 개인 설정−색

1 메뉴 막대의 오른쪽에 있는 [제어 센터] 🖳−[디스플레이]를 차례대로 클릭합니다.

2 macOS의 기본 화면 모드인 라이트 모드에서는 앱 윈도우의 색이나 Mac 내장 앱을 밝은 회색으로 표시합니다. 화면을 다크 모드로 변경하려면 [🌑]을 클릭합니다.

3 다크 모드 아이콘이 [◉]로 바뀌면서 다크 모드가 즉시 적용됩니다.

4 Dock에서 [Safari] ◉를 클릭해 Safari를 실행해 보세요. Safari 윈도우에도 다크 모드가 적용된 것을 확인할 수 있습니다.

▲ 다크 모드가 적용된 Safari 윈도우

잠 깐 만 요

다크 모드는 macOS의 메뉴와 윈도우, 기본 앱에만 적용됩니다.

05 | 방해금지 모드 사용하기

자주 표시되는 알림 메시지가 작업을 하는 데 방해가 되거나 집중을 해야 할 때 방해금지 모드를 켜서 알림 메시지가 표시되지 않게 할 수 있습니다. 방해금지 모드 상태에서 도착한 알림 메시지는 나중에 알림 센터에서 확인할 수 있습니다.

⊕ 집중 지원

방해금지 켜기 및 끄기

메뉴 막대의 오른쪽에 있는 제어 센터 [📱]를 클릭한 후 [🌙]를 선택하면 방해금지 모드가 켜집니다. 메뉴 막대에도 [🌙] 아이콘이 표시되기 때문에 방해금지 모드가 켜진 것을 쉽게 확인할 수 있죠.

방해금지 모드를 끄려면 제어 센터에서 [🌙]를 클릭하거나 메뉴 막대에 있는 [🌙] 아이콘을 클릭하기만 하면 됩니다.

1시간만 방해금지 설정하기

방해금지 모드를 유지할 시간을 조정할 수도 있습니다. 메뉴 막대에서 [🌙] 아이콘을 클릭하거나 제어 센터에서 '디스플레이' 항목을 클릭하면 방해금지 모드 옵션이 표시됩니다. 표시되는 항목 중 원하는 시간을 선택하면 방해금지 모드가 해당 시간 동안만 켜집니다.

방해금지 옵션 상세 설정하기

방해금지 모드를 켤 때 여러 가지 상황을 고려해야 한다면 방해금지 모드 옵션에서 [알림 환경설정...]을 선택합니다. 알림 윈도우가 표시되면 방해금지 모드의 세부 옵션을 설정할 수 있습니다.

① **방해금지 모드 켜기**: 방해금지 모드가 켜지는 상황이나 시간을 선택할 수 있습니다.

② **방해금지 모드가 켜져 있을 때**: 방해금지 모드가 켜져 있을 때 걸려오는 전화를 어떻게 처리할지 선택할 수 있습니다. [여러 번 걸려온 전화]를 선택하면 3분 이내에 같은 사람에게서 다시 전화가 올 경우, 두 번째 전화부터 알림이 나타납니다.

알림 센터는 이메일이나 메시지, 미리 알림, 일정 및 이벤트 등 macOS의 각종 앱 알림을 한 번에 확인하고 관리할 수 있는 공간입니다. 먼저 알림 센터를 살펴본 후에 위젯을 추가 또는 삭제하는 방법에 대해 알아보겠습니다.

알림 센터

알림 센터 사용하기

메뉴 막대 오른쪽 끝에 있는 날짜와 시간이 표시된 부분을 클릭하거나 트랙패드에서 오른쪽 가장자리를 두 손가락을 이용해 안쪽으로 쓸면 알림 센터가 표시됩니다. 알림 센터에는 확인하지 못한 알림이나 날씨, 주식과 같은 정보를 빠르게 확인할 수 있습니다. 알림 센터를 닫으려면 데스크탑의 빈 공간을 클릭하거나 트랙패드의 안쪽에서 오른쪽 가장자리 쪽으로 쓸면 됩니다.

> **잠 깐 만 요**
> 메뉴 막대에 있는 날짜와 시간 부분을 클릭해 닫을 수도 있습니다.

알림 센터에는 기본적으로 캘린더와 날씨, 주식 등과 같은 위젯이 나타나는데, 이 위젯을 드래그해서 원하는 곳으로 옮길 수도 있습니다.

알림 센터 위젯의 크기가 다양하죠? 위젯을 control+클릭한 후 크기를 변경할 수 있습니다. 좀 더 많은 정보를 표시하고 싶다면 '중간'이나 '크게', 간단한 정보만 표시하려면 '작게'를 선택합니다.

사용하지 않는 위젯을 제거하려면 위젯을 control+클릭한 후 [위젯 제거]를 선택합니다.

캘린더, 날씨와 같은 일부 위젯은 취향에 맞게 편집할 수도 있습니다. 예를 들어, 날씨 위젯에 표시되는 지역을 바꾸려면 날씨 위젯을 control +클릭한 후 ['날씨' 편집]을 선택하고, 지역을 검색해 선택하면 됩니다.

 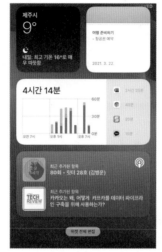

위젯 전체 편집하기

알림 센터의 아래에 있는 [위젯 전체 편집]을 클릭하면 원하는 위젯을 알림 센터 추가하거나 제거할 수 있습니다. 위젯 편집의 왼쪽에는 모든 위젯, 오른쪽에는 현재 알림 센터에 있는 위젯이 나열돼 있습니다. 알림 센터 위젯 위에 마우스 포인터를 올려 놓았을 때 나타나는 [🔴]을 클릭하면 알림 센터의 위젯을 제거할 수 있습니다.

위젯을 추가하려면 '작게'나 '중간', '크게'를 클릭해 원하는 크기로 만든 후 오른쪽의 알림 센터 위젯으로 드래그하거나 위젯 위로 마우스 포인터를 올려 놓았을 때 나타나는 [⊕]를 클릭합니다.

PART 2

Mac을
Mac답게 사용하기

앱을 실행하거나 폴더와 파일을 관리하는 일은 Windows와 macOS가 크게 다르지 않기 때문에 조금만 사용해 보면 금방 적응할 수 있습니다. 이제부터는 본격적으로 macOS에만 있는 앱과 기능 사용법에 대해 알아보겠습니다. 기본적인 사용법과 함께 몇 가지 팁을 알고 나면 macOS를 좀 더 편리하게 사용할 수 있겠죠?

macOS

macOS에서 앱 다루기

Launchpad를 사용하면 macOS에 설치된 앱을 쉽고 빠르게 실행할 수 있습니다. 앱 아이콘을 원하는 곳으로 옮기거나 그룹화할 수도 있죠. macOS에 설치된 기본 앱 외에도 App Store를 통해 새로운 앱을 설치할 수도 있습니다. 물론 App Store의 앱이 아니어도 설치할 수 있습니다.

01 | 앱을 간단하게 실행할 수 있는 Launchpad

Launchpad는 macOS에 설치된 앱을 한 화면에 모아서 보여 주는 공간입니다. Dock에 표시되지 않은 앱은 Launchpad에서 찾아 실행할 수 있습니다.

Dock의 [Launchpad] ░ 를 클릭하면 Launchpad가 표시됩니다. Launchpad를 닫으려면 Launchpad의 빈 공간을 클릭하거나 esc 키를 누르면 됩니다. Launchpad에 있는 앱 아이콘을 클릭하면 앱을 즉시 실행할 수 있습니다.

esc or 빈 공간 클릭해 닫기

원모어 띠딩 다양한 [백Spaces] 키의 사용법

- 트랙패드에서 네 손가락으로 오므리기
- F4 키

Launchpad에는 macOS에 설치된 모든 앱이 표시됩니다. 만약, 설치된 앱이 많다면 Launchpad가 여러 개의 페이지로 구성되고, 페이지가 Launchpad 화면의 아래쪽에 점으로 표시됩니다. 다른 페이지를 선택하려면 두 손가락으로 트랙패드를 좌우로 쓸어넘기거나 화면 아래쪽의 점을 클릭해 페이지 사이를 이동할 수 있습니다.

잠 깐 만 요 ─────
Launchpad 위에 있는 검색 상자에서 앱 이름을 검색하면 원하는 앱을 빠르게 선택할 수 있습니다.

02 | Launchpad 화면 구성하기

Launchpad에 표시되는 많은 앱 중에서 자주 사용하는 앱을 빠르게 실행하기 위해 앱 아이콘의 위치를 원하는 곳으로 옮길 수도 있고, 관련 있는 여러 앱을 그룹화해 한 화면에 여러 개의 앱 아이콘을 표시할 수도 있습니다.

앱 아이콘 위치 옮기기

설치한 앱이 많아서 Launchpad가 여러 페이지로 구성되어 있다면 자주 쓰는 앱 아이콘을 Launchpad 첫 페이지의 선택하기 좋은 위치로 옮길 수도 있습니다. 앱 아이콘의 위치를 옮기려면 원하는 앱 아이콘을 클릭한 후 같은 페이지 또는 다른 페이지에서 옮기려는 위치의 앱과 앱 사이로 드래그하면 됩니다.

앱 그룹화하기

여러 개의 앱을 그룹화할 수도 있습니다. 하나의 앱 아이콘을 다른 앱 아이콘의 위로 드래그하면 여러 개의 앱을 하나로 그룹화할 수 있습니다. 그룹이 만들어지면 그룹의 이름이 자동으로 붙여집니다. 그룹의 이름을 변경하고 싶다면 앱 그룹을 열어 놓은 상태에서 이름 부분을 클릭하고 원하는 이름을 입력합니다.

> **잠 깐 만 요**
> macOS 기본 앱 중에서 자주 사용하지 않는 앱을 하나로 그룹화하면 편리합니다.

기존에 있는 그룹에 앱을 추가할 때는 앱 아이콘을 그룹 위로 드래그하면 됩니다.

앱 그룹 해제하기

앱 그룹에서 제거하고 싶은 앱이 있다면 앱 그룹을 연 후 제거할 앱 아이콘을 클릭해 그룹 밖으로 드래그하면 됩니다. 만약 앱 그룹 안에 남아 있는 앱 아이콘이 하나뿐이라면 그룹이 자동으로 해제됩니다.

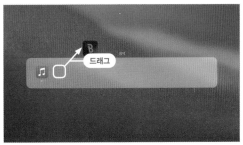

03 | App Store에서 앱 설치하기

macOS의 기본 앱 외에도 App Store를 통해 새로운 앱을 설치할 수 있습니다. macOS에 앱을 설치하거나 삭제할 때는 사용자 계정 ID와 비밀번호가 필요합니다.

⊕ Microsoft Store

App Store 살펴보기

App Store는 iPhone, iPad, Mac 등과 같은 다양한 Apple 기기의 유료/무료 앱을 쉽게 다운로드할 수 있는 온라인 스토어입니다. App Store에 등록돼 있는 앱은 Apple에서 검증을 거쳐 등록되기 때문에 안전하게 다운로드해 설치할 수 있습니다.

Dock에서 [App Store] 🅰를 클릭하면 App Store에 접속할 수 있습니다. 첫 화면에는 추천 앱이 분야별로 표시됩니다. 사이드바에서 [창작], [업무], [개발] 등의 항목을 선택하면 선택한 항목과 관련된 앱을 모아서 보여 줍니다. 사이드바에서 [카테고리]를 선택해 원하는 카테고리를 직접 선택할 수도 있습니다.

사이드바에서 원하는 항목을 선택하면 선택한 항목과 관련된 앱이 오른쪽 창에 표시됩니다. 오른쪽 창의 좌우 화살표를 클릭하면 더 많은 앱을 살펴볼 수 있습니다.

App Store에 로그인하기

App Store에 로그인하면 App Store에 등록된 여러 앱 중 이미 설치된 앱이나 설치했다가 삭제한 앱을 쉽게 확인할 수 있습니다. App Store에 로그인하려면 App Store 윈도우의 왼쪽 아래에 있는 [로그인]을 클릭한 후 Apple 계정 ID와 암호를 입력하면 됩니다.

App Store에 로그인하면 앱 아이콘과 함께 무료/유료인지, 이미 다운로드한 앱인지 등을 알려주는 아이콘이 함께 표시됩니다.

① ☁ : macOS에 설치했다가 삭제한 앱에는 구름 아이콘 ☁이 표시됩니다. 구름 아이콘 ☁이 표시된 앱은 사용자 인증을 하지 않고도 다운로드할 수 있습니다.

② 받기 : 무료 앱일 경우, 앱 아이콘 옆에 [받기]가 표시됩니다. [받기]를 클릭하면 앱을 다운로드할 수 있습니다.

③ 열기 : 이미 macOS에 설치된 앱일 경우, [열기]가 표시됩니다. [열기]를 클릭하면 설치 앱이 바로 실행됩니다.

④ ₩3,900 : 유료 앱의 경우 앱 아이콘 옆에 가격이 표시됩니다. 가격이 표시된 버튼을 클릭하면 선택한 유료 앱을 구매할 것인지를 묻는 상자가 표시됩니다. [앱 구입]을 클릭하면 가격이 표시된 버튼이 [설치]로 바뀌고 앱을 다운로드할 수 있습니다.

App Store에서 앱 설치하기

App Store에는 다양한 앱이 등록돼 있기 때문에 카테고리에서 필요한 앱을 찾는 것이 쉽지 않습니다. 이럴 때는 App Store 윈도우의 검색 상자에 앱 이름이나 카테고리를 입력해 필요한 앱을 직접 찾을 수도 있습니다.

원하는 앱을 설치하려면 [받기]를 클릭합니다. [받기]를 클릭하면 [받기]가 [설치]로 바뀌고 다시 [설치]를 클릭하면 됩니다.

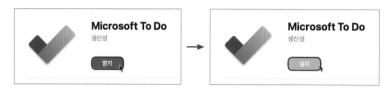

App Store에 로그인한 상태라도 사용자 계정 ID와 암호를 다시 한번 입력해야 앱이 설치되기 시작됩니다. 설치가 완료되면 [받기]가 [열기]로 바뀌는데, 이때 [열기]를 클릭해 앱을 즉시 실행할 수도 있고, 나중에 Finder의 응용 프로그램 폴더나 Launchpad에서 앱을 실행할 수도 있습니다.

잠 깐 만 요

App Store에서 앱을 처음 다운로드 할 경우, 무료 앱을 다운로드할 때 결제 정보를 요구할 수 있습니다. 그럴 경우 결제 정보를 정확히 입력해야 합니다. 이는 결제 정보를 확인하는 과정으로, 확인 과정에서 결제된 금액은 따로 환불 처리됩니다.

04 | 웹사이트에서 다운로드한 앱 설치하기

iPhone이나 iPad의 경우에는 App Store에 있는 앱만 설치할 수 있지만, Mac에서는 App Store뿐 아니라 웹사이트에서 제공하는 앱을 설치할 수도 있습니다. 이번에는 App Store가 아니라 웹사이트에서 다운로드한 파일을 설치하는 방법에 대해 알아보겠습니다.

.dmg 파일 설치하기

macOS 설치 파일로 가장 많이 사용하는 것은 디스크 이미지 파일이고, 이 파일의 확장자는 .dmg입니다. 웹사이트에서 다운로드한 파일의 확장자는 Finder에서 확인할 수 있습니다.

잠깐만요

Finder에 확장자가 표시되지 않을 때는 Finder의 메뉴 막대에서 [Finder]-[환경설정]을 선택하면 나타나는 [고급] 탭의 [모든 파일 확장자 보기]에 체크하면 됩니다.

Finder에서 .dmg 파일을 더블클릭하면 앱 아이콘과 'Applications' 폴더 아이콘이 표시됩니다. 앱 아이콘을 클릭해 'Applications' 폴더로 드래그하면 설치가 진행됩니다.

▲ 설치 화면 / .dmg 파일을 드래그

외부 설치 파일을 설치할 수 없을 때

App Store가 아니라 웹사이트에서 다운로드한 설치 파일을 설치할 때 다음과 같은 경고 창이 나타나면 우선 [확인]을 클릭해 창을 닫습니다.

파일 확장자가 .pkg인 설치 파일의 경우, 악성 소프트웨어가 포함돼 있을 수도 있다고 판단하기 때문에 바로 설치할 수 없는 것이죠. 이때에는 Finder에서 설치 파일을 control + 클릭한 후 [열기]를 선택합니다.

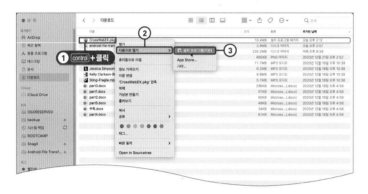

다시 한번 경고 창이 나타납니다. 이번에는 [열기] 버튼이 함께 표시되므로 [열기]를 클릭합니다.

설치 파일이 안전하다고 생각하면 [허용]을 클릭해 설치 윈도우의 지시대로 따라 하면 됩니다.

잠 깐 만 요

설치 과정이 끝난 후 다운로드했던 설치 파일을 삭제할 것인지 묻는 상자가 나타나면 [휴지통으로 이동]을 클릭해 설치 파일을 삭제하는 것이 좋습니다.

05 | 앱을 삭제하는 여러 가지 방법

Windows에서는 제어판에서 앱을 삭제할 수 있었지만, macOS에는 앱을 따로 삭제할 수 있는 메뉴가 없습니다. 그 대신 여러 가지 방법으로 앱을 삭제할 수 있습니다.

[방법 1] Launchpad에서 앱 삭제하기

Launchpad에서 앱을 삭제하려면 Launchpad를 연 후 option키를 누르거나 앱 아이콘을 3초 동안 클릭하고 있으면 앱 아이콘 위로 [삭제] 아이콘 ⓧ이 표시됩니다. 이때 [삭제] 아이콘 ⓧ을 클릭합니다.

잠깐만요 ───
App Store에서 다운로드한 앱이라면 삭제한 후 App Store를 통해 언제든지 재설치할 수 있습니다.

앱을 정말 삭제할 것인지 묻는 메시지가 표시되면 [삭제]를 클릭합니다.

[방법 2] Finder에서 앱 삭제하기

Launchpad의 앱에 [삭제] 아이콘 ⓧ이 표시되지 않는 경우, Finder에서 앱을 삭제할 수 있습니다. Finder의 '응용 프로그램' 폴더에서 앱 아이콘을 클릭해 Dock에 있는 휴지통으로 드래그하면 됩니다.

잠│깐│만│요 ─────

앱 아이콘을 선택한 후 command +
backspace 키를 눌러도 앱을 삭제할
수 있습니다.

휴지통으로 옮겨진 앱을 완전히 삭제하기 위해서는 휴지통을 비워야 합니다. 앱 삭제를 취소하
려면 휴지통에서 복구할 앱 아이콘을 control +클릭해 단축 메뉴를 열고, [되돌려 놓기]를 선택하
면 됩니다.

[방법 3] 일반적인 방법으로 삭제할 수 없는 앱 삭제하기

Launchpad에서 삭제할 수 없거나 Finder의 앱 아이콘을 휴지통으로 옮겨 삭제할 수 없을 경우
에는 앱에 포함돼 있는 앱 삭제 도구(Uninstaller)를 사용해야 합니다. 앱에 삭제 도구가 포함돼
있는지 확인하려면 Spotlight에서 삭제할 앱의 이름을 검색하면 됩니다.

Spotlight의 검색 결과 중 앱 삭제 도구를 선택해 즉시 삭제하거나 검색한 앱 아이콘을
command +더블클릭하면 앱 저장 폴더로 이동하는데, 그 폴더에서 앱 삭제 도구를 실행해서 삭제
해도 됩니다.

앱 삭제 도구를 실행하면 정말로 앱을 삭제할 것인지를 묻는 대화상자에서 [삭제]나 [확인]을 클
릭해 앱을 삭제할수 있습니다. 앱 삭제 도구를 실행했을 때 표시되는 화면은 각각의 앱마다 다르
므로 기본적인 방법만 알아 두면 됩니다.

06 | 무엇이든 척척 찾아 주는 Spotlight

무엇이든 찾고 싶은 것이 있다면 Spotlight에 검색해 보세요. 하드 디스크에 있는 앱은 물론, 폴더나 파일, 메일이나 메시지 그리고 검색어가 포함된 웹페이지까지 다양한 정보를 찾을 수 있습니다.

⊕ 검색 상자

Spotlight로 검색하기

1 메뉴 막대의 오른쪽 끝에 있는 [🔍]을 클릭하거나 Spotlight의 단축키인 command + spacebar 키를 누르면 데스크탑 화면에 Spotlight가 표시됩니다.

2 Spotlight 검색 상자에 검색어를 입력하면 검색어가 포함된 앱이나 문서, 메일, 웹사이트 등 다양한 카테고리의 정보가 검색됩니다. 검색어를 모두 입력하지 않아도 입력하는 글자에 따라 자동으로 검색 결과가 나타납니다. 검색 결과에서 앱 이름을 선택하면 앱을 실행할 수 있고, 웹사이트를 선택해 검색어가 포함된 웹사이트로 바로 이동할 수도 있습니다.

잠 깐 만 요

Spotlight 검색 상자에서 두 가지 단어가 모두 들어간 항목을 검색하려면 각각의 단어를 "+" 기호나 "AND"로 연결해 입력하면 됩니다.

Spotlight 설정 변경하기

Spotlight로 검색하면 설치된 앱뿐 아니라 저장한 문서, 폴더 이름, 웹 검색 결과에 이르기까지 다양한 카테고리의 검색 결과를 확인할 수 있습니다. 또한 검색 대상이 되는 카테고리를 지정하거나 개인 정보 보호를 위해 Spotlight 검색에서 제외할 폴더를 선택할 수도 있습니다.

1 Dock에서 [시스템 환경설정] ⚙을 클릭한 후 [Spotlight]를 선택합니다. Spotlight로 검색할 카테고리를 선택하려면 Spotlight 환경설정 윈도우에서 [검색 결과] 탭을 클릭합니다. 체크돼 있는 항목은 Spotlight 검색 결과에 포함되는 카테고리입니다. 카테고리의 체크 표시를 해제하면 이후 Spotlight로 검색할 때 해당 카테고리를 검색하지 않습니다.

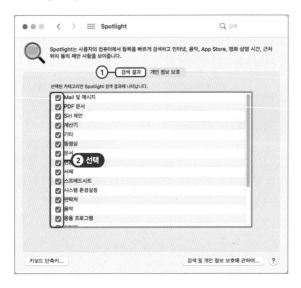

2 [개인 정보 보호] 탭을 클릭한 후 [+]를 클릭하면 Spotlight 검색에서 제외할 위치를 추가할 수 있습니다.

3 만약 '다운로드' 폴더를 검색에서 제외하려면 Finder 윈도우에서 '다운로드' 폴더를 선택한 후 [선택]을 클릭합니다.

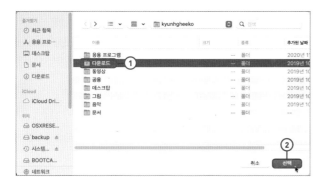

잠 깐 만 요 ───

제외한 검색 위치를 다시 Spotlight로 지정하려면 '개인 정보 보호' 목록에서 검색에 포함할 위치를 선택한 후 [−]를 클릭합니다.

07 | AirDrop을 사용해 Mac에서 파일 주고받기

AirDrop을 사용하면 Mac에서 편집한 파일이나 사진을 주변의 다른 Mac이나 iPhone, iPad 등으로 보낼 수 있고, iPhone이나 iPad 에서 Mac으로 보낼 수도 있습니다. 이번에는 Mac에서 작성한 Pages 파일을 iPhone으로 보내는 방법에 대해 알아보겠습니다.

1 Finder 윈도우에서 AirDrop으로 전송할 파일을 선택한 후 도구 막대에 있는 [공유] ⬆를 클릭하고 [AirDrop]을 선택합니다.

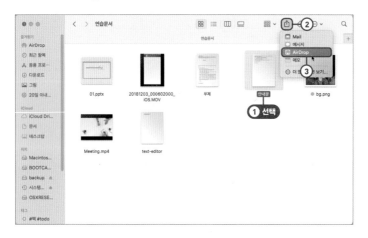

잠 | 깐 | 만 | 요 ─────────────────────────────────

AirDrop으로 전송할 파일을 control+클릭한 후 단축 메뉴에서 [AirDrop]을 선택해도 됩니다.

2 주변에 AirDrop이 활성화된 Apple 기기가 표시됩니다. 파일을 전송할 기기를 선택합니다.

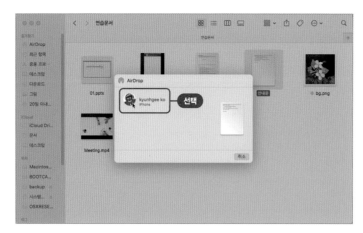

3 본인의 기기라면 별도의 과정 없이 그대로 전송되고, 다른 사람의 기기라면 AirDrop으로 파일을 받을 것인지 묻는 상자가 나타납니다. 파일 전송이 끝나면 해당 파일이 열립니다. 예를 들어 Pages로 작성된 문서라면 Pages 앱이 열리고, 사진이라면 사진 앨범에 추가됩니다.

▲ iPhone으로 전송된 파일

4 AirDrop으로 파일이 전송되면 Mac에는 '전송됨'이라고 표시됩니다. [완료]를 클릭해 AirDrop 전송 창을 닫습니다.

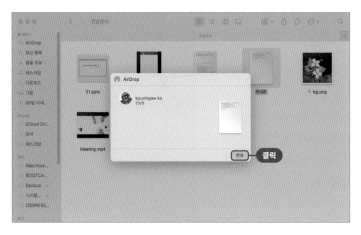

데스크탑
여러 개 사용하기

Mac에서 여러 작업을 동시에 해야 한다면 'Misson control' 기
능을 활용해 여러 개의 데스크탑 화면(Spaces)을 만들 수 있습
니다. 이번에는 여러 개의 데스크탑 화면을 오가며 작업할 수 있
는 'Misson control'에 대해 알아보겠습니다.

01 | Mission control로 새 데스크탑 만들기

동시에 실행 중인 앱이 많거나 작업 화면을 용도별로 구분하고 싶다면 Mission control을 활용해 여러 대의 컴퓨터를 사용하는 것과 같이 데스크탑 화면을 따로 만들 수 있습니다.

⊕ 가상 데스크탑

1 Apple 키보드에서 [⌘F3]키를 누르면 Mission control 화면으로 전환됩니다. Mission control 에는 현재 실행돼 있는 앱 윈도우가 모두 표시되죠. 아직 새로운 데스크탑(Spaces)이 만들어지지 않은 경우에는 Mission control 화면 위의 Spaces 막대에 '데스크탑'만 표시됩니다.

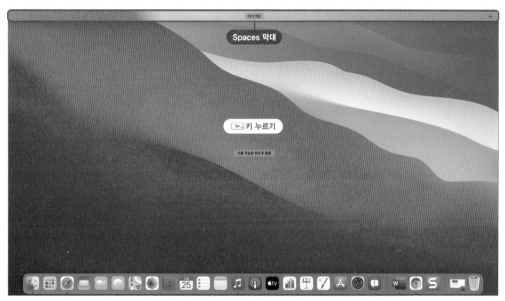

▲ Mission control 화면

원모어 띠디

Mission control을 실행하는 다양한 방법

- [⌘F3]키 누르기
- [control]+[↑]키 누르기
- 네 손가락으로 트랙패드를 위로 쓸어넘기기

2 새 데스크탑을 추가하려면 Spaces 막대의 오른쪽 끝에 있는 [+]를 클릭합니다.

잠│깐│만│요 ──
Spaces 막대 위로 마우스 포인터를 올려 놓으면 기존 '데스크탑' 화면이 작은 그림으로 바뀌어 표시됩니다.

3 기존 데스크탑은 '데스크탑 1'으로 바뀌고, '데스크탑 2'라는 이름의 새로운 데스크탑이 표시됩니다. 이렇게 만들어지는 데스크탑 화면을 'Spaces'라고 합니다. Spaces 막대에 있는 '데스크탑 2'를 클릭하면 새로운 Spaces로 이동합니다.

잠│깐│만│요 ──
Spaces는 최대 16개까지 추가할 수 있습니다.

4 새로 만든 '데스크탑 2'는 '데스크탑 1'과 다를 것이 없지만, '데스크탑 1'에서 실행하지 않은 다른 앱을 실행할 수 있다는 장점이 있습니다.

▲ 새로운 데스크탑 2

잠 깐 만 요 ──────────────

이미 '데스크탑 1'에 실행 중인 앱을 '데스크탑 2'에서 다시 실행하면 '데스크탑 1'로 이동합니다.

5 Safari 앱을 실행한 후 전체 화면으로 전환해 보세요. [F₃] 키를 눌러 Mission control을 열면 전체 화면으로 전환된 Safari가 또 하나의 Spaces로 추가된 것을 볼 수 있습니다. Spaces를 추가하지 않아도 앱 윈도우를 전체 화면에 표시하면 Mission control에 전체 화면으로 전환한 앱 윈도우가 새로운 Spaces로 표시됩니다.

잠 깐 만 요 ──────────────

Mission control에 표시된 전체 화면 Spaces 위에 마우스 포인터를 올려 놓으면 나타나는 [ⓧ] 아이콘을 클릭하면 Spaces 막대에서 사라지고, 다시 원래 데스크탑 화면의 앱 윈도우로 돌아갑니다.

02 | Mission control의 Spaces 활용하기

Mission control을 사용하면 여러 개의 Spaces(데스크탑)를 만든 후 Spaces를 전환하면서 사용할 수 있습니다. 하나의 시스템에 여러 개의 화면이 있는 것처럼 사용할 수 있는 것이죠. Mission control의 여러 Spaces를 옮기면서 활용하는 방법에 대해 알아보겠습니다.

⊕ 가상 데스크탑

Mission control에서 원하는 Spaces 선택하기

Mission control의 Spaces 막대에서 이동하려는 Spaces를 클릭하면 선택한 데스크탑이나 전체 화면 Spaces로 바로 이동하고, Mission control에서 빠져나옵니다.

잠 깐 만 요

Spaces 막대에서 Option 키를 누른 상태로 데스크탑 썸네일을 클릭하면 Mission control 화면은 그대로 유지된 상태로 Spaces만 이동할 수 있습니다.

Spaces를 순서대로 이동하기

Spaces가 2개 이상이라면 키보드나 트랙패드를 사용하면 좀더 편리하게 각 Spaces를 이동할 수 있습니다. 세 손가락으로 트랙패드를 왼쪽이나 오른쪽으로 쓸어넘기면 이전 Spaces나 다음 Spaces로 이동할 수 있고 키보드를 사용한다면 control+←키 또는 control+→키를 누르면 됩니다.

예를 들어, '데스크탑 1'에서 control+→키를 누르거나 트랙패드에서 왼쪽으로 세 손가락으로 쓸어넘기면 '데스크탑 2'로 이동할 수 있습니다. 마찬가지로 '데스크탑 2'에서 control+←키를 누르거나 트랙패드에서 오른쪽으로 쓸어넘기면 '데스크탑 1'로 이동할 수 있습니다.

잠깐만요

1개 이상의 Spaces를 사용할 경우, 각 Spaces의 데스크탑 화면에 서로 다른 배경 화면을 설정할 수 있습니다.

단축키로 Spaces 이동하기

1개 이상의 Spaces를 추가했다면 단축키를 사용해 원하는 Spaces를 바로 선택할 수도 있습니다.

1 Dock에서 [시스템 환경설정] ⚙️을 클릭한 후 [키보드]를 선택합니다.

2 키보드 설정 윈도우에서 [단축키] 탭을 클릭한 후 왼쪽 창에서 [Mission control]을 선택합니다. 오른쪽 창의 'Mission control' 항목 아래에 있는 '데스크탑 1로 전환', '데스크탑 2로 전환' 등과 같은 항목 중에서 만들어진 Spaces 개수만큼 체크한 후 환경설정 윈도우를 닫습니다.

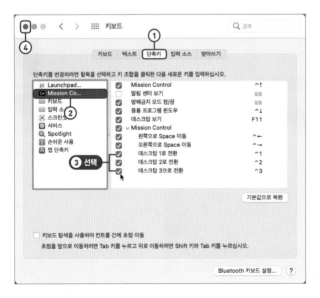

3 이제부터 단축키를 이용해 `control`+`1` 키를 누르면 '데스크탑 1', `control`+`2` 키를 누르면 '데스크탑 2'로 바로 이동할 수 있습니다.

잠 깐 만 요

키보드 설정 윈도우의 'Mission control' 항목에는 '데스크탑 3으로 전환'까지 표시되지만, 단축키로 최대 6개의 Spaces까지(`control`+`6`) 이동할 수 있습니다.

03 | Mission control에서 Spaces 간 앱 옮기기

Mission control을 사용하면 어떤 앱 윈도우든 다른 Spaces로 옮길 수 있고 작업 중인 앱 윈도우를 새로운 Spaces로 만들 수도 있습니다. 이번에는 Mission control의 Spaces를 활용하는 방법에 대해 알아보겠습니다.

⊞ 가상 데스크탑

[방법 1] 앱 윈도우 드래그해 앱 옮기기

다른 Spaces로 옮길 앱 윈도우의 제목 표시줄을 클릭한 후 옮길 Spaces가 있는 방향의 가장자리로 드래그하면 앱 윈도우가 해당 방향의 Spaces로 옮겨집니다. 예를 들어 '데스크탑 1'에 있는 Safari 윈도우를 '데스크탑 2'로 옮기려면 Safari 윈도우의 제목 표시줄을 클릭한 후 '데스크탑 1'의 오른쪽 가장자리로 드래그하면 됩니다.

▲ 데스크탑 1

Safari 윈도우가 '데스크탑 2'로 옮겨집니다. Safari 윈도우가 '데스크탑 2'로 옮겨진 상태에서 마우스에서 손을 떼면 이동이 멈추고, 계속 오른쪽 가장자리로 드래그하면 Safari 윈도우를 '데스크탑 3'까지 옮길 수 있습니다.

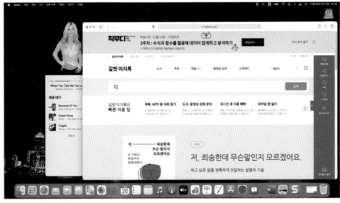

▲ 데스크탑 2

[방법 2] Spaces 막대로 드래그해 앱 옮기기

'데스크탑 3'에 있는 앱 윈도우를 '데스크탑 1'로 옮길 때는 Spaces 막대를 이용하는 것이 더 편리합니다. '데스크탑 3'에 있는 Finder 윈도우를 '데스크탑 1'로 옮기려면 Finder 윈도우 제목 표시줄을 클릭한 상태에서 메뉴 막대 위로 드래그합니다.

▲ 데스크탑 3

Spaces 막대가 표시되면 원하는 Finder 윈도우를 데스크탑 1로 바로 옮길 수 있습니다.

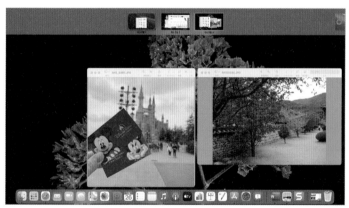

▲ 데스크탑 1로 옮겨진 Finder 윈도우

잠 깐 만 요

앱 윈도우의 제목 표시줄을 클릭한 상태에서 메뉴 막대 위로 드래그하지 않고 [🎛]키를 눌러 바로 Spaces 막대를 표시해 옮길 수도 있습니다.

04 | Mission control에서 Split View 사용하기

Mission control에서도 2개의 앱 윈도우를 데스크탑에 나란히 정렬하는 Split View를 사용할 수 있습니다. 이번에는 Mission control 에서 Split View를 사용하는 방법에 대해 알아보겠습니다.

⊕ 멀티 태스킹

1 앱 윈도우의 [최대화] ⊚ 를 클릭하거나 제목 표시줄을 Mission control의 Spaces 막대 빈 공간으로 드래그하면 해당 앱 윈도우가 전체 화면으로 전환돼 표시되고, Spaces 막대에는 전체 화면으로 전환된 앱의 이름이 표시됩니다. 만약 Finder 윈도우를 전체 화면으로 전환했다면 Spaces 막대에는 'Finder'라고 표시됩니다.

2 실행돼 있는 다른 앱 윈도우를 'Finder' Spaces의 위로 드래그하면 미리보기의 Finder 윈도우가 한 방향으로 밀리면서 [+]가 표시됩니다. 이 상태에서 마우스 버튼에서 손을 떼면 Spaces 막대의 미리보기가 Split View로 표시되고 윈도우 이름도 변경됩니다. Finder와 Safari를 Spaces 막대에 Split View로 표시했다면 Spaces 막대에는 'Finder 및 Safari'로 표시됩니다.

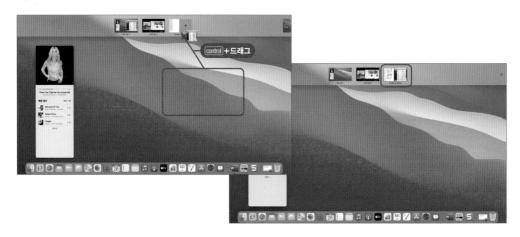

3 Spaces 막대에 Split View로 표시된 미리보기를 클릭하면 Split View로 표시된 Finder와 Safari 윈도우를 확인할 수 있습니다. 서로 다른 Spaces에 실행된 앱 윈도우를 Split View로 확인하고 싶다면 한번에 해결할 수 있겠죠?

4 Split View를 해제하려면 Mission control의 Split View 미리보기를 Spaces 막대의 아래로 드래그하거나 Split View의 미리 보기 위로 마우스 포인터를 올려 놓았을 때 나타나는 [🞫]를 클릭하면 됩니다.

iPad를 보조 모니터로 사용하기

macOS에는 iPad를 Mac의 보조 모니터로 사용할 수 있는 Sidecar 기능이 있습니다. Sidecar를 사용하면 Mac과 똑같은 화면을 볼 수 있고, 화면을 확장해 사용할 수도 있습니다.

01 | iPad와 Mac을 Bluetooth로 연결하기

Sidecar를 사용하려면 iPad와 Mac에 같은 Apple ID로 로그인돼 있고, iPad와 Mac이 Bluetooth를 통해 쌍으로 연결돼 있어야 합니다. Mac과 iPad를 연결한 적이 있다면 이 과정을 건너뛰고 'Sidecar 시작하기'로 넘어가도 됩니다.

1 메뉴 막대의 [제어 센터] 🖲을 클릭한 후 [Bluetooth]를 선택합니다.

2 기기 항목 중 Bluetooth를 통해 쌍으로 연결할 iPad를 선택한 후 [연결]을 클릭합니다.

잠 깐 만 요

기기 항목에 연결할 iPad가 표시되지 않는다면 연결할 iPad의 Bluetooth가 켜져 있는지 확인하세요.

3 이전에 iPad를 연결한 적이 없다면 Mac과 iPad 화면을 연결하기 위한 코드가 표시되는데, iPad 화면에서 [쌍으로 연결] 버튼을 클릭해야 Bluetooth로 연결됩니다.

▲ macOS와 iPad를 Bluetooth로 연결하기

4 iPad와 Bluetooth로 연결되면 Mac의 Bluetooth 기기 목록에 연결한 iPad 아래에 '연결됨'이 라고 표시됩니다.

02 | Sidecar 시작하기

방금 iPad를 연결했거나 이전에 연결한 적이 있다면 Sidecar 기능을 이용해 iPad를 보조 디스플레이로 사용할 수 있습니다.

Sidecar 기능을 사용하려면 Bluetooth로 연결한 상태에서 Sidecar로 사용할 iPad를 연결해야 합니다. Dock에서 [시스템 환경설정] ⚙️을 클릭한 후 [Sidecar]를 선택합니다. 그리고 '기기 선택' 목록을 펼쳐 Sidecar로 연결할 iPad를 선택합니다.

잠 깐 만 요
'기기 선택' 목록에 Sidecar로 연결할 iPad가 보이지 않는다면 '01. iPad와 Mac을 Bluetooth로 연결하기'(107쪽)으로 돌아가 iPad과 Mac를 다시 연결해 보세요.

iPad와 Mac이 Sidecar로 연결되면 Mac의 화면이 iPad에 표시됩니다. iPad를 보조 모니터로 연결해 하나의 화면처럼 사용할 수 있습니다. 다음 그림처럼 iPad가 Mac의 오른쪽에 있을 때 마우스 포인터를 왼쪽에서 오른쪽으로 옮기면 Mac에서 iPad로 옮길 수 있습니다. Sidecar로 연결되면 메뉴 막대에 [Sidecar] 아이콘 ▣이 표시됩니다.

▲ MacOS 화면　　　　　　　　　　　　　▲ iPad 화면

잠 깐 만 요
iPad가 Mac에 연결된 상태에서 iPad의 홈 버튼을 누르거나 화면을 위로 쓸어 올리면 iPad의 앱을 사용할 수 있고, iPad의 Dock에서 [Sidecar] 아이콘 ▣을 탭하면 다시 Sidecar 화면으로 돌아갑니다.

Sidecar 화면 배치하기

Sidecar로 연결된 iPad와 Mac의 화면을 원하는 위치로 변경할 수도 있습니다. Sidecar 화면을 원하는 위치로 변경하려면 Mac 메뉴 막대에 있는 [Sidecar] 아이콘 ⬜을 클릭한 후 [디스플레이 설정]을 선택합니다.

'Sidecar 디스플레이' 윈도우에서 [정렬] 탭을 선택하면 iPad와 Mac이 각각 사각형으로 표시됩니다. 각 사각형을 클릭하면 iPad와 Mac 화면의 테두리에 빨간색 상자가 표시되기 때문에 쉽게 구분할 수 있습니다. iPad의 사각형을 선택한 후 원하는 위치로 드래그하면 iPad와 Mac의 화면을 자유롭게 배치할 수 있습니다.

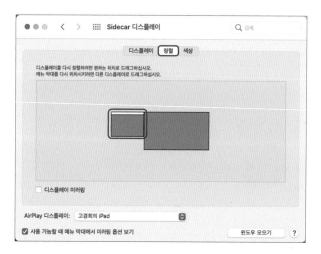

잠 | 깐 | 만 | 요
작은 사각형은 iPad, 큰 사각형은 Mac 화면으로, 각 사각형을 클릭하지 않고도 쉽게 구분할 수 있습니다.

Sidecar 연결을 해제하려면 Mac의 'Sidecar 디스플레이' 윈도우에서 [AirPlay 디스플레이] 목록을 펼쳐 [끔]을 선택하거나 iPad의 사이드바에서 [⬜]를 터치한 후 [연결 해제]를 선택합니다.

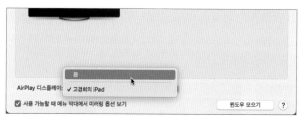

▲ Mac에서 연결 해제하기

▲ iPad에서 연결 해제하기

110

03 | Sidecar 화면 살펴보기

Sidecar 설정에서 기본적으로 사이드바를 왼쪽, Touch Bar를 아래쪽에 표시하도록 지정돼 있기 때문에 Sidecar로 연결하면 iPad 화면의 왼쪽에 사이드 바, 아래쪽에 Touch Bar가 표시됩니다.

① **사이드바:** Sidecar를 사용할 때 입력을 도와주는 기능이 표시됩니다.

② **메뉴 막대 표시하기/감추기:** iPad에서 앱 윈도우를 전체 화면으로 표시할 때 이 아이콘을 클릭해 메뉴 막대를 표시하거나 감춥니다.

③ **Dock 표시하기/감추기:** 클릭할 때마다 화면의 아래쪽에 Dock을 표시하거나 감춥니다.

④ **보조키:** Apple Pencil로 선택하거나 클릭할 때 command 나 option 과 같은 보조키가 필요하다면 사이드바에 있는 보조키를 손으로 누른 상태로 Apple Pencil을 사용합니다. 순서대로 command, option, control, shift 키입니다.

⑤ **작업 취소:** 이전 작업을 취소합니다.

⑥ **키보드:** iPad에 키보드가 표시돼 텍스트를 입력할 수 있습니다. 한 번 더 클릭하면 키보드를 감춥니다.

⑦ **연결 해제:** 클릭한 후 [연결 해제]를 선택하면 iPad와 Mac 기기 간의 연결이 끊어집니다.

⑧ **확장된 Mac 화면:** Mac 화면이 확장돼 표시됩니다.

⑨ **Touch Bar:** Mac에서 Touch Bar를 사용하는 것에 익숙하다면 iPad에도 Touch Bar를 표시해 사용할 수 있습니다.

Sidecar 환경설정

사이드바, Touch Bar의 위치를 바꾸거나 Touch Bar를 끄는 등 Sidecar의 환경설정을 바꿀 수 있습니다. 우선 Dock에서 [시스템 환경설정] 🔘을 클릭한 후 [Sidecar]를 선택합니다. 사이드바나 Touch Bar의 위치를 바꾸려면 항목 오른쪽의 목록을 펼친 후 위치를 선택합니다.

만일 Touch Bar 항목을 화면에 표시하고 싶지 않다면 Touch Bar 항목의 왼쪽에 있는 체크를 해제하면 됩니다.

▲ Sidecar 화면에서 Touch Bar 없애기

04 | 디스플레이 미러링

Sidecar의 목적은 기본적으로 Mac의 화면을 확장해 iPad를 보조 모니터로 사용하는 것이지만, Mac과 iPad 양쪽 화면을 똑같이 유지할 수도 있습니다. Mac과 iPad 양쪽 화면을 똑같이 만들어 사용하는 것을 '디스플레이 미러링'이라고 합니다.

1 Sidecar가 활성화된 상태로 Dock에서 [시스템 환경설정] ⚙을 클릭한 후 [디스플레이]–[정렬]을 차례대로 선택하고 '디스플레이 미러링' 항목에 체크합니다.

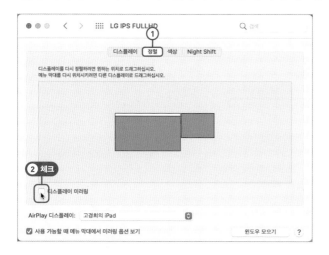

잠 깐 만 요 ─────────────

디스플레이 미러링 상태에서는 'Sidecar 디스플레이' 윈도우에 2개의 사각형이 겹쳐 표시됩니다.

2 이제부터 Mac 화면과 iPad 화면에 화면에 똑같은 내용이 나타날 것입니다.

▲ Mac　　　　　　　　　　　　　　　　　　▲ ipad

잠 깐 만 요 ─────────────

미러링을 끝내려면 '디스플레이 미러링' 항목 앞에 있는 체크를 해제하면 됩니다.

Apple ID와
iCloud 설정하기

Apple의 iPhone, iPad, MacBook, iMac 등이 같은 Apple 계정으로 iCloud에 연결돼 있으면 저장 공간을 공유하기 때문에 생산성이 뛰어납니다. iPhone이나 iPad에서 찍은 사진을 손쉽게 옮길 수도 있고, 기기를 오가면서 문서를 작성할 수도 있습니다. 다양한 Apple 기기에서 만들고 수집한 자료를 iCloud에 저장해 자유롭게 공유해 보세요.

01 | Apple ID 설정하기

여러 Apple 기기를 사용하더라도 하나의 Apple ID를 연결해 사용합니다. 여기서는 나의 Apple ID를 확인하고 관리하는 방법에 대해 알아보겠습니다.

⊕ Microsoft 계정

Apple ID를 확인하려면 Dock에서 [시스템 환경설정] ⚙️을 클릭한 후 [Apple ID]를 선택합니다.

요약: Apple ID에 대한 설명이 표시됩니다.

잠 깐 만 요

해당 Apple ID로 로그인한 기기는 'Apple ID' 윈도
우 왼쪽 창의 아래에서 확인할 수 있습니다.

이름, 전화번호, 이메일: Apple ID에 등록된 이름과 전화번호, 이메일이 표시됩니다. [수정]을 클릭하면 해당 정보를 수정할 수 있습니다.

암호 및 보안: Apple ID의 암호를 변경하거나 신원 확인용 전화번호를 추가/삭제할 수 있습니다.

결제 및 배송: Apple ID와 연결된 App Store나 Apple 온라인 스토어에서 사용할 지불 방법과 배송지 주소를 확인할 수 있습니다. '배송지 주소'의 [수정]을 클릭하면 배송 주소를 수정할 수 있습니다.

잠 깐 만 요

'지불 방법'은 App Store의 사용자 정보에서 변경할 수 있습니다. iPhone의 경우 [설정]-[Apple ID]에서 변경할 수 있습니다.

02 | Apple 계정 이미지 바꾸기

Apple 계정에 표시되는 이미지는 Apple ID에 연결된 기기에서 언제든지 변경할 수 있습니다. MacOS에서 Apple 계정 이미지를 변경하는 방법에 대해 알아보겠습니다.

⊞ Microsoft 계정

1 'Apple ID' 윈도우 왼쪽 창의 이미지에 마우스 포인터를 올려 놓으면 나타나는 [편집]을 클릭합니다.

2 사이드바에서 '기본' 카테고리를 선택하면 MacOS의 기본 이미지 중에서 원하는 이미지를 선택할 수 있고, '카메라' 카테고리를 선택하면 직접 사진을 찍어 사용할 수 있으며, '사진' 카테고리를 선택하면 저장된 사진 중에서 선택할 수 있습니다. 원하는 카테고리에서 마음에 드는 이미지를 고른 후 [저장]을 클릭합니다.

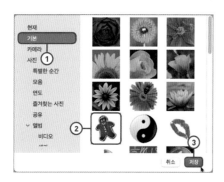

3 선택한 이미지의 크기를 조절하고 싶다면, 프로필 이미지의 '편집'을 다시 클릭한 후 이미지 아래의 슬라이드 막대를 움직여 크기를 조절합니다. 원하는 크기로 조절한 후 [저장]을 클릭합니다.

4 Apple 계정 이미지가 선택한 이미지로 변경됐습니다.

03 | iCloud 환경설정하기

iCloud를 사용하면 같은 Apple ID로 로그인된 Apple 기기 간의 iCloud 저장 공간을 공유할 수 있습니다. 이미 Apple ID가 있다면 iCloud를 따로 신청하지 않아도 5GB의 iCloud 공간이 무료로 제공됩니다.

⊕ Microsoft 계정

'Apple ID' 윈도우의 왼쪽 창에서 [iCloud]를 선택하면 어떤 정보를 iCloud에 저장할지 선택할 수 있습니다. 기본적으로 Mail을 제외한 모든 항목이 선택돼 있는데, 필요하지 않은 항목은 체크를 해제하면 됩니다.

iCloud에서 선택할 수 있는 항목은 다음과 같습니다. 무료로 제공되는 5GB의 공간이 그리 넉넉하지 않으므로 필요한 항목을 상황에 맞게 체크하세요.

- **iCloud Drive:** 이 항목을 선택하면 iCloud가 Finder 윈도우에 폴더처럼 추가되고, Apple 기기에서 생성한 파일을 iCloud에 저장합니다. iCloud Drive 항목의 [옵션]을 클릭하면 iCloud로 저장할 앱을 선택할 수 있습니다.
- **사진:** 사진을 많이 찍는다면 Apple 기기에서 찍은 사진을 모두 iCloud에 동기화하기엔 용량이 부족합니다. 보관할 사진이 많다면 이 항목은 선택하지 않는 것이 좋습니다.
- **Mail:** Apple 기기에 저장한 메일을 iCloud에 동기화합니다. 각 메일 계정의 웹페이지에서도 확인할 수 있기 때문에 꼭 동기화하지 않아도 됩니다.
- **연락처:** Apple 기기에 저장한 연락처를 iCloud에 동기화합니다. 연락처 정보는 항상 최신 상태를 유지하는 것이 좋기 때문에 iCloud에 공유해 두는 것이 편리합니다.

- **캘린더:** Apple 기기의 캘린더 앱에 저장한 자료를 iCloud에 동기화합니다. 캘린더 앱으로 일정을 관리한다면 선택하는 것이 좋습니다.
- **미리 알림:** Apple 기기의 미리 알림 자료를 iCloud에 동기화합니다. 미리 알림의 자료는 대부분 텍스트이기 때문에 많은 용량을 차지하지 않습니다. 미리 알림 앱을 자주 사용한다면 선택하는 것이 좋습니다.
- **메모:** Apple 기기의 메모 앱에 저장된 메모를 iCloud에 동기화합니다. 메모 앱의 자료 역시 iCloud에서 큰 공간을 차지하지 않기 때문에 메모 앱을 자주 사용한다면 선택하는 것이 좋습니다.
- **Safari:** Safari의 방문 기록이나 책갈피 등을 iCloud에 동기화합니다. Safari를 주로 사용한다면 이 항목을 선택해 사용하는 것이 편리합니다.
- **키체인:** Apple 기기에 저장한 로그인 정보나 보안 정보를 iCloud에 동기화합니다. 이 항목을 체크해 만든 여섯 자리 보안 코드만 있으면 모든 Apple 기기에서 암호 정보를 확인할 수 있습니다. 매번 로그인 암호를 기억하기 힘들다면 이 항목을 선택하세요.
- **나의 Mac 찾기:** Apple 기기 분실에 대비해 이 항목을 선택합니다.
- **주식:** 주식 정보를 Apple 기기를 사용해 확인한다면 이 항목을 선택합니다.
- **홈:** Apple 기기로 제어하는 전등, 콘센트 등의 홈 액세서리를 사용한다면 iCloud에 관련 정보를 동기화할 수 있습니다.
- **siri:** Apple 기기에서 Siri에게 물어봤던 정보나 Siri가 제안했던 정보를 iCloud에 동기화합니다.

 동기화한 사진 삭제하기

iCloud에 연결된 Apple 기기에 같은 내용을 유지하는 것을 '동기화'라고 합니다. iCloud의 사진을 동기화한 경우 iPhone이나 Mac에서 사진을 삭제하면 iCloud에서도 삭제됩니다. iPhone이나 Mac의 저장 공간이 부족하다면 외부 저장 장치에 미리 사진을 백업한 후 Apple 기기에서 삭제하세요.

04 | iCloud Drive 안전하게 비활성화하기

macOS에서 iCloud를 기본 설정 그대로 사용한다면 iCloud Drive가 활성화돼 데스크탑과 문서 폴더에 있는 파일이 iCloud에 자동으로 저장됩니다. 이렇게 iCloud를 사용하던 도중 iCloud의 공간이 부족해 iCloud Drive를 비활성화하는 데는 주의해야 할 점이 있습니다.

⊞ Microsoft 계정

iCloud의 공간이 부족해 iCloud Drive에 데스크탑이나 문서 폴더에 있는 파일을 더 이상 동기화하지 않으려면 iCloud Drive를 비활성화해야 합니다. 그런데 단순히 iCloud Drive 항목을 체크 해제하면 그동안 저장했던 자료가 삭제될 수 있으므로 주의해야 합니다.

1 시스템 환경설정 윈도우에서 [Apple ID]-[iCloud]를 차례대로 선택한 후 'iCloud Drive'를 클릭해 체크를 해제합니다.

2 iCloud Drive의 사용을 중단하면 그동안 동기화했던 '데스크탑'과 '문서' 폴더의 자료가 삭제되는데, [복사본 유지]를 클릭하면 iCloud로 동기화한 자료를 복사할 수 있습니다. [복사본 유지]를 클릭한 후 잠시 기다리면 동기화한 자료가 다운로드되기 시작합니다. 복사본이 저장되는 위치는 내 Mac의 '사용자 홈' 폴더입니다.

잠 | 깐 | 만 | 요

[Mac에서 제거]를 선택하면 iCloud와 Mac에서 모두 삭제되므로 중요한 정보라면 미리 자료를 백업해두세요.

3 Finder를 실행한 후 메뉴 막대에서 [이동]-[홈]을 선택합니다. '사용자 홈' 폴더의 'iCloud Drive(아카이브)' 폴더 안에 iCloud에 있던 내용이 저장돼 있는 것을 알 수 있습니다.

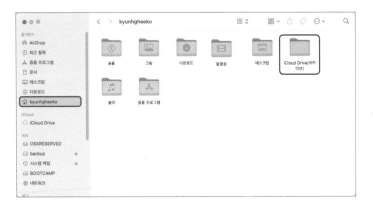

잠 깐 만 요

'사용자 홈' 폴더로 이동하면 Finder 윈도우의 제목 표시줄에 현재 사용자 이름이 표시됩니다. 사용자 이름이 'kyunhgheeko'라면 이 Mac의 '사용자 홈' 폴더의 이름은 'kyunhgheeko'가 됩니다.

 전문가의 조언

'사용자 홈' 폴더를 즐겨찾기에 추가하기

'사용자 홈' 폴더에 접근하는 것이 번거롭다면 Finder 윈도우 사이드바에 있는 '즐겨찾기'에 추가할 수 있습니다. Finder를 실행한 후 Finder 메뉴 막대에서 [이동]-[홈]을 선택해 '사용자 홈' 폴더로 이동하고 command+↑ 키를 누르면 '사용자' 폴더로 이동합니다. Finder 메뉴 막대에서 [파일]-[사이드바에 추가]를 클릭하면 즐겨찾기에 '사용자 홈' 폴더를 추가할 수 있습니다.

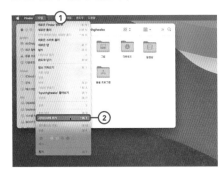 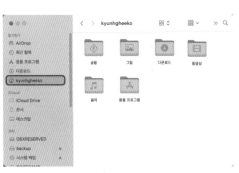

macOS에서
파일 관리하기

폴더나 파일의 복사, 저장, 이동, 삭제 등은 컴퓨터 작업의 기본 중의 기본입니다. 이는
Windows와 macOS 모두 마찬가지입니다. macOS의 유용한 앱과 다양한 기능을 본격적
으로 알아보기 전에 macOS에서 파일과 폴더를 다루는 방법에 대해 살펴보겠습니다. 특히
Finder의 훑어보기는 파일을 열어 실행해보지 않아도 거의 모든 파일의 내용을 미리 살펴볼
수 있는 유용한 기능입니다.

macOS

Finder 살펴보기

Finder는 macOS에서 각종 앱이나 파일과 폴더를 관리하는 앱으로, macOS의 가장 기본적인 앱입니다. Finder는 Windows의 파일 탐색기보다 다양하고 편리한 기능을 제공합니다. Finder의 사용법만 익혀도 macOS를 훨씬 편리하게 사용할 수 있을 것입니다.

01 │ Finder 윈도우 살펴보기

어떤 앱도 실행하지 않은 상태의 macOS 메뉴 막대에는 Finder의 메뉴가 표시됩니다. 그만큼 Finder는 macOS의 기본이 되는 중요한 앱입니다. Finder의 기능을 잘 활용하면 macOS에서의 작업 시간이 훨씬 줄어들 것입니다.

⊕ 파일 탐색기

Dock에서 [Finder] 🙂 를 클릭하면 Finder를 실행할 수 있습니다. Finder는 다음과 같은 화면으로 구성돼 있습니다.

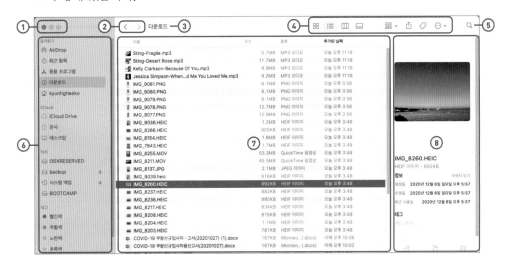

① **윈도우 조절:** Finder 윈도우를 전체 화면으로 전환하거나 최소화하는 등 크기를 조절할 수 있습니다. 앱 윈도우 조절에 대한 자세한 설명은 '06. 앱 윈도우 크기 조절하기'(35쪽)를 참고하세요.

② **이전/다음:** 이전 화면이나 다음 화면으로 이동합니다.

③ **제목 표시줄:** 선택한 Finder 윈도우의 이름이 표시됩니다.

④ **도구 막대:** Finder에서 자주 사용하는 기능이나 동작에 쉽게 접근할 수 있습니다.

⑤ **검색 상자:** 검색 상자에 검색어를 입력하면 사용자의 Mac에서 폴더나 파일을 검색합니다. 검색 상자에 대한 자세한 설명은 '05. Finder에서 검색하기'(161쪽)를 참고하세요.

⑥ **사이드바:** '즐겨찾기'와 'iCloud' 등의 폴더 목록이나 자주 사용하는 항목과 태그 등을 표시합니다. 사이드바에 대한 자세한 설명은 '04. 사이드바의 즐겨찾기 항목 설정하기'(135쪽)를 참고하세요.

⑦ **내용:** Finder 윈도우에서 선택한 폴더 안의 파일들을 나열합니다. 파일을 클릭하면 미리보기 패널에서 내용을 미리볼 수 있고, 파일을 더블클릭하면 연결 앱을 실행해 파일을 열어 볼 수 있습니다.

⑧ **미리보기 패널:** 각종 문서나 이미지 등의 파일을 실행하지 않고도 내용을 살펴보거나 선택한 파일의 생성일과 수정일 등을 확인할 수 있습니다. 이미지 파일인 경우에는 해상도나 색상 정보도 확인할 수 있습니다.

잠 깐 만 요

Finder 윈도우에 사이드바나 미리보기가 표시되지 않는다면 Finder 메뉴 막대에서 [보기] 메뉴를 클릭한 후 [사이드바 보기]나 [미리보기 보기]를 선택하면 됩니다.

Finder 윈도우의 도구 막대에는 자주 사용하는 기능들이 아이콘으로 나타나 있습니다. 기본적으로 표시되는 도구 이외에도 다른 도구들이 있는데, 그중에서 원하는 기능들을 사용해 도구 막대를 다시 구성할 수 있습니다.

⊕ 파일 탐색기/리본 메뉴

도구 막대의 보기 방법 변경하기

Finder 윈도우의 도구 막대를 [control]+클릭한 후 [아이콘 및 텍스트]를 선택하면 도구 막대에 도구 아이콘과 텍스트가 함께 표시되고, [아이콘만]을 선택하면 도구 아이콘만 표시됩니다. [텍스트만]을 선택하면 아이콘 없이 도구 텍스트만 표시되겠죠?

▲ [아이콘 및 텍스트]를 선택했을 때

▲ [아이콘만]을 선택했을 때

▲ [텍스트만]을 선택했을 때

도구 막대 사용자화하기

Finder 윈도우의 도구 막대를 [control]+클릭한 후 [도구 막대 사용자화]를 선택하거나 Finder 메뉴 막대에서 [보기]-[도구 막대 사용자화]를 선택합니다.

도구 상자에 있는 도구를 클릭한 후 도구 막대로 드래그해 원하는 도구를 추가할 수 있고, 도구 막대에 있는 도구 아이콘을 클릭해 도구 상자로 드래그하면 제거할 수도 있습니다. 원하는 도구를 추가하거나 제거한 후 [완료]를 클릭하면 Finder 도구 막대를 사용자화할 수 있습니다.

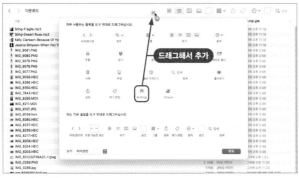

▲ 도구 추가하기

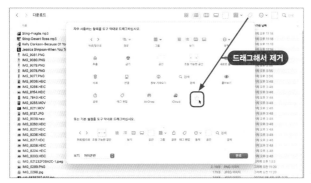

▲ 도구 제거하기

도구 막대를 사용자화했다가 원래의 기본 도구 상태로 되돌리려면 도구 상자의 가장 아래쪽에 있는 기본 설정 부분을 도구 막대로 드래그하면 됩니다.

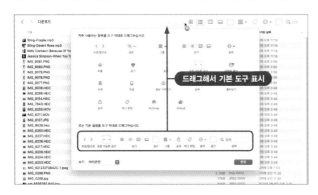

Finder 도구 살펴보기

Finder 도구 막대에는 여러 가지 도구를 추가할 수 있습니다. 각 도구의 기능을 간단히 살펴보겠습니다.

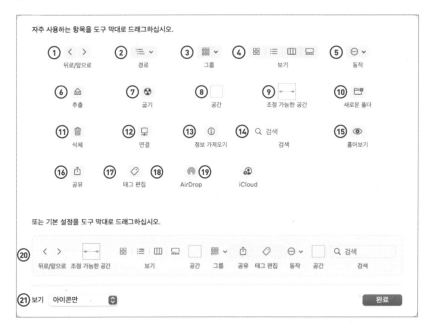

① **뒤로/앞으로** ‹ › : 이전 화면이나 다음 화면으로 이동합니다.

② **경로** ☰ˇ : 현재 폴더의 위치를 표시합니다.

③ **그룹** ▦ˇ : [이름], [종류], [날짜] 등을 기준으로 파일이나 폴더 등의 항목을 그룹화해 표시합니다.

④ **보기** ▦ ☰ ▥ ▭ : Finder 윈도우의 보기 방식을 [아이콘 보기], [목록 보기], [계층 보기], [갤러리 보기]로 변경합니다. 자세한 설명은 '06. Finder 윈도우의 보기 방식과 보기 옵션'(141쪽)을 참고하세요.

⑤ **동작** ⊖ˇ : [새로운 폴더], [휴지통으로 이동] 등 Finder 도구 막대에서 자주 사용하는 기능을 단축 메뉴로 표시합니다.

⑥ **추출** ⏏ : 외장 하드 디스크나 BootCamp 등과 같은 디스크를 추출합니다.

⑦ **굽기** ☢ : CD/DVD 드라이브가 장착돼 있거나 외장 DVD 드라이브가 연결돼 있을 경우, 파일을 CD나 DVD로 굽습니다.

⑧ **공간** ☐ : Finder 윈도우의 도구 막대에 빈 공간을 추가합니다.

⑨ **조정 가능한 공간** ┅ : Finder 윈도우의 도구 막대에 빈 공간을 추가합니다. 도구 막대의 크기에 따라 빈 공간의 크기를 조절할 때 사용합니다.

⑩ **새로운 폴더** 🗁 : 새로운 폴더를 만듭니다.

⑪ **삭제** 🗑 : 선택한 파일이나 폴더 등의 항목을 삭제합니다.

⑫ **연결** 🖥 : 네트워크에 있는 다른 컴퓨터에 연결합니다.

⑬ **정보 가져오기** ① : 선택한 파일, 폴더 등의 항목에 대한 정보를 표시합니다.

⑭ **검색** 🔍 검색 : Finder 윈도우에서 파일이나 폴더 등의 항목을 검색할 수 있는 검색 상자를 표시합니다.

⑮ **훑어보기** 👁 : 파일을 열지 않고도 Finder 윈도우에 있는 파일의 내용을 훑어볼 수 있습니다. 자세한 설명은 '07. Finder 윈도우에서 내용 훑어보기'(165쪽)를 참고하세요.

⑯ **공유** ⬆ : 선택한 파일이나 폴더 등의 항목을 Mail, 메시지, AirDrop 등으로 공유합니다.

⑰ **태그 편집** ◇ : 선택한 파일이나 폴더 등의 항목에 태그를 지정하거나 편집합니다.

⑱ **AirDrop** ◉ : 선택한 파일이나 폴더 등의 항목을 AirDrop으로 공유합니다. AirDrop으로 항목을 공유하는 방법은 '07. AirDrop을 사용해 Mac에서 파일 주고받기'(92쪽)를 참고하세요.

⑲ **iCloud** ☁ : iCloud 파일 공유 방법을 선택할 수 있습니다.

⑳ **기본 설정**: 이 도구를 도구 막대로 드래그하면 도구 막대를 기본 설정으로 변경합니다.

㉑ **보기**: 도구 막대의 도구 표시 방법을 변경합니다.

파일 관리

Finder 활용하기

03 | Finder 구성 요소 가리기 또는 보기

Finder 윈도우는 도구 막대, 사이드바와 미리보기 패널, 상태 막대와 경로 막대로 구성돼 있습니다. 각각의 구성 요소는 모두 가리거나 필요할 때만 화면에 표시할 수 있습니다.

⊞ 파일 탐색기

미리보기 가리기/보기

Finder의 [보기] 메뉴 중 [미리보기 가리기]를 선택하면 미리보기 화면을 감출 수 있습니다. 다시 표시하려면 [보기]-[미리보기 보기]를 선택합니다.

▲ 미리보기 보기

▲ 미리보기 가리기

사이드바 가리기/보기

Finder에서 [보기]-[사이드바 가리기]를 선택하면 사이드바를 감출 수 있습니다. 다시 사이드바를 표시하려면 [보기]-[사이드바 보기]를 선택합니다.

▲ 사이드바 보기

▲ 사이드바 가리기

잠 | 깐 | 만 | 요
command + option + S 키를 눌러도 사이드바를 감추거나 표시할 수 있습니다.

도구 막대 가리기/보기

Finder 윈도우를 좀 더 넓게 사용하고 싶다면 [보기]-[도구 막대 가리기]를 선택해서 도구 막대까지 화면에서 감출 수 있습니다. 도구 막대를 가리면 자동으로 사이드바도 가려집니다. 다시 도구 막대를 표시하려면 [보기]-[도구 막대 보기]를 선택합니다.

▲ 도구 막대 가리기

경로 막대 보기/가리기

Windows의 파일 탐색기에는 파일을 선택했을 때 탐색기 위쪽에 파일 경로가 표시되므로 현재 파일의 위치를 한눈에 알기 쉽죠. Mac에서도 메뉴에서 [보기]-[경로 막대 보기]를 선택하면 Finder 윈도우 아래에 선택한 파일의 경로가 나타나므로 선택한 파일이 현재 어느 위치에 있는지 쉽게 알 수 있습니다.

[보기]-[경로 막대 가리기]를 선택하면 경로 막대를 감출 수 있습니다.

▲ 경로 막대 보기

상태 막대 보기/가리기

Finder 메뉴 막대에서 [보기]−[상태 막대 보기] 를 선택하면 상태 막대가 나타나 Finder 윈도우에서 몇 개의 항목을 선택했는지, 현재 나의 Mac에 여유 공간이 얼마나 남아 있는지 표시해 줍니다. 또한 아이콘 보기 상태일 때 상태 막대 오른쪽 끝에 있는 슬라이드 막대를 움직이면 화면에 표시된 아이콘의 크기를 조절할 수도 있습니다.

[보기]−[상태 막대 가리기]를 선택하면 상태 막대를 감출 수 있습니다.

▲ 상태 막대 보기

▲ 아이콘의 크기 조절하기

 원모어 띠딩 **Finder 구성 요소 가리기 또는 보기를 변경하는 또 다른 방법**

- 미리보기: [shift]+[command]+[P]
- 사이드바: [option]+[command]+[S]
- 도구 막대: [option]+[command]+[T]
- 경로 막대: [option]+[command]+[P]
- 상태 막대: [command]+[/]

04 | 사이드바의 즐겨찾기 항목 설정하기

Finder 윈도우의 사이드바에는 즐겨찾기, 디스크 및 태그 등과 같이 자주 사용하는 항목이 있습니다. 우선 사이드바가 어떻게 구성돼 있는지 살펴보고, '즐겨찾기'에 원하는 폴더를 추가하거나 더 이상 필요하지 않은 폴더를 제거하는 방법에 대해 알아보겠습니다.

파일 탐색기-바로 가기

사이드바 살펴보기

Finder의 사이드바는 크게 4개 부분으로 나뉩니다.

▲ 사이드바

① **즐겨찾기:** AirDrop, 최근 항목, 응용 프로그램, 다운로드 등 자주 사용하는 폴더를 표시 합니다. 원하는 폴더를 추가할 수도 있고, 기존 항목을 제거할 수도 있습니다. 사이드 바의 즐겨찾기에는 폴더만 추가할 수 있습니다.

> **잠 깐 만 요**
> '즐겨찾기'에 폴더를 추가/제거하는 방법은 138쪽을 참고하세요.

② **iCloud:** 인터넷 계정 환경설정에서 iCloud의 [iCloud Drive]–[데스크탑 및 문서 폴더]를 설정했다면 사이드바에 'iCloud Drive'와 '문서', '데스크탑'이 표시됩니다.

> **잠 깐 만 요**
> iCloud 설정에 대한 설명은 '03. iCloud 환경설정하기'(120쪽)을 참고하세요.

③ **위치:** 컴퓨터의 하드 디스크나 외장 디스크, 네트워크의 컴퓨터 등을 표시합니다.

④ **태그:** 태그 항목을 표시합니다. 사이드바에서 태그 이름을 클릭하면 해당 태그 설정돼 있는 파일이나 폴더 등의 항목만 모아 볼 수 있습니다.

> **잠 깐 만 요**
> 폴더나 파일에 태그를 추가하는 방법은 '04. 폴더와 파일 관리하기'(157쪽)를 참고하세요.

사이드바에 표시할 항목 선택하기

Finder 메뉴 막대에서 [Finder]-[환경설정]을 선택하면 Finder 환경설정 윈도우가 표시됩니다. [사이드바] 탭을 클릭하면 사이드바에 표시할 항목에 체크할 수 있습니다. 원하는 항목 앞의 체크 상자를 클릭해 체크하거나 체크 해제하면 Finder 윈도우 사이드바에 바로 적용됩니다.

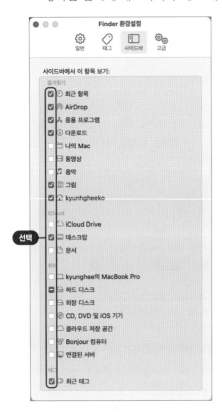

사이드바 아이콘 크기 조절하기

사이드바에 표시되는 '즐겨찾기', '위치' 등의 아이콘 크기를 작거나 크게 조절할 수 있습니다. 사이드바의 아이콘 크기를 조절하려면 Dock에서 [시스템 환경설정] 을 누른 후 [일반]을 선택합니다. '사이드바 아이콘 크기' 항목이 기본값은 [중간]으로 돼 있는데, [작게] 또는 [크게]를 선택하면 아이콘 크기를 작게 또는 크게 조절할 수 있습니다.

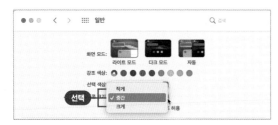

▲ [중간]일 때

▲ [크게]일 때

즐겨찾기에 폴더 추가하기

기본 항목에 없는 폴더라도 자주 사용하는 폴더를 사이드바에 추가할 수 있습니다. 원하는 폴더를 클릭한 후 사이드바의 '즐겨찾기'로 드래그하고 원하는 위치에 가로 선이 표시될 때 마우스 버튼에서 손을 뗍니다. 사이드바에 추가한 폴더를 위아래로 드래그하면 위치를 바꿀 수 있습니다.

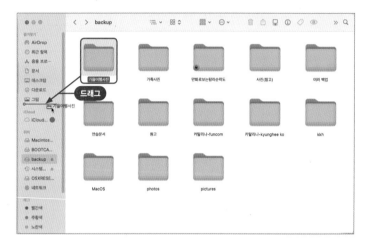

잠 | 깐 | 만 | 요 ───
폴더를 선택한 후 [파일] – [사이드바에 추가]를 선택해도 됩니다.

'즐겨찾기'에 추가한 폴더를 제거하려면 폴더를 control +클릭한 후 [사이드바에서 제거]를 선택합니다.

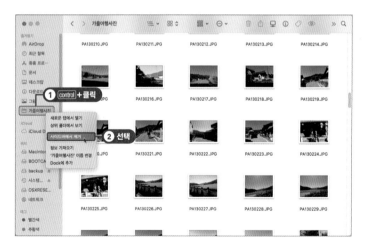

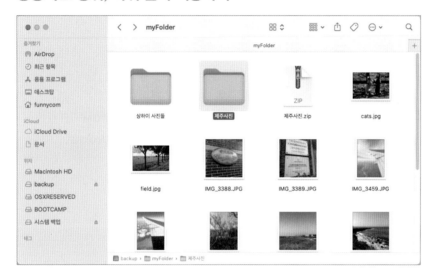

05 | 단축키로 폴더 이동하기

Windows의 파일 탐색기에서는 내 컴퓨터의 모든 폴더가 사이드바에 표시되므로 하위 폴더나 상위 폴더를 찾아가기 쉽지만, macOS의 Finder에서는 하위 폴더나 상위 폴더로 이동하기 어렵습니다. 하지만 단축키를 사용하면 상위 폴더와 하위 폴더뿐 아니라 원하는 폴더로 쉽게 이동할 수 있습니다.

파일 탐색기/바로 가기

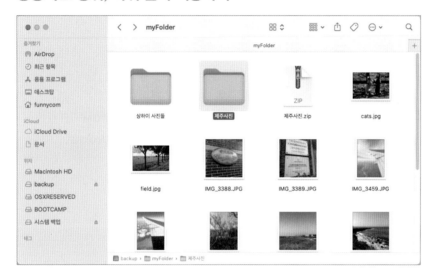

방향키로 상위, 하위 폴더 이동하기

- return(또는 Enter): 파일이나 폴더가 선택된 상태에서 return키를 누르면 이름을 변경할 수 있습니다.
- **방향 키:** Finder 윈도우가 열린 상태에서 키보드의 방향키를 누르면 폴더나 파일을 선택할 수 있습니다.
- command+[: 이전 폴더로 이동합니다.
- command+]: 다음 폴더로 이동합니다.
- command+↓: 폴더를 선택했다면 하위 폴더로 이동하고, 파일을 선택했다면 파일을 실행합니다.
- command+↑: 현재 위치에서 상위 폴더로 이동합니다. 단축키를 사용하면 Finder 윈도우에 나타나지 않은 '데스크탑' 폴더의 상위 폴더로도 이동할 수 있습니다.

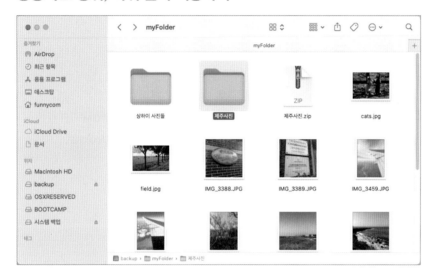

파일 관리

Finder 활용하기

139

단축키로 원하는 폴더로 이동하기

command + ↓, ↑ 키로는 상위 폴더나 하위 폴더로만 이동할 수 있지만, 단축키를 사용하면 원하는 폴더로 바로 이동할 수 있습니다. 단축키로 이동할 수 있는 폴더는 Finder의 메뉴 막대에서 [이동]을 클릭하면 확인할 수 있습니다. 단축키로 이동할 수 있는 폴더는 command + shift 키나 command + option 키와 함께 각 항목의 이름 중 괄호 안의 글자를 사용합니다.

① 문서: command + shift +dOcument

② 데스크탑: command + shift +Desktop

③ 다운로드: command + option +downLoad

④ 홈: command + shift +Home

⑤ 컴퓨터: command + shift +Computer

⑥ AirDrop: command + shift +aiRdrop

⑦ 네트워크: command + shift +networK

⑧ iCloud Drive: command + shift +Icloud drive

⑨ 응용 프로그램: command + shift +Applications

⑩ 유틸리티: command + shift +Utilities

 전문가의 조언

익숙하지 않은 '데스크탑'과 '사용자 홈' 폴더

'데스크탑'과 '사용자 홈' 폴더는 익숙한 이름이 아니지만, Windows과 비교하면 쉽게 이해할 수 있습니다.

macOS	데스크탑	홈	네트워크
Windows	바탕화면	내 컴퓨터	네트워크 위치

06 | Finder 윈도우의 보기 방식과 보기 옵션

Finder 윈도우는 기본적으로 폴더나 파일을 아이콘 형식으로 표시합니다. Finder 윈도우의 보기 방식을 변경하는 방법과 각 보기 방식에서 변경할 수 있는 옵션에 대해 알아보겠습니다.

⊕ 파일 탐색기/보기 레이아웃

Finder 윈도우의 도구 막대 중 보기 항목(⊞ ≡ ⊞ ▭)의 각 아이콘을 선택하면 보기 방식을 변경할 수 있습니다.

원모어 띵 단축키로 보기 방식 변경하기

- 아이콘 보기: command + 1
- 목록 보기: command + 2
- 계층 보기: command + 3
- 갤러리 보기: command + 4

아이콘 보기(⊞)

Finder 윈도우의 폴더나 파일을 아이콘 형태로 나열합니다. 이미지 파일일 경우 파일 아이콘에 미리보기로 표시됩니다.

▲ 아이콘 보기(command + 1)

Finder 메뉴 막대에서 [보기]-[보기 옵션]을 선택하면 아이콘 보기의 아이콘 크기를 변경하거나 격자 간격 등을 조절할 수 있습니다.

① **항상 아이콘 보기로 열기:** 이 항목에 체크하면 선택한 Finder 윈도우를 항상 아이콘 보기로 표시합니다.

② **다음으로 그룹화:** Finder 윈도우 안의 폴더나 파일을 종류나 크기, 생성일 등 선택한 조건으로 그룹화해 표시합니다.

③ **정렬:** 이름, 종류, 크기 등 폴더나 파일을 정렬하기 위한 조건을 선택합니다. 특정 조건으로 그룹화돼 있는 경우, 각각의 그룹 안에서 선택한 조건에 맞게 정렬됩니다.

④ **아이콘 크기:** 슬라이드 막대를 움직여 아이콘의 크기를 조절합니다.

⑤ **격자 간격:** 슬라이드 막대를 움직여 아이콘과 아이콘 사이의 간격을 조절합니다.

⑥ **텍스트 크기:** 아이콘 레이블(이름)의 텍스트 크기를 지정합니다.

⑦ **레이블 위치:** 아이콘 레이블(이름)이 표시될 위치를 지정합니다.

⑧ **항목 정보 보기:** 이 항목에 체크하면 아이콘과 함께 간단한 정보를 표시합니다. 이미지 파일은 이미지의 크기, 문서 파일은 파일의 용량이 표시됩니다.

⑨ **아이콘 미리보기:** 이 항목에 체크하면 아이콘에 내용 미리보기가 함께 나타납니다.

⑩ **배경:** 아이콘 보기일 때 Finder 윈도우의 배경을 지정합니다.

⑪ **기본값으로 사용:** 변경한 옵션을 아이콘 보기의 기본값으로 설정합니다.

목록 보기(≡)

폴더나 파일의 이름, 크기, 종류 등과 같은 정보를 목록으로 나열합니다. 폴더나 파일의 정보가 표시되는 계층 이름을 클릭하면 클릭한 계층을 기준으로 오름차순이나 내림차순으로 정렬할 수 있습니다.

▲ 목록 보기(command + 2)

Finder 메뉴 막대에서 [보기]-[보기 옵션]을 선택하면 목록 보기에 새로운 계층을 추가하는 등 나만의 Finder 윈도우를 설정할 수 있습니다.

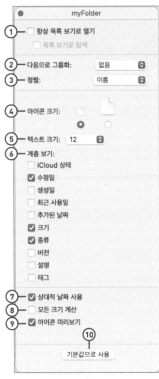

▲ 목록 보기의 보기 옵션

① **항상 목록 보기로 열기:** 선택한 Finder 윈도우를 항상 목록 보기로 표시합니다.

② **다음으로 그룹화:** Finder 윈도우 안의 폴더나 파일을 종류나 크기, 생성일 등 선택한 조건으로 그룹화해 표시합니다.

③ **정렬:** 이름, 종류, 크기 등 폴더나 파일을 정렬하기 위한 조건을 선택합니다. 특정 조건으로 그룹화돼 있는 경우, 각각의 그룹 안에서 선택한 조건에 맞게 정렬됩니다.

④ **아이콘 크기:** Finder 윈도우에 표시할 아이콘의 크기를 지정합니다.

⑤ **텍스트 크기:** Finder 윈도우에 표시할 목록의 텍스트 크기를 지정합니다.

⑥ **계층 보기:** Finder 윈도우에 표시할 목록을 지정할 수 있습니다. 기본적으로 '수정일', '크기', '종류'가 표시돼 있습니다.

⑦ **상대적 날짜 사용:** 이 항목에 체크하면 '어제', '그저께'와 같이 오늘을 기준으로 한 상대적 날짜가 표시됩니다.

⑧ **모든 크기 계산:** 이 항목에 체크하면 폴더 안에 있는 파일 크기(용량)를 계산해 폴더의 크기도 함께 표시됩니다. 기본적으로 폴더의 크기는 표시되지 않습니다.

⑨ **아이콘 미리보기:** 이 항목에 체크하면 아이콘에 내용 미리보기가 함께 나타납니다.

⑩ **기본값으로 사용:** 변경한 옵션을 목록 보기의 기본값으로 설정합니다.

계층 보기(▥)

여러 개의 하위 폴더를 포함한 중첩된 폴더 간의 관계를 계층별로 표시합니다. 계층 보기는 중첩된 폴더 간의 관계를 쉽게 구별하는 데 유용합니다.

▲ 계층 보기(command + 3)

Finder 메뉴 막대에서 [보기]-[보기 옵션]을 선택하면 계층 보기에서 정렬 방법이나 계층 미리 보기 여부 등을 설정할 수 있습니다.

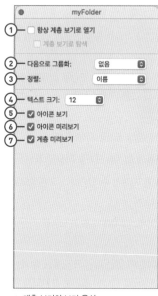

① **항상 계층 보기로 열기**: 이 항목에 체크하면 선택한 Finder 윈도우를 항상 계층 보기로 표시합니다.

② **다음으로 그룹화**: Finder 윈도우 안의 폴더나 파일을 종류나 크기, 생성일 등 선택한 조건으로 그룹화해 표시합니다.

③ **정렬**: 이름, 종류, 크기 등 폴더나 파일을 정렬하기 위한 조건을 선택합니다. 특정 조건으로 그룹화돼 있는 경우, 각각의 그룹 안에서 선택한 조건에 맞게 정렬됩니다.

④ **텍스트 크기**: Finder 윈도우에 표시할 계층의 텍스트 크기를 지정합니다.

⑤ **아이콘 보기**: 이 항목에 체크하면 각 폴더나 파일 이름과 함께 아이콘을 표시합니다.

⑥ **아이콘 미리보기**: 이 항목에 체크하면 아이콘에 내용 미리보기가 함께 나타납니다.

⑦ **계층 미리보기**: 선택한 파일의 내용이나 정보 등을 미리보기에서 확인할 수 있습니다.

▲ 계층 보기의 보기 옵션

갤러리 보기(🖥)

Finder 윈도우의 파일을 앱으로 실행하지 않아도 내용을 미리볼 수 있는 갤러리 형태로 표시합니다. 갤러리 보기 상태에서 Finder 메뉴 막대의 [보기]-[미리보기 보기]를 선택하면 미리보기 패널에서 선택한 파일의 형식, 생성일 등과 같은 구체적인 정보도 함께 확인할 수 있습니다.

▲ 갤러리 보기(command + 4)

Finder 메뉴 막대에서 [보기]-[보기 옵션]을 선택하면 갤러리 보기에서 정렬 기준이나 축소판 그림의 크기 등을 설정할 수 있습니다.

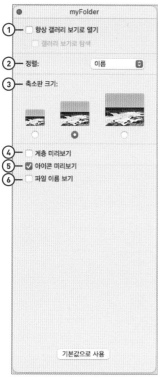

▲ 갤러리 보기의 보기 옵션

① **항상 갤러리 보기로 열기:** 선택한 Finder 윈도우를 항상 갤러리 보기로 표시합니다.

② **정렬:** 이름, 종류, 크기 등 폴더나 파일을 정렬하기 위한 조건을 선택합니다.

③ **축소판 크기:** 갤러리 보기에서 화면 아래쪽에 나타나는 축소판 이미지 크기를 지정합니다.

④ **계층 미리보기:** Finder 윈도우에서 선택한 파일의 정보를 표시합니다.

⑤ **아이콘 미리보기:** 갤러리 축소판 이미지에 미리보기를 표시합니다.

⑥ **파일 이름 보기:** Finder 윈도우에서 선택한 폴더나 파일의 이름을 표시합니다.

어떤 보기 방식이 편리한가요?

Finder 윈도우의 보기 방식 중 어떤 것이 더 편리하고, 덜 편리하다고 할 수 없습니다. 각 보기 방식의 용도는 서로 다르기 때문이죠.

아이콘 보기는 사진이나 그림 파일의 내용을 아이콘 형태로 미리볼 수 있어서 편리합니다. 목록 보기는 여러 파일의 세부 정보를 확인해 특정 조건에 따라 파일을 정렬해야 할 때 유용하고, 계층 보기는 폴더 안에 여러 개의 하위 폴더가 포함돼 있을 경우 폴더 구조를 확인하기에 유용합니다. 갤러리 보기는 여러 개의 PDF 파일이나 문서 파일의 내용을 미리 파악하는 데 유용하죠. 각각의 보기 방식은 용도가 다르기 때문에 필요에 따라 변경하는 것이 좋습니다.

파일 확장자 표시하기

Finder 윈도우의 확장자는 이미지 파일이나 동영상 파일 등 일부 파일에만 표시됩니다.

Finder 윈도우의 모든 파일에 확장자를 표시하려면 Finder 메뉴 막대에서 [Finder]-[환경설정]
을 클릭한 후 [고급] 탭의 '모든 파일 확장자 보기'에 체크하고 환경설정 윈도우를 닫습니다.

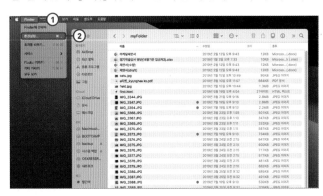

이제부터 모든 파일의 이름에 확장자가 표시됩니다.

07 | Finder 윈도우에서 탭 사용하기

macOS의 Finder는 Windows의 파일 탐색기와 비슷하지만, 파일 탐색기에 없는 편리한 기능이 있습니다. 이번에는 Finder에만 있는
특별하고 유용한 탭 기능을 소개합니다.

탭 막대 보기

Dock의 Finder 단축 메뉴에서 [새로운 Finder 윈도우]를 선택하면 여러 개의 Finder 윈도우를
열 수 있습니다. 하지만 여러 개의 Finder 윈도우를 오가면서 원하는 폴더나 파일을 찾는 것이
번거롭다면 여러 개의 Finder 윈도우를 탭 방식으로 합쳐 하나의 Finder 윈도우에 표시할 수도
있습니다.

Finder 윈도우에서 탭을 사용하려면 탭 막대를 표시해야 합니다. Finder 메뉴 막대에서 [보
기]-[탭 막대 보기]를 선택하면 Finder 윈도우에 탭 막대를 표시합니다.

Finder 윈도우에서 새 탭 열기

Finder 윈도우에 탭 막대가 표시된 상태에서 Finder 메뉴 막대의 [파일]-[새로운 탭]을 선택하
거나 탭 막대 끝의 [+]를 클릭하면 새 Finder 윈도우가 탭으로 추가됩니다. 이 상태에서 원하는
폴더를 선택하면 1개의 Finer 윈도우에 여러 개의 Finder 윈도우를 표시할 수 있습니다.

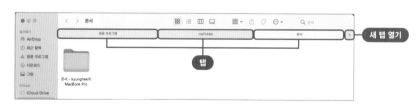

잠 깐 만 요 ──
Finder 윈도우를 선택한 후 command + T 키를 눌러도 새로운 탭을 추가할 수 있습니다.

탭 막대의 탭 이름을 클릭한 후 좌우로 드래그하면 표시되는 탭의 순서를 바꿀 수도 있습니다.

모든 탭 보기

탭 막대에서 탭을 클릭하면 해당 윈도우를 열 수 있지만, 메뉴 막대에서 [보기]-[모든 탭 보기]를 선택하면 탭으로 열려 있는 윈도우를 한 번에 확인할 수 있습니다. Finder 윈도우 미리보기를 클릭하면 바로 해당 윈도우로 이동할 수도 있고, [+]를 클릭해 새 탭을 추가할 수도 있습니다.

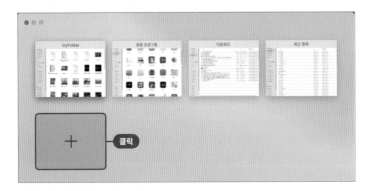

여러 Finder 윈도우를 탭으로 합치기

여러 개의 Finder 윈도우가 열린 상태에서 화면에 표시된 Finder 윈도우를 하나의 Finder 윈도우에 탭으로 합칠 수도 있습니다.

여러 Finder 윈도우를 탭으로 합치려면 기준이 될 Finder 윈도우를 선택해 맨 앞에 보이게 한 후 메뉴 막대에서 [윈도우]-[모든 윈도우 통합]을 선택합니다. 열려 있던 모든 윈도우가 하나의 Finder 윈도우에 탭으로 합쳐져 쉽게 살펴볼 수 있게 바뀝니다.

탭 닫기 및 탭 분리하기

열려 있는 탭을 닫으려면 탭 이름의 오른쪽에 있는 [×]를 클릭합니다. 탭 막대에 있던 탭 이름을 클릭해 밖으로 드래그하면 별개의 Finder 윈도우로 분리할 수 있습니다.

잠 깐 만 요

option 키를 누른 상태로 [x]를 클릭하면 해당 탭을 뺀 나머지 탭이 모두 닫힙니다.

Finder 활용하기

macOS의 Finder는 폴더나 파일을 쉽게 정리하고 검색할 수 있는 다양한 기능을 제공합니다. 그중에서 훑어보기와 미리보기는 앱을 실행하지 않고도 파일의 내용을 미리 훑어볼 수 있고, 간단하게 편집까지 할 수 있는 유용한 기능입니다. 이번에는 Finder를 좀 더 똑똑하게 활용하는 방법에 대해 알아보겠습니다.

01 | 폴더를 만드는 다양한 방법

macOS의 Finder에서 새로운 폴더를 만드는 방법은 Windows의 파일 탐색기와 크게 다르지 않습니다. 하지만 Finder에는 파일 탐색기에 없는 '항목을 포함한 새로운 폴더 만들기'라는 편리한 기능이 있습니다.

⊕ 파일 탐색기

[방법 1] 새로운 폴더 만들기

새로운 폴더는 Finder 윈도우나 데스크탑 화면 어디에서나 만들 수 있습니다. 여기에서는 Finder 윈도우의 '데스크탑' 폴더에 새로운 폴더를 만들어 보겠습니다.

1 Finder 윈도우의 사이드바에서 [데스크탑]을 선택한 후 오른쪽 내용 영역의 빈 공간을 control +클릭하면 나타나는 단축 메뉴에서 [새로운 폴더]를 선택합니다.

잠 깐 만 요 ──────
Finder 윈도우의 '데스크탑' 폴더는 Windows의 '바탕화면' 폴더와 같이 macOS의 데스크탑 화면을 폴더 형태로 표시한 것입니다.

원모어 딩 새로운 폴더를 만드는 다양한 방법

- 단축키로 새로운 폴더 만들기: command + shift + N
- 단축 메뉴에서 새로운 폴더 만들기: Finder 윈도우 내용 영역에서 control +클릭한 후 [새로운 폴더] 선택하기
- Finder 메뉴 막대에서 새로운 폴더 만들기: Finder 메뉴 막대에서 [파일]–[새로운 폴더] 선택하기

2 새로운 폴더가 만들어지고 폴더 이름이 '무제 폴더'라고 입력된 상태에서 파란색 블록으로 지정돼 있습니다. 원하는 폴더의 이름을 입력한 후 return 키를 누르거나 화면의 빈 공간을 클릭하면 폴더 이름이 변경됩니다.

잠 깐 만 요 ──────
폴더 이름을 변경하려면 이름을 변경할 폴더를 선택한 후 return 키를 누르거나 control +클릭한 후 단축 메뉴에서 [이름 변경]을 선택합니다.

[방법 2] 선택한 항목을 폴더로 만들기

macOS에서는 새로운 폴더를 만들어 원하는 파일을 이동하는 과정을 좀 더 간단하게 처리할 수 있습니다. 여기에서는 원하는 파일을 선택해 새로운 폴더로 만드는 방법에 대해 알아보겠습니다.

1 새로운 폴더로 옮길 파일을 선택한 후 Finder 메뉴 막대에서 [파일]−[선택 항목이 있는 새로운 폴더]를 선택합니다.

2 폴더가 생성되고 폴더 이름이 '항목을 포함하는 새로운 폴더'라고 입력된 상태에서 파란색 블록으로 지정됩니다. 원하는 폴더 이름을 입력한 후 return 키를 누르거나 화면의 빈 공간을 클릭하면 폴더 이름이 변경됩니다.

원모어 띵! 선택 항목이 있는 새로운 폴더를 만드는 다양한 방법

- 단축키로 선택 항목이 있는 새로운 폴더 만들기: 파일을 선택한 상태에서 control + command + N
- 단축 메뉴에서 선택 항목이 있는 새로운 폴더 만들기: 선택한 파일을 control + 클릭한 후 [선택 항목이 있는 새로운 폴더] 선택하기
- Finder 메뉴 막대에서 선택 항목이 있는 새로운 폴더 만들기: Finder 메뉴 막대에서 [파일] − [선택 항목이 있는 새로운 폴더] 선택하기

02 | 항목을 선택해 복사 및 이동하기

Finder 윈도우에 있는 폴더나 파일 등의 항목을 다른 폴더로 드래그하면 선택한 항목을 복사하거나 옮길 수 있습니다. 우선 여러 개의 항목을 한꺼번에 선택하는 방법을 알아보고, 선택한 항목을 복사하거나 이동하는 방법에 대해 알아보겠습니다.

하나씩 여러 항목 선택하기

Finder 윈도우에서 command 키를 누른 상태로 원하는 폴더나 파일을 클릭하면 여러 개의 항목을 한 번에 선택할 수 있습니다. Windows에서 여러 파일을 선택할 때 사용하던 control 키가 macOS 에서는 command 키인 것이죠.

연속한 여러 항목 선택하기

Finder 윈도우의 보기 방식이 아이콘 보기라면 연속한 폴더나 파일 등의 항목을 선택할 때 가장 간단한 방법은 해당 항목을 모두 드래그해 선택하는 것입니다. 이때는 드래그한 영역 안에 있는 파일이나 폴더 등의 항목을 한꺼번에 선택할 수 있습니다. 그 영역 안에 포함되지 않은 항목은 command 키를 누른 상태로 클릭해 추가로 선택하면 되죠.

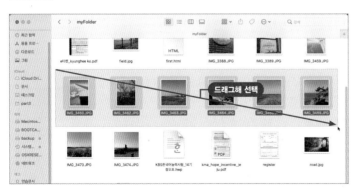

Finder 윈도우의 보기 방식이 목록 보기나 계층 보기일 경우, 첫 번째 항목을 클릭해 선택한 후 마지막 항목을 shift+클릭해 연속한 항목을 선택할 수도 있습니다. 이렇게 하면 첫 번째 항목과 마지막 항목 사이에 있는 모든 항목을 한 번에 선택할 수 있습니다.

같은 디스크로 항목 복사/이동하기

폴더나 파일 등의 항목을 선택한 후 같은 디스크의 다른 폴더로 드래그하면 선택한 항목을 옮길 수 있습니다. 같은 디스크에 있는 항목을 드래그해 다른 폴더로 옮길 때의 기본 동작은 '이동'이기 때문에 기존 폴더에 있던 항목이 다른 폴더로 이동합니다. 선택한 항목을 기존 폴더에 유지한 상태에서 다른 폴더로 복제하려면 option키를 누른 상태로 드래그하면 됩니다.

> **잠 깐 만 요**
> 폴더나 파일 등의 항목을 선택한 후 Finder 메뉴 막대에서 [파일] – [복제]를 클릭하면 같은 폴더에 선택한 항목의 복제본(복사본)이 만들어집니다.

다른 디스크로 항목 복사/이동하기

폴더나 파일 등의 항목을 선택한 후 다른 디스크로 드래그하면 항목을 복사할 수 있습니다. 다른 디스크의 폴더로 항목을 드래그할 때의 기본 동작은 '복사'로, 기존 폴더에 있던 항목을 복사해 다른 디스크에 있는 폴더로 붙여 넣을 수 있습니다. 이때 선택한 항목을 복사하지 않고 다른 디스크의 폴더로 옮기려면 command키를 누른 상태로 드래그하면 됩니다.

 가상본 만들기

macOS의 '가상본'은 실제로 폴더나 파일 등의 항목을 복사한 것이 아니라 선택한 항목의 위치를 유지한 상태에서 쉽게 접근할 수 있도록 연결해 주는 것을 말합니다. Windows의 '바로 가기'와 같은 기능으로, 가상본을 삭제하더라도 실제 항목에는 영향을 미치지 않습니다. 가상본은 폴더나 파일 아이콘의 왼쪽 아래에 화살표가 함께 표시되기 때문에 일반 폴더나 파일과 구별됩니다.

photo 가상본

가상본을 만들려면 폴더나 파일 등의 항목을 control+클릭한 후 단축 메뉴에서 [가상본 만들기]를 선택하거나 Finder 메뉴 막대에서 [파일]–[가상본 만들기]를 선택하면 됩니다. 원하는 항목을 선택한 후 command+option키를 누른 상태로 드래그해도 가상본을 만들 수 있습니다.

03 | 항목 압축 및 압축 해제하기

여러 개의 폴더나 파일을 메일에 첨부하거나 공유할 때나 다른 저장 장치로 옮길 때 압축해서 사용할 때가 많습니다. Finder에는 폴더나 파일을 압축하거나 압축 해제할 수 있는 기능까지 모두 갖춰져 있습니다.

압축하기

1 Finder 윈도우에서 압축할 폴더나 파일 등의 항목을 선택한 후 control+클릭하고 [압축]을 선택하거나 Finder 메뉴 막대에서 [파일]−[압축]을 선택합니다.

2 압축이 실행되면서 선택한 항목이 있던 폴더에 '아카이브.zip'라는 압축 파일이 만들어집니다. return 키를 누르면 압축 파일의 이름을 변경할 수 있습니다.

잠 깐 만 요
파일을 압축하더라도 원래 파일은 폴더에 그대로 남아 있습니다.

압축 해제하기

압축 파일의 압축을 해제하려면 압축 파일을 더블클릭하면 됩니다.

압축이 해제되면 압축 파일과 같은 이름의 폴더가 생성되고, 그 안에 압축된 파일이 나타납니다.

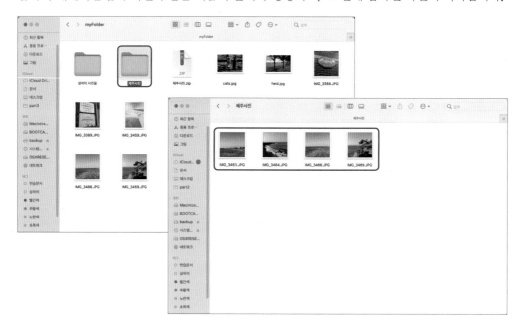

04 | 폴더와 파일 관리하기

macOS의 태그를 사용하면 모든 폴더나 파일을 미리 지정한 나만의 주제로 더욱 쉽게 관리할 수 있습니다. 1개의 폴더나 파일에 2개 이상의 태그를 지정할 수 있고, 태그를 색상으로 구별할 수도 있습니다. 또한 중요한 폴더나 파일 등이 실수로 수정되는 것을 방지하려면 잠금 기능을 사용해 보호할 수 있습니다.

Finder 윈도우에서 태그 붙이기

Finder 윈도우에서 태그를 붙일 폴더나 파일을 선택한 후 도구 막대에서 [태그 편집]⬭을 클릭합니다.

> **잠 깐 만 요**
> 파일을 선택한 후 control+클릭하고 [태그]를 선택해도 됩니다.

태그 지정 상자에서 원하는 태그의 이름을 입력하거나 태그 색상을 선택하면 선택한 폴더나 파일에 태그 이름이나 태그 색상이 붙습니다.

▲ 원하는 태그 직접 입력하기

> **잠 깐 만 요**
> 2개 이상의 태그를 입력하려면 각 태그를 쉼표(,)로 구분합니다.

새로운 태그를 추가하면 Finder 윈도우 사이드바에도 추가한 태그가 표시됩니다. 태그 목록 중에서 태그 이름이나 태그 색상을 선택하면 그 태그와 관련된 항목만 골라 볼 수 있습니다.

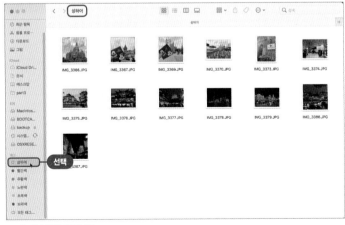

▲ 태그를 선택해 살펴보기

이미 만들어 놓은 태그를 지정하려면 원하는 항목을 선택한 후 사이드바의 태그로 드래그하면 됩니다. 이미 태그가 추가된 항목에도 여러 개의 태그를 추가할 수 있습니다.

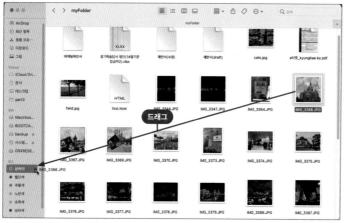

▲ 이미 지정된 태그에 추가하기

잠 | 깐 | 만 | 요

태그를 지성할 항목을 신덱한 후 [control] | 클릭해 원하는 태그를 선택해도 됩니다.

앱 윈도우에서 태그 지정하기

macOS의 앱에서 문서를 편집하는 도중에 앱 윈도우의 제목 표시줄의 [∨]를 선택한 후 [태그]를 클릭해 태그를 지정할 수 있습니다.

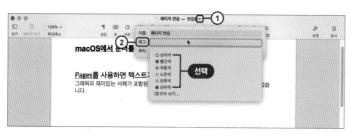

폴더나 파일 잠그기

폴더나 파일 등의 항목을 control+클릭한 후 단축 메뉴에서 [정보 가져오기]를 선택하고, '잠금'에
체크하면 선택한 항목을 잠글 수 있습니다.

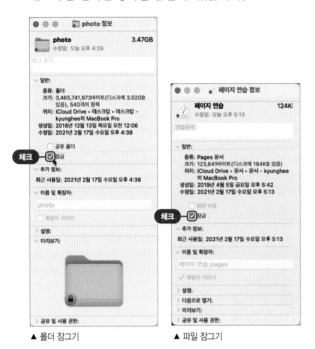

▲ 폴더 잠그기 　　　　　　▲ 파일 잠그기

폴더가 잠기면 폴더 아이콘에 작은 자물쇠가 표시됩니다. 잠긴 폴더는 폴더 안의 파일을 확인하
거나 복사하는 것은 가능하지만, 폴더에 새로운 파일을 추가할 수는 없습니다.

> **잠 깐 만 요**
> 잠긴 파일은 같은 디스크에 있는 폴더로 드래그하더라도 이동되지 않고 '복사'됩니다.

▲ 잠긴 폴더

잠긴 파일 수정하기

잠긴 상태의 파일은 더블클릭해 내용을 확인할 수 있지만, 수정할 수는 없습니다. 잠긴 파일은 잠금을 해제하거나 파일을 복제한 후 수정할 수 있습니다. 잠긴 파일을 수정하면 다음과 같은 메시지가 표시됩니다.

① **잠금 해제:** 파일의 잠금을 해제하고 파일을 더 이상 보호하지 않습니다.

② **복제:** 원본 파일의 복사본이 자동으로 만들어집니다. 복사본은 잠겨 있지 않으므로 자유롭게 수정할 수 있겠죠? 복사본의 파일 이름 부분을 클릭하면 다른 이름으로 저장할 수 있습니다.

③ **취소:** 수정하지 않습니다.

05 | Finder에서 검색하기

Finder 윈도우에서 필요한 폴더나 파일 등의 항목을 직접 살펴볼 수도 있지만, Finder 윈도우 도구 막대의 검색 상자를 사용하면 필요한 항목을 빠르게 검색할 수 있습니다.

빠른 검색하기

Finder 윈도우의 검색 상자에 원하는 검색어를 입력합니다. 검색어를 입력한 후 return 키를 누르지 않아도 입력한 검색어와 일치하는 검색 결과가 표시됩니다. Finder 윈도우의 어느 폴더에서 검색하더라도 Mac 전체를 검색해 결과를 보여 줍니다. 검색 위치를 현재 폴더로 제한하려면 검색 결과 위에 표시된 검색 막대에서 현재 폴더 이름을 클릭하면 됩니다.

▲ 검색어가 포함된 항목

Finder 윈도우에서 검색할 때 Mac 전체를 검색하지 않고 현재 폴더에서만 검색하도록 검색 범위를 조절할 수 있습니다. Finder 메뉴 막대에서 [Finder]-[환경설정]을 선택한 후 [고급] 탭을 클릭합니다. '검색할 때' 항목을 펼쳐 [현재 폴더 검색]을 선택하면 이제부터 검색어를 입력한 폴더에서만 검색한 결과를 확인할 수 있습니다.

다양한 조건으로 검색하기

Finder 윈도우 검색 상자에서 검색한 결과가 너무 많아 원하는 폴더나 파일 등의 항목을 찾지 못했다면, 좀 더 다양한 조건을 추가할 수 있습니다. 검색 조건을 추가하려면 검색 상자 아래의 검색 막대 오른쪽 끝에 있는 [+]를 클릭합니다.

잠 깐 만 요 ─────
Finder 윈도우의 검색 상자에서 검색하기 전에 추가 검색 조건을 표시하려면 command + F 키를 누릅니다.

161

추가 검색 조건에는 기본적으로 [종류]가 선택돼 있습니다. [종류] 외에도 여러 가지 조건을 추가할 수 있습니다. 예를 들어, 특정 날짜 이후에 만들어진 파일을 검색하려면 목록에서 [생성일]을 선택하면 됩니다.

그런 다음, [다음 날짜 후]를 선택하고 원하는 날짜를 지정하면 해당 날짜 이후에 생성된 파일만 골라 보여 줍니다.

선택한 검색 조건에 따라 오른쪽에 표시되는 항목이 달라집니다. 만약 추가 검색 조건으로 [종류]를 선택했다면 [PDF], [동영상] 등을 선택할 수 있고, 검색 조건 목록에서 [기타]를 선택하면 더 많은 검색 조건을 추가할 수 있습니다.

▲ 검색 조건이 [종류]일 때

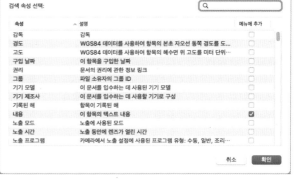

▲ 검색 조건이 [기타]일 때

잠깐만요
검색 조건을 추가하면 Finder 윈도우의 검색 상자에 검색어를 입력하지 않고, 추가한 조건만으로도 검색할 수 있습니다.

06 | 조건에 맞는 항목만 보여 주는 스마트 폴더

스마트 폴더는 지정한 조건과 일치하는 폴더나 파일 등의 항목을 모아 놓은 폴더로, 지정한 조건에 맞는 새로운 항목이 추가된다면 어떤 위치에 있더라도 스마트 폴더에서 한 번에 확인할 수 있습니다. 여기에서는 '최근 20일 내의 사진'만 볼 수 있는 스마트 폴더를 만들어 보겠습니다.

1 조건으로 지정할 항목이 있는 폴더로 이동한 후 Finder 메뉴 막대에서 [파일]-[새로운 스마트 폴더]를 선택하면 '새로운 스마트 폴더'라는 이름의 새로운 Finder 윈도우와 검색 막대가 표시됩니다. 스마트 폴더의 검색 조건을 지정하기 위해 검색 막대의 오른쪽 끝에 있는 [+]를 클릭합니다.

2 검색 조건을 이미지로 지정하기 위해 조건 목록에서 [종류]를 선택하면 오른쪽에 새로운 종류의 목록이 표시됩니다. 종류 목록에서 [이미지]를 선택합니다.

3 검색 대상으로 지정한 폴더에 있는 모든 이미지가 표시됩니다. 스마트 폴더 검색 위치를 현재 폴더로만 지정하고 싶다면 'Mac' 오른쪽의 폴더 이름을 클릭합니다. 여기에 조건을 1개 더 추가해 보겠습니다. 검색 막대의 오른쪽 끝에 있는 [+]를 클릭하세요.

잠 깐 만 요

[이미지] 왼쪽의 [모든] 목록에서 원하는 이미지 파일 형식을 선택할 수도 있습니다.

4 검색 결과의 이미지 중에서 '생성일'이 '최근 20일 내'인 이미지만 표시하도록 조건을 지정합니다. 검색 조건에서 [생성일]과 [최근]을 선택한 후 '20'을 입력합니다. 새로운 스마트 폴더에 조건과 일치하는 항목만 표시됩니다. 검색 막대에 있는 [저장]을 클릭하세요.

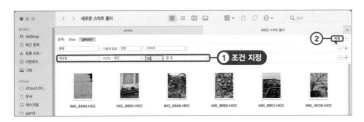

5 스마트 폴더의 이름을 입력한 후 저장할 위치를 선택하고 [저장]을 클릭합니다.

잠 깐 만 요 ──
기본적으로 '사이드바에 추가'에 체크돼 있으므로 스마트 폴더가 Finder 윈도우 사이드바에 추가됩니다.

6 스마트 폴더는 Finder 윈도우 사이드바에 표시돼 언제든지 쉽게 확인할 수 있습니다. 방금 만든 '최근 20일 내의 이미지'라는 스마트 폴더에는 항상 오늘 날짜를 기준으로 20일 내에 생성된 이미지들이 담기게 됩니다.

잠 깐 만 요 ──
스마트 폴더는 특정한 조건에 맞는 파일을 모아 보여 주는 역할만 하기 때문에 스마트 폴더에 있는 파일을 삭제하더라도 원래 파일은 삭제되지 않습니다.

07 | Finder 윈도우에서 내용 훑어보기

Finder에는 앱을 실행하지 않고도 파일의 내용을 확인할 수 있는 훑어보기 기능이 있습니다. 훑어보기 기능을 사용하면 문서나 이미지, 음악, 동영상 등 다양한 파일의 내용을 앱을 실행하지 않아도 확인할 수 있고, 간단한 편집도 할 수 있습니다.

훑어보기 사용하기

Finder 윈도우에서 훑어볼 파일을 선택한 후 spacebar 키를 누르면 훑어보기 윈도우가 열리면서 선택한 파일의 내용이 표시됩니다. 훑어보기 윈도우 제목 표시줄에는 도구 막대가 함께 표시되는데, 선택한 파일의 종류에 따라 도구 막대에서 표시되는 도구가 조금씩 달라집니다.

① 훑어보기 윈도우를 닫습니다.

② 훑어보기 윈도우를 전체 화면으로 표시합니다.

③ 선택한 파일의 이름이 표시됩니다.

④ 선택한 파일을 Mail이나 메시지 등의 앱으로 공유합니다.

⑤ 선택한 파일을 연결된 앱에서 확인할 수 있습니다.

⑥ 마크업 도구 막대를 표시합니다. 마크업 도구를 사용하면 이미지 파일에 그림을 그리거나 텍스트를 입력할 수 있습니다. 사진이나 그림 등의 이미지 파일이나 PDF 등의 문서 파일에서만 사용할 수 있는 도구입니다.

⑦ 클릭할 때마다 왼쪽으로 90도씩 회전합니다. 이미지 파일이나 동영상 파일에서만 사용할 수 있는 도구입니다.

⑧ 동영상을 간단히 편집할 수 있습니다. 동영상 파일에서만 사용할 수 있는 도구입니다.

전문가의 조언

폴더도 훑어볼 수 있나요?

Finder 윈도우에서 폴더를 선택한 후 spacebar 키를 누르면 폴더의 훑어보기 윈도우가 표시됩니다. 폴더 훑어보기 윈도우에는 선택한 폴더에 용량, 폴더에 포함된 파일의 수, 최근 수정일을 확인할 수 있습니다.

슬라이드 쇼로 훑어보기

Finder 윈도우의 훑어보기 기능을 사용해 슬라이드 쇼 보기로 활용할 수도 있습니다. 여러 개의 파일을 선택한 상태에서 [spacebar]키를 누른 후 훑어보기 윈도우의 도구 막대에서 [최대화] ⊘ 를 클릭합니다.

훑어보기 윈도우가 전체 화면으로 바뀝니다. 슬라이드 쇼 보기는 전체 화면에서만 사용할 수 있는 기능이거든요.

슬라이드 쇼 화면의 아래쪽에 슬라이드 쇼를 제어할 수 있는 도구 모음이 나타납니다.

① **이전:** 이전 파일로 이동합니다.

② **재생:** 슬라이드 쇼를 시작합니다. 다시 한번 누르면 슬라이드 쇼가 중지됩니다.

③ **다음:** 다음 파일로 이동합니다.

④ **인덱스 시트:** 클릭하면 슬라이드 쇼에 있는 파일들을 격자 형태로 표시합니다. 파일을 한눈에 확인할 수 있고 선택하기 도 쉽습니다. 파일을 선택하거나 [esc]키를 누르면 슬라이드 쇼 화면으로 돌아갑니다.

⑤ **공유:** 현재 파일을 Mail이나 메시지 등의 앱으로 공유합니다.

⑥ **전체 화면 종료:** 전체 화면을 종료합니다.

⑦ **닫기:** 훑어보기 윈도우를 닫습니다.

08 | Finder 윈도우에서 동영상 자르기

동영상 파일을 훑어보기 윈도우에 표시하면, 동영상 재생 앱을 실행하지 않아도 동영상을 확인할 수 있습니다. 그리고 동영상을 간단하게 자를 수도 있습니다.

1 동영상 파일을 선택한 후 spacebar 키를 눌러 훑어보기 윈도우를 표시하고, 훑어보기 윈도우 도구 막대에 있는 [다듬기] 를 클릭합니다.

잠 깐 만 요
[다듬기] 버튼은 동영상 및 오디오 파일의 훑어보기 윈도우에만 표시됩니다.

2 [다듬기] 를 클릭하면 훑어보기 윈도우의 동영상 재생 막대에 노란색 다듬기 막대가 표시됩니다. 다듬기 막대 양끝의 핸들을 좌우로 드래그해 동영상의 앞부분과 뒷부분을 잘라 낼 수 있습니다.

잠 깐 만 요
재생 막대에 표시되는 노란색 다듬기 막대의 밖으로 표시되는 영역이 잘려서 지워지는 부분입니다.

3 동영상 재생 막대의 [재생] ▶을 클릭하면 동영상을 재생할 수 있고, 다듬기 막대 양끝의 핸들을 길게 클릭하면 자를 부분을 미세하게 조절할 수 있습니다.

4 편집을 마친 후 동영상을 저장하려면 [완료]를 클릭합니다. 이때 저장 방법을 다음 중에서 선택할 수 있습니다.

① **새로운 클립**: 원본 동영상을 그대로 유지하고 편집한 동영상을 새로운 이름으로 저장합니다.

② **대치**: 원본 동영상을 삭제하고 편집한 동영상을 저장합니다.

③ **취소**: 저장을 취소합니다.

잠 깐 만 요
동영상 편집을 취소하려면 도구 막대에서 [복귀]를 클릭합니다.

미리보기

미리보기는 macOS의 기본 뷰어 앱으로, 그림이나 사진 같은 이미지 파일뿐 아니라 PDF, PPT와 같은 다양한 형식의 파일도 열어 볼 수 있습니다. 여러 용도로 사용할 수 있는 미리보기 앱에 대해 알아보겠습니다.

01 | 미리보기에서 이미지 파일 살펴보기

Finder 윈도우에서 이미지 파일을 더블클릭하면 미리보기 윈도우에서 선택한 이미지를 살펴볼 수 있습니다. 여기서는 미리보기 앱에서 여러 개의 이미지 파일을 한꺼번에 살펴보는 방법에 대해 알아보겠습니다.

여러 개의 이미지를 한꺼번에 살펴보기

1 Finder 윈도우에서 미리보기 앱으로 살펴볼 여러 개의 이미지 파일을 선택한 후 선택한 파일 중 아무 파일이나 더블클릭합니다.

> **잠 깐 만 요**
> 여러 개의 파일을 한꺼번에 선택하는 방법은 '02. 항목을 선택해 복사 및 이동하기'(153쪽)를 참고하세요.

2 미리보기가 실행됩니다. 미리보기 윈도우의 사이드바에는 Finder 윈도우에서 선택한 이미지가 축소판으로 표시됩니다. 사이드바의 축소판에서 원하는 이미지를 선택하면 오른쪽 창에 선택한 이미지가 크게 표시됩니다.

3 이미 열어 놓은 미리보기 윈도우에 또 다른 이미지 파일을 추가할 수도 있습니다. Finder 윈도우에서 추가할 이미지 파일을 선택한 후 미리보기 윈도우 사이드바의 원하는 위치로 드래그하면 미리보기에서 추가한 이미지 파일을 살펴볼 수 있습니다.

원모어 단축키로 미리보기 사이드바 보기 방식 변경하기

- Option + command + 1 : 사이드바 감추기
- Option + command + 2 : 사이드바에 페이지나 파일을 축소판 이미지로 나열
- Option + command + 3 : 사이드바에 페이지나 파일 이름을 텍스트로 나열
- Option + command + 4 : 미리보기에서 추가한 하이라이트나 메모를 사이드바에 나열
- Option + command + 5 : 미리보기에서 추가한 책갈피를 사이드바에 나열
- Option + command + 6 : 미리보기 윈도우 전체에 작은 축소판으로 표시

미리보기 윈도우 도구 막대 살펴보기

미리보기 윈도우에서 이미지 파일이나 PDF 파일을 열었을 때 공동으로 사용할 수 있는 도구들이
나타납니다.

◀ 이미지 파일을 열었을 때

◀ PDF 파일을 열었을 때

① **사이드바 디스플레이 선택:** 사이드바에 이미지나 PDF 페이지의 축소판을 표시합니다.

② **파일 이름:** 현재 미리보기 윈도우에 표시된 파일의 이름이 표시됩니다.

③ **문서 크기 축소:** 이미지나 페이지의 크기를 축소합니다.

④ **문서 크기 확대:** 이미지나 페이지의 크기를 확대합니다.

⑤ **문서 공유:** 이미지나 페이지를 다양한 방법으로 공유합니다.

⑥ **하이라이트 및 메모:** PDF 페이지에 하이라이트나 메모를 표시할 수 있습니다.

⑦ **왼쪽으로 회전:** 클릭할 때마다 이미지나 페이지를 왼쪽으로 90도씩 회전시킵니다.

⑧ **마크업 도구 막대 보기:** 이미지나 페이지에 마크업할 수 있는 도구 막대를 표시합니다.

⑨ **검색:** PDF 파일의 내용을 검색합니다.

02 | 마크업 도구로 이미지 편집하기

미리보기 윈도우의 도구 막대에서 마크업 도구를 선택하면 간단한 이미지 편집 작업을 할 수 있습니다.

이미지 마크업 도구

미리보기 윈도우의 도구 막대에서 [마크업] ⒶⒶ 을 선택하면 마크업 도구가 표시됩니다.

① **영역 선택** ☐⌄ : 이미지에서 원하는 부분만 선택해서 자르거나 편집할 수 있습니다. 자세한 방법은 175쪽을 참고하세요.

② **인스턴트 알파** ※ : 이미지 미리보기를 할 때 배경색이 다른 부분과 명확히 구분될 경우, 배경색을 삭제해 투명한 배경으로 만들 수 있습니다. 자세한 방법은 177쪽을 참고하세요.

③ **스케치** ✎ : 선을 사용해 도형을 그립니다. 약간 삐뚤게 그려져도 마크업 도구 막대 아래에 표준 도형이 표시되므로 언제든지 표준 도형으로 변환할 수 있습니다.

④ **그리기** ✎ : 선을 자유롭게 그립니다.

⑤ **도형** ☐⌄ : 직선, 사각형, 원 등과 같은 도형을 그립니다.

⑥ **텍스트** 🅣 : 텍스트 상자를 사용해 텍스트를 추가합니다.

⑦ **서명** ✍⌄ : 서명을 만들거나 미리 만들어 둔 서명을 추가합니다.

⑧ **색상 조절** ⚏ : 색상 조절 윈도우가 표시돼 이미지의 색상을 조절할 수 있습니다.

⑨ **크기 조절** ▥ : 현재 이미지의 크기를 조절합니다.

⑩ **도형 스타일** ≡⌄ : 추가한 도형의 선의 굵기나 모양을 지정합니다.

⑪ **테두리 색상** ◘⌄ : 추가한 도형의 선 색상을 지정합니다.

⑫ **색상 채우기** ⬛⌄ : 추가한 도형에 채울 색상을 지정합니다.

⑬ **텍스트 스타일** Aa⌄ : 텍스트의 글꼴과 스타일, 색상을 지정합니다.

원본 이미지를 보존하려면 이미지를 복제해 편집하세요

미리보기의 마크업 도구를 사용해 이미지를 편집하면 원본 이미지에 그대로 덮어써서 저장되기 때문에 미리보기에서 이미지를 편집할 때는 이미지를 복제해 사용하는 것이 좋습니다. 원본은 그대로 두고 복제한 이미지를 편집하는 것이죠.

미리보기 윈도우에 편집할 이미지가 표시된 상태에서 미리보기 메뉴 막대의 [파일] – [복제]를 선택하면 새 미리보기 윈도우에 복제된 이미지가 표시됩니다. 미리보기 윈도우의 제목 표시줄에는 '~복사본'이라고 입력된 상태에서 파란색 블록으로 지정돼 있어 원하는 이름을 바로 지정할 수 있습니다. 원하는 이름을 입력한 후 return 키를 누르거나 화면의 빈 공간을 클릭하면 이미지 이름이 변경됩니다.

이미지에서 원하는 부분만 잘라서 저장하기

이미지 마크업 도구의 영역 선택 도구를 이용하면 기본적인 사각형 영역 외에도 원하는 형태를 선택한 후 이미지의 일부분을 선택할 수 있습니다.

[영역 선택] □ᵛ을 클릭한 후 [직사각형 선택]을 선택합니다. 이미지에서 저장할 영역만큼 드래그한 후 마크업 도구 막대에서 [자르기] ┶를 클릭하면 선택한 영역만 표시됩니다.

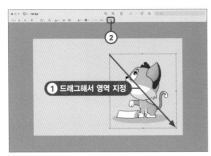 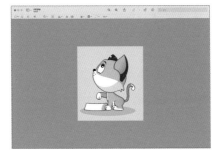

▲ 사각형 영역 선택해서 자르기

이미지를 [타원형 선택 도구] ○ˇ로 자르면 타원형의 바깥 부분이 투명하게 처리되기 때문에 이미지가 PNG 형식으로 변환됩니다. [변환]을 클릭하면 선택한 영역만큼 잘라 내 저장됩니다.

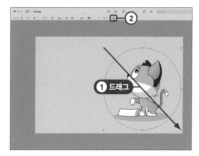  

▲ 원형 영역 선택해서 자르기

직사각형이나 타원형으로 선택하기 어려운 영역을 선택하고 싶다면 [올가미] ⌇나 [스마트 올가미] ⌇를 사용합니다. 올가미 선택 도구를 선택한 상태에서 선택 영역으로 지정할 부분의 시작 지점을 클릭한 후 이미지를 따라 드래그하면 원하는 영역을 선택 영역으로 지정할 수 있습니다. 클릭을 유지한 상태에서 드래그한 영역이 지정되기 때문에 원하는 영역을 모두 선택할 때까지 클릭을 유지해야 합니다. 원하는 영역을 지정한 후 마크업 도구 막대에서 [자르기] ⊔를 클릭합니다.

[스마트 올가미] ⌇는 이미지의 색상 차이를 구분하기 때문에 [올가미] ⌇보다 원하는 영역을 쉽게 선택할 수 있습니다.

잠 깐 만 요
영역을 선택한 후 미리보기 메뉴 막대의 [편집] – [선택 부분 반전]을 선택하면 선택 영역을 반전할 수 있습니다.

이미지에서 배경색 지우기

[인스턴트 알파] ※를 사용하면 이미지에서 색상으로 구분되는 영역을 쉽게 선택할 수 있기 때문에 이미지에서 배경색을 제거하려고 할 때 자주 사용합니다. 마크업 도구 중 [인스턴트 알파] ※를 선택한 후 제거하려는 이미지의 배경 부분을 드래그하면 비슷한 색상이 자동으로 선택됩니다. 드래그할 때마다 선택 영역이 확장됩니다. 이미지에서 선택되는 영역이 붉은색으로 표시되기 때문에 선택된 영역을 쉽게 알아볼 수 있습니다. 다른 선택 도구와 같이 원하는 영역이 선택됐다면 [자르기]를 클릭합니다.

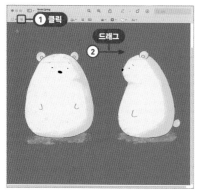 

PNG 파일로 변환된다는 메시지가 나타나면 [변환]을 클릭합니다. 배경을 간단하게 제거했습니다. 참고로, 결과 그림에서는 앱 자체의 배경색이 회색이기 때문에 이미지 배경색이 회색으로 보이지만, 실제 이미지의 배경색은 투명합니다.

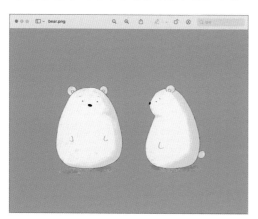

미리보기 앱을 사용하면 이미지뿐 아니라 PDF 파일을 열어 내용을 확인할 수 있습니다. PDF는 Windows나 macOS에서 모두 사용할 수 있는 파일로, 미리보기 앱을 활용해 PDF 파일에 암호를 지정할 수도 있죠. 암호가 지정된 PDF 파일은 암호를 알아야만 내용을 확인하고 수정할 수 있습니다.

PDF 파일 살펴보기

Finder 윈도우에서 PDF 파일을 더블클릭하면 바로 미리보기 앱이 실행되고, 선택한 PDF 파일의 내용이 표시됩니다.

여러 페이지로 구성된 PDF 파일인 경우, 사이드바를 사용하면 편리합니다. 미리보기 윈도우의 도구 막대에서 를 클릭한 후 [축소판]을 선택해 보세요.

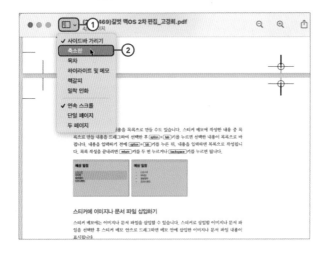

미리보기 윈도우에 사이드바가 표시되면서 PDF 파일의 각 페이지가 작은 축소판 이미지로 나타 납니다. 사이드바에 있는 축소판을 클릭해 원하는 페이지로 쉽게 이동할 수 있습니다.

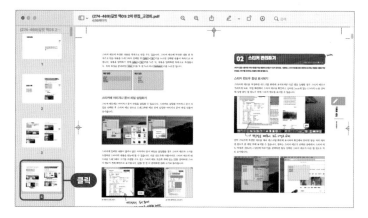

PDF 페이지 추가하기 및 삭제하기

미리보기에서 페이지를 추가하거나 삭제하면서 PDF 파일을 수정할 수 있습니다. 단, 이 경우 따로 저장하지 않아도 수정된 상태로 자동 저장되기 때문에 중요한 문서라면 문서를 복제한 후 그 복제한 문서를 사용해 수정하는 것이 좋습니다.

1 PDF 파일에 빈 페이지를 추가하려면 추가할 위치 앞에 있는 축소판을 선택한 후 [편집]-[삽입]-[빈 페이지]를 선택합니다.

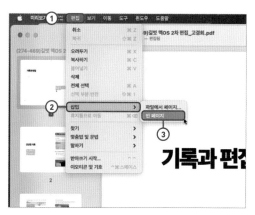
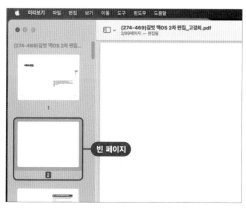

2 미리보기 윈도우에서 PDF의 페이지를 다른 PDF로 복사해 삽입하는 것도 편리합니다. 2개의 미리보기 윈도우가 열린 상태에서 한쪽 PDF에서 복사할 축소판을 선택한 후 다른 PDF 사이드바로 드래그합니다.

3 사이드바에서 페이지 축소판을 선택한 후 [편집]-[삭제]를 선택하면 PDF 페이지를 삭제할 수 있습니다.

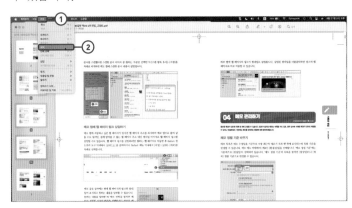

4 사이드바에서 축소판 이미지를 클릭해 원하는 위치로 드래그하면 PDF 파일의 페이지 순서를 바꿀 수 있어 편리합니다.

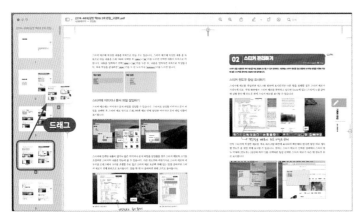

PDF 파일에 암호 지정해 저장하기

1 암호를 지정할 PDF 파일을 미리보기 윈도우에 열어 놓은 후 미리보기 메뉴 막대에서 [파일]-[내보내기]를 선택합니다.

2 저장할 파일 이름과 태그 저장 위치 등을 선택한 후 [암호화] 항목에 체크하면 원하는 암호를 입력할 수 있습니다. 지정할 암호, 확인을 위해 입력하는 암호를 한 번 더 입력하고 [저장]을 클릭합니다.

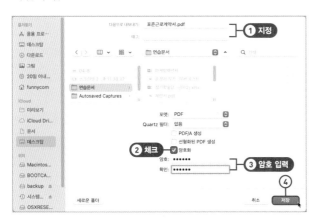

3 원래 파일을 덮어쓸 것인지 묻는 메시지가 표시됩니다. 원래 파일과 같은 이름으로 저장하려면 [대치]를 클릭합니다. 원래 파일과 암호를 지정한 파일을 따로 유지하려면 [취소]를 클릭한 후 파일을 복제하고 다시 암호를 지정해 저장하면 됩니다.

4 암호가 지정된 파일은 Finder 윈도우의 아이콘 보기 상태에서 검은색 자물쇠가 표시되고, 파일을 더블클릭하면 지정한 암호를 입력해야만 파일을 열어 볼 수 있습니다.

04 | PDF 문서에 주석 달기

미리보기에서는 확인하는 PDF 문서에 메모를 남기거나 하이라이트를 표시하는 등 여러 주석을 남길 수 있습니다. 미리보기의 마크업 기능은 PDF 문서를 보면서 의견을 주고받을 때 편리합니다.

PDF 문서에 주석을 표시하면 미리보기를 닫는 것과 동시에 주석이 저장됩니다. 따라서 수정하지 않은 원본 문서를 유지하고 싶다면 문서를 복제한 후에 주석을 다는 것이 좋습니다.

하이라이트 도구

미리보기 윈도우 도구 막대에서 [하이라이트] ✐ 를 클릭한 후 하이라이트 표시를 할 텍스트를 드래그하면 음영 표시를 할 수 있습니다. 기본 하이라이트 색은 노란색이지만, [하이라이트] 목록을 펼치면 다른 색을 선택할 수 있습니다.

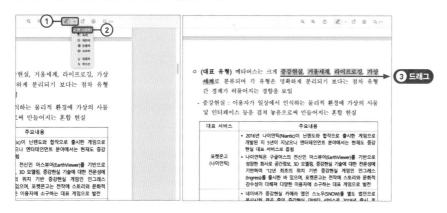

[밑줄체]나 [취소선]을 선택한 후 텍스트를 드래그하면 밑줄이나 취소선을 표시할 수 있습니다.

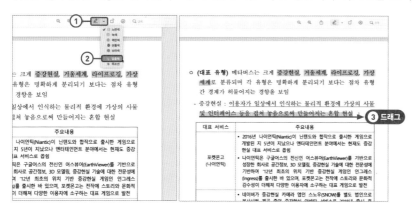

PDF 문서 마크업 도구

미리보기 윈도우에서 [마크업] Ⓐ을 클릭하면 PDF 문서에 텍스트를 입력하거나 그리기를 추가할 수 있습니다.

잠 깐 만 요

훑어보기 윈도우에서도 [마크업]을 클릭하면 마크업 도구를 사용할 수 있습니다.

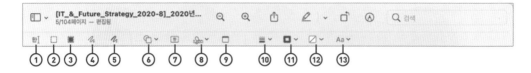

① **텍스트 선택** [한] : 텍스트를 선택해 복사하고 붙여 넣을 수 있습니다. [option]키를 누른 상태로 드래그하면 텍스트를 세로로 선택할 수 있습니다.

② **영역 선택** [□] : 문서의 일부 영역을 선택해 복사하고 붙여 넣을 수 있습니다. 이때 복사한 영역은 이미지 형태로 복사되고 붙여 넣게 됩니다.

③ **교정** [■] : 아이콘을 클릭한 후 문서에서 특정 부분을 선택하면 그 부분이 제거됩니다. 문서를 닫으면 교정을 취소할 수 없으므로 중요한 문서라면 복제한 후 교정하는 것이 좋습니다.

잠 깐 만 요

[교정] [■] 아이콘을 클릭하면 콘텐츠가 영구적으로 제거된다는 메시지가 나타납니다. [확인]을 클릭합니다.

---

④ **스케치** [✎] : 선을 사용해 도형을 그립니다. 약간 삐뚤게 그려져도 마크업 도구 막대 아래에 표준 도형이 표시되므로 언제든지 표준 도형으로 변환할 수 있습니다.

⑤ **그리기** [✎] : 선을 자유롭게 그립니다.

⑥ **도형** [○∨] : 직선, 사각형, 원 등을 그립니다.

⑦ **텍스트** [回] : 텍스트 상자를 사용해 텍스트를 추가합니다.

⑧ **서명** [✑∨] : 서명을 만들거나 미리 만들어 둔 서명을 추가합니다.

⑨ **메모** [□] : PDF 문서에 메모를 추가합니다.

⑩ **도형 스타일** [≡∨] : 추가한 도형의 선 굵기나 모양을 지정합니다.

⑪ **테두리 색상** [■∨] : 추가한 도형의 선 색상을 지정합니다.

⑫ **색상 채우기** [◩∨] : 추가한 도형에 채울 색상을 지정합니다.

⑬ **텍스트 스타일** [Aa∨] : 텍스트의 글꼴, 스타일, 색상을 지정합니다.

잠 깐 만 요

도형이나 선, 텍스트 상자를 추가한 후 스타일을 지정할 수도 있고, 스타일을 먼저 결정한 후 도형이나 선, 텍스트 상자를 추가할 수도 있습니다.

텍스트나 메모 추가하기

마크업 도구를 사용하면 말풍선, 텍스트, 메모도 추가할 수 있습니다. 미리보기 윈도우의 도구 막대에서 [마크업] Ⓐ을 클릭하면 마크업 도구 막대가 표시됩니다.

마크업 도구 막대에서 [도형] ⬡ ˇ 을 선택한 후 [말풍선] 💬을 선택합니다. 내용 영역에 표시된 말풍선의 각 조절점을 드래그하면 말풍선의 크기나 말꼬리의 위치를 조절할 수 있습니다. 말풍선이 선택된 상태에서 말풍선 안에 텍스트를 입력할 수도 있습니다.

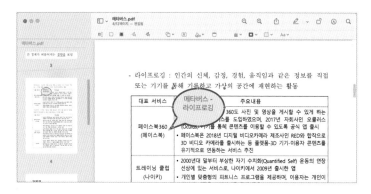

마크업 도구 막대에서 [도형] ⬡ ˇ 을 선택한 후 [확대경] 🔍을 선택하면 선택한 부분만 확대해서 볼 수 있습니다. 말풍선과 같이 각 조절점을 드래그하면 확대 비율이나 확대경의 크기를 조절할 수 있습니다.

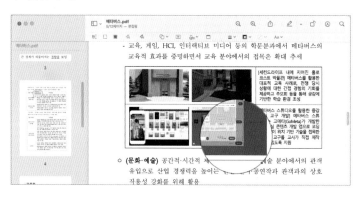

각종 문서 파일에 스티커 앱과 같이 메모를 붙여 넣을 수도 있습니다. 마크업 도구 막대의 [메모]를 클릭하면 내용 영역에 메모를 작성할 수 있는 영역이 나타납니다. 메모 작성이 끝나고 바깥 부분을 클릭하면 작은 상자 모양으로 돌아갑니다.

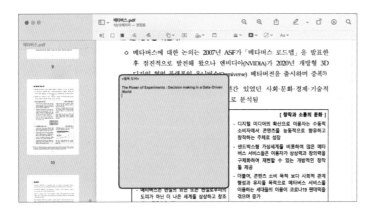

잠깐만요 ───
메모 상자의 색상을 바꾼 후 메모 상자를 control+클릭하고 원하는 색상을 선택하면 됩니다.

삽입한 마크업 확인하기

미리보기 메뉴 막대에서 [보기]-[하이라이트 및 메모]를 선택하면 미리보기 윈도우 사이드바에 문서에 추가한 모든 하이라이트와 메모가 표시되고, 사이드바에서 하이라이트나 메모를 선택하면 문서 중에서 선택한 하이라이트나 메모가 있는 위치로 바로 이동할 수 있습니다.

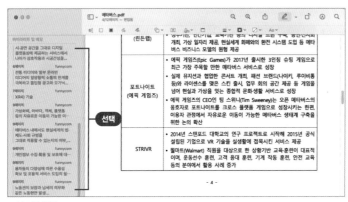

▲ 마크업 목록

하이라이트, 메모뿐 아니라 마크업 도구로 추가한 그리기나 도형, 텍스트 상자까지 한 번에 확인할 수 있습니다. 미리보기 메뉴 막대에서 [도구]-[속성 보기]를 선택하면 속성 윈도우가 나타납니다. 속성 윈도우에서 [주석 속성] ✐ 을 클릭하면 마크업 도구로 추가한 모든 그리기나 도형이 목록으로 표시됩니다. 사이드바의 하이라이트나 메모와 같이 속성 윈도우에서 추가한 마크업 유형을 선택하면 마크업이 있는 위치로 이동할 수 있습니다.

▲ 속성 윈도우

전문가의 조언

추가한 마크업을 지우는 방법

문서에 표시한 하이라이트, 밑줄, 취소선을 지우려면 사이드바에서 지울 마크업을 선택한 후 backspace 키를 누르거나 표시한 마크업과 같은 도구가 선택된 상태에서 텍스트를 드래그하면 됩니다. 밑줄을 지우려면 [밑줄체], 노란색 하이라이트를 지우려면 노란색 [하이라이트]를 선택한 상태에서 텍스트를 드래그하면 됩니다.

또는 지우려는 마크업을 control +클릭한 후 [하이라이트 제거]나 [밑줄 제거]와 같은 마크업 제거 메뉴를 선택해도 됩니다.

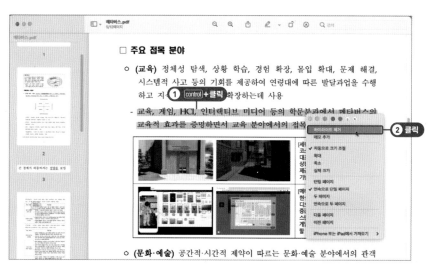

05 | PDF 문서에 서명 추가하기

미리보기의 도구 막대를 사용하면 PDF 파일에 직접 손으로 작성한 서명을 추가할 수 있습니다. PDF 파일을 사용해 계약이나 결재를 할 때 편리한 기능이죠. 서명을 한 번만 추가해 두면 PDF 파일뿐 아니라 이미지 파일과 훑어보기 윈도우에도 사용할 수 있습니다.

미리보기 윈도우의 도구 막대에서 [마크업] Ⓐ을 클릭하면 도구 막대 아래에 마크업 도구 막대가 표시됩니다. 마크업 도구 막대에서 [서명] ⍨⌄을 클릭하면 [트랙패드]와 [카메라], [iPhone 또는 iPad]로 서명을 만들어 추가할 수 있습니다.

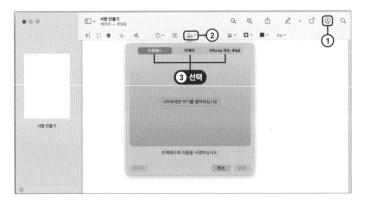

잠 깐 만 요
미리보기 메뉴 막대에서 [도구] – [주석] – [서명] – [서명 관리]를 선택해도 됩니다.

트랙패드로 서명 만들기

[트랙패드]를 클릭한 후 아래의 [시작하려면 여기를 클릭하십시오]를 클릭합니다.

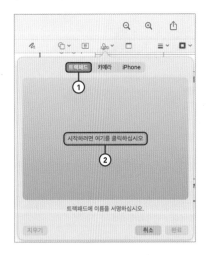

서명 윈도우가 파란색으로 선택된 상태에서 트랙패드에 손가락으로 직접 서명하면 서명 윈도우에도 손가락으로 작성한 서명이 표시됩니다. 트랙패드에 서명을 완료한 후 키보드에서 아무 키나 누르면 서명이 끝납니다. 서명 윈도우에 표시된 서명을 저장하려면 [완료]를 클릭합니다.

잠깐만요 ─────────────────────────────────
트랙패드에 다시 서명하려면 [지우기]를 클릭하면 됩니다.

카메라를 사용해 서명 만들기

트랙패드에 손가락으로 작성한 서명이 자연스럽지 않다면 직접 흰 종이에 펜으로 서명한 후 [카메라]를 클릭합니다. [카메라]를 클릭하면 Mac의 카메라가 켜지는데, 흰 종이에 직접 작성한 서명을 카메라에 비춥니다. 카메라에 비춘 서명은 좌우가 반전돼 표시되지만, 서명의 인식되면 제대로 표시됩니다.

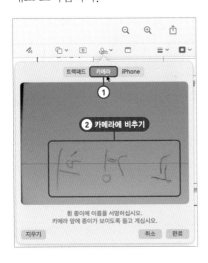

종이에 작성한 서명이 제대로 인식됐다면 [완료]를 클릭합니다.

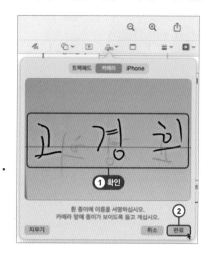

iPhone 또는 iPad에서 서명 만들기

같은 네트워크 안에 iPhone이나 iPad가 연결되어 있다면 트랙패드 대신 iPhone이나 iPad를 사용할 수도 있습니다. [iPhone]이나 [iPad]를 클릭하면 자동으로 기기가 켜지면서 기준선(Baseline)이 나타납니다.

iPhone이나 iPad에 손가락이나 Apple Pencil로 서명을 작성하면 Mac의 서명란에 서명이 표시되죠. 서명이 끝나면 [완료]를 클릭합니다.

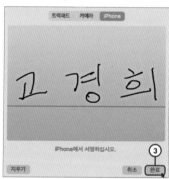

문서에 서명 추가하기

서명을 만들었다면 PDF 문서에 서명을 추가할 수 있습니다. 미리보기 윈도우의 마크업 도구 막대에서 [서명] 을 클릭하면 저장한 서명이 표시됩니다. 문서에 추가할 서명을 클릭합니다.

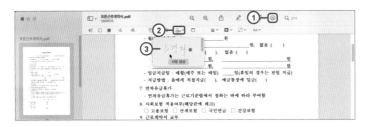

미리보기 윈도우에 표시된 내용 영역에 서명이 나타나죠? 서명을 클릭해 원하는 위치로 옮길 수 있고, 조절점을 드래그해 확대/축소할 수 있습니다. 서명을 선택한 상태에서 트랙패드에서 두 손가락을 회전하면 서명을 원하는 방향으로 회전할 수도 있습니다.

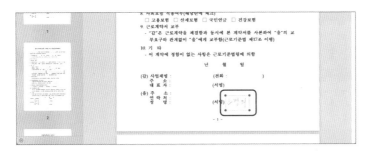

> **잠 깐 만 요**
> 훑어보기 윈도우의 도구 막대에서 마크업 도구를 선택해도 서명을 추가할 수 있습니다.

전문가의 조언

서명 삭제하기

마크업 도구 막대의 [서명] 을 클릭하면 서명 윈도우에 저장한 서명을 확인할 수 있습니다. 만일 저장한 서명을 삭제하려면 서명 위에 마우스 포인터를 올려 놓았을 때 나타나는 [삭제] ⊗ 를 클릭합니다.

PART 4

쉽고 편리하게
정보 수집하기

macOS의 기본 브라우저인 Safari는 인터넷에서 정보를 검색하는 것은 물론, 원하는 웹페이지를 PDF로 저장하는 등과 같은 다양한 기능을 제공합니다. 또한 macOS의 기본 앱인 Mail 앱을 사용하면 여러 계정의 메일을 모아 한 번에 관리할 수 있죠. 이번에는 macOS의 기본 앱으로 인터넷과 메일을 통해 중요한 정보를 수집하고 관리하는 방법에 대해 알아보겠습니다.

macOS

Safari

Safari는 다양한 Apple 기기의 기본 브라우저로, Apple 기기에 같은 iCloud 계정으로 연결돼 있다면 Handoff와 같은 연속성 기능을 사용할 수 있습니다. 그리고 키체인을 사용하면 가입한 웹사이트의 암호를 저장하고 관리할 수 있죠. Safari를 활용해 인터넷에서 정보를 수집하고 관리하는 방법에 대해 알아보겠습니다.

01 | Safari를 기본 브라우저로 지정하기

macOS의 기본 브라우저인 Safari 외에 Chrome이나 Firefox 등과 같은 다른 브라우저를 사용하는 도중에 웹사이트를 Safari로 확인하고 싶다면 기본 브라우저를 Safari로 바꿔야 합니다. Safari를 기본 브라우저로 바꾸는 데에는 여러 가지 방법이 있습니다.

Safari를 처음 실행할 때 지정하기

macOS에서 Safari를 처음 실행하면 기본 브라우저로 사용할 것인지를 묻는 창이 나타납니다. [Safari를 기본 브라우저로 만들기]를 클릭한 후 ['Safari' 사용]을 선택합니다.

Safari 윈도우의 팝업 창에서 지정하기

Safari를 처음 실행했을 때 기본 브라우저로 지정하지 않았다면 Safari를 실행할 때마다 Safari 윈도우 위에 기본 브라우저로 바꿀 것인지를 묻는 팝업창이 나타납니다. [Safari를 기본 브라우저로 설정] 버튼을 클릭합니다.

195

시스템 환경설정에서 지정하기

Safari를 실행하지 않고도 시스템 환경설정에서 기본 브라우저로 지정할 수 있습니다. [시스템 환경설정] ⚙️–[일반] 🖼️을 차례대로 선택한 후 '기본 브라우저' 항목을 펼쳐 [Safari]를 선택하면 됩니다.

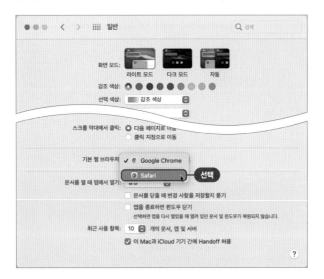

 다른 브라우저의 즐겨찾기 가져오기

Safari를 처음 실행할 때 기본 브라우저로 지정하면 이전에 사용하던 브라우저에서 즐겨찾기와 방문 기록을 한꺼번에 가져올 수 있지만, 사용자가 직접 이전에 사용했던 브라우저에서 즐겨찾기와 방문 기록 정보를 가져올 수 있습니다. Safari 메뉴 막대에서 [파일] – [가져오기]를 선택한 후 가져올 정보가 있는 브라우저를 선택하고, Safari로 가져올 항목에 체크한 다음 [가져오기]를 클릭합니다.

macOS 사용자 암호를 입력하면 자동으로 이전 브라우저에서 정보를 가져옵니다. 가져오기가 끝나면 [확인]을 클릭합니다.

02 | Safari 윈도우 사용자화하기

Safari를 처음 실행하면 사용할 수 있는 도구가 몇 개 없지만, Safari 도구 막대를 사용자화하면 더 많은 도구를 추가해서 사용할 수 있습니다. 이번에는 Safari 윈도우와 도구 막대를 사용자화하는 방법에 대해 알아보겠습니다.

즐겨찾기 막대 보기/가리기

Safari는 즐겨찾기를 사이드바뿐 아니라 Safari 윈도우의 위쪽에 즐겨찾기 막대로 표시할 수도 있습니다. Safari 메뉴 막대에서 [보기]-[즐겨찾기 막대 보기]를 선택하면 도구 막대 아래에 즐겨찾기 막대가 표시돼 자주 방문하는 웹사이트를 쉽게 찾을 수 있습니다. 즐겨찾기 막대를 감추려면 [보기]-[즐겨찾기 막대 가리기]를 선택합니다.

▲ 즐겨찾기 막대 보기

상태 막대 보기/가리기

Safari 윈도우의 상태 막대는 웹사이트의 링크 위에 마우스 포인터를 올려 놓았을 때 링크할 웹사이트 주소를 보여 줍니다. [보기]-[상태 막대 보기]를 선택하면 상태 막대를 표시할 수 있는데, 평소에는 보이지 않다가 링크 위에 마우스 포인터를 올려 놓으면 윈도우 왼쪽 아래에 링크 주소가 나타납니다.

상태 막대를 감추려면 [보기]-[상태 막대 가리기]를 선택합니다.

▲ 상태 막대 보기

도구 막대 사용자화하기

Safari 윈도우의 도구 막대를 control+클릭한 후 [도구 막대 사용자화]를 선택하거나 Safari 메뉴 막대에서 [보기]-[도구 막대 사용자화]를 선택하면 도구 상자가 나타납니다.

도구 상자에서 도구를 클릭한 후 도구 막대로 드래그하면 원하는 도구를 추가할 수 있습니다. 이와 반대로, 도구 막대에 있는 도구 아이콘을 클릭해 도구 상자로 드래그하면 제거할 수 있습니다. 원하는 도구를 모두 추가/제거한 후 [완료]를 클릭하면 Safari 도구 막대를 사용자화할 수 있습니다.

▲ 도구 막대에 도구 추가하기

Safari 도구 살펴보기

Safari 도구 막대에 추가할 수 있는 각 도구의 기능을 간단히 살펴보겠습니다.

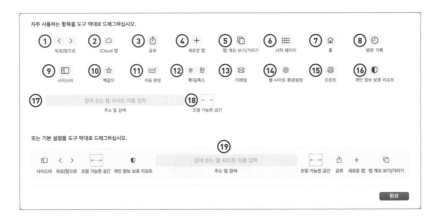

① **뒤로/앞으로** ❮ ❯ : 이전 페이지나 다음 페이지로 이동합니다.

② **iCloud 탭** ☁ : iCloud 계정으로 연결된 다른 Apple 기기에서 열린 탭을 볼 수 있습니다.

③ **공유** ⬆ : 현재 보고 있는 페이지를 읽기 목록이나 책갈피로 추가할 수도 있고, AirDrop, 메시지 등과 같은 다른 앱과 공유할 수 있습니다.

④ **새로운 탭** ＋ : 새로운 탭을 추가합니다.

⑤ **탭 개요 보기/종료** ⧉ : Safari에 열려 있는 탭을 바둑판 형식으로 표시합니다.

⑥ **시작 페이지** ⣿ : 즐겨찾기 페이지와 자주 방문하는 웹사이트 등을 바둑판 형식으로 표시합니다.

⑦ **홈** ⌂ : 설정된 홈페이지로 이동합니다.

⑧ **방문 기록** ⏱ : 모든 방문 기록을 표시합니다. 메뉴 막대에서 [방문 기록]-[모든 방문 기록 보기]를 선택한 것과 같습니다.

⑨ **사이드바** ▢ : 클릭할 때마다 브라우저 왼쪽에 사이드바를 표시하거나 감춥니다.

⑩ **책갈피** ☆ : 주소 표시줄 아래에 즐겨찾기 막대를 표시합니다. 즐겨찾기 막대에서 [즐겨찾기 보기]를 클릭하면 브라우저에 즐겨찾기 웹사이트와 자주 방문하는 웹사이트가 표시됩니다.

⑪ **자동 완성** ✍ : 사용자의 결제 정보, 연락처, 암호 등을 저장해 뒀다가 자동으로 입력합니다.

⑫ **확대/축소** ❐ ❑ : 페이지를 확대/축소합니다.

⑬ **이메일** ✉ : 현재 페이지를 이메일에 첨부합니다.

⑭ **웹사이트 환경설정** ⚙ : 현재 웹사이트의 탐색 방법을 사용자화합니다.

⑮ **프린트** 🖨 : 현재 페이지를 인쇄합니다.

⑯ **개인 정보 보호 리포트** ◖ : 웹사이트에서 개인 정보를 수집하는 트래커(Tracker)를 찾아 내 차단합니다.

⑰ **주소 및 검색:** Safari 윈도우에 주소 표시줄을 표시합니다.

⑱ **조정 가능한 공간** ⋯ : 도구 막대에 빈 공간을 추가하고, 필요하다면 도구 막대에서 빈 공간의 크기를 조절할 수 있습니다.

⑲ 이 도구를 도구 막대로 드래그하면 Safari 도구 막대를 기본 설정으로 변경합니다.

03 | Safari 시작 페이지 맞춤 설정하기

Safari를 실행했을 때나 Safari에서 새로운 윈도우, 탭을 열었을 때는 기본적으로 즐겨찾기가 표시되는데, 즐겨찾기 외에도 다양한 항목을 지정할 수 있습니다.

Safari 환경설정하기

Safari를 실행한 후 Safari 메뉴 막대에서 [Safari]-[환경설정...]을 선택하면 Safari 환경설정 윈도우가 표시됩니다. [일반] 탭을 선택하면 Safari를 실행할 때나 새로운 윈도우, 탭을 열었을 때 표시할 항목이나 다운로드 항목 관리 방법을 선택할 수 있습니다.

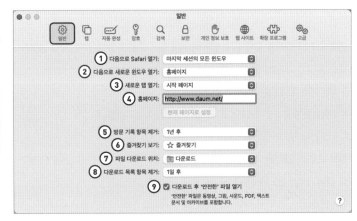

① **다음으로 Safari 열기:** Safari를 실행할 때 표시할 항목을 선택할 수 있습니다.

- **마지막 세션의 모든 윈도우:** Safari를 종료하기 전에 열려 있던 개인 정보 보호 윈도우를 포함한 모든 윈도우를 표시합니다.

- **마지막 세션의 모든 공개 윈도우:** Safari를 종료하기 전에 열려 있던 윈도우 중 개인 정보 보호 윈도우를 제외한 모든 윈도우를 표시합니다.

② **다음으로 새로운 윈도우 열기:** Safari에서 새로운 윈도우를 열 때 표시할 항목을 선택합니다.

- **시작 페이지:** 즐겨찾기에 추가한 웹사이트를 바둑판 형식으로 표시합니다.

- **홈페이지:** 사용자가 '홈페이지' 항목에 설정한 웹사이트를 표시합니다.

- **빈 페이지:** 아무런 내용이 없는 빈 페이지를 표시합니다.

- **같은 페이지:** 현재 표시된 웹사이트를 새 윈도우나 탭에 표시합니다.

- **즐겨찾기에 대한 탭:** 즐겨찾기에 추가한 모든 웹페이지를 탭으로 표시합니다.

- **탭 폴더 선택:** 탭으로 열려고 하는 즐겨찾기가 있는 폴더를 선택합니다.

③ **새로운 탭 열기:** Safari에서 새로운 탭을 열 때 표시할 항목을 선택합니다.

- **시작 페이지:** 즐겨찾기에 추가한 웹사이트를 바둑판 형식으로 표시합니다.

- **홈페이지:** 사용자가 '홈페이지' 항목에 설정한 웹사이트를 표시합니다.
- **빈 페이지:** 아무런 내용이 없는 빈 페이지를 표시합니다.
- **같은 페이지:** 현재 표시된 웹사이트를 새 윈도우나 탭에 표시합니다.

④ **홈페이지:** 입력한 웹사이트를 홈페이지로 지정합니다. 현재 Safari 화면에 열려 있는 웹사이트를 홈페이지로 지정하려면 [현재 페이지로 설정]을 클릭해도 됩니다.

⑤ **방문 기록 항목 제거:** 저장된 방문 기록을 자동으로 제거할 기간을 지정합니다. 1일부터 1년까지 지정할 수 있고, [수동으로]를 선택하면 방문 기록을 수동으로 제거합니다.

> **잠 깐 만 요**
> 방문 기록을 수동으로 제거하려면 Safari 도구 막대에서 [방문 기록] – [방문 기록 지우기]를 선택하면 됩니다.

⑥ **즐겨찾기 보기:** 새로운 윈도우나 탭에 표시할 즐겨찾기 폴더를 선택합니다

⑦ **파일 다운로드 위치:** Safari에서 다운로드한 파일의 저장 위치를 지정합니다. [다운로드] 폴더가 기본으로 지정돼 있고, 원하는 위치로 변경할 수도 있습니다.

- **각 다운로드에 대해 묻기:** Safari에서 파일을 다운로드할 때마다 원하는 위치를 지정할 수 있습니다.
- **기타:** 기본으로 지정된 '다운로드' 폴더 외에 다른 위치를 지정할 수 있습니다.

⑧ **다운로드 목록 항목 제거:** 다운로드 목록에 있는 항목을 제거할 기간을 지정합니다.

> **잠 깐 만 요**
> 다운로드한 파일을 제거하는 것이 아니라 다운로드한 내역을 제거하는 것입니다.

- **1일 후:** Safari에서 파일을 다운로드한 지 1일 후 다운로드 항목을 제거합니다.
- **Safari를 종료할 때:** Safari를 종료할 때 다운로드 항목을 제거합니다.
- **다운로드가 완료됐을 때:** 파일 다운로드가 완료된 후 항목을 제거합니다.
- **수동으로:** 다운로드 항목을 수동으로 제거합니다.

⑨ **다운로드 후 '안전한' 파일 열기:** 사진, 동영상이나 PDF, 텍스트처럼 안전한 파일만 열고 실행 파일은 열지 않습니다.

시작 페이지에 원하는 항목만 표시하기

Safari를 실행하거나 새 탭을 열 때마다 나타나는 시작 페이지는 자주 확인하는 정보들을 한군데에 모아 놓은 곳입니다. 기본적으로 즐겨찾기와 자주 방문한 웹사이트, 개인 정보 보호 리포트 등과 같은 정보들이 나타나는데, 자신이 원하는 정보만 모아 표시할 수 있습니다.

Safari 메뉴 막대에서 [책갈피]–[시작 페이지 보기]를 선택하면 시작 페이지가 나타납니다. 시작 페이지의 오른쪽 아래에 있는 [옵션] 버튼 ☷을 클릭하면 시작 페이지에 표시할 항목들을 선택할 수 있습니다. 기본적으로 모든 항목이 선택돼 있는데, 필요하지 않은 항목의 체크를 해제하면 시작 페이지에 나타나지 않습니다.

- **즐겨찾기:** 즐겨찾기로 추가한 웹사이트가 바둑판 형태로 표시됩니다.
- **자주 방문한 웹사이트:** 자주 방문한 웹사이트가 표시됩니다.
- **개인 정보 보호 리포트:** 사용자를 추적하는 웹사이트를 Safari에서 방어한 정보를 보여 줍니다. 클릭하면 웹사이트별로 좀 더 자세한 정보를 확인할 수 있습니다.

- **Siri 제안:** 책갈피나 메시지, Mail 앱에서 발견한 웹사이트, Siri에서 제안한 웹사이트 등을 표시합니다. Siri 제안이 없을 때 는 이 항목이 시작 페이지에 나타나지 않습니다.
- **읽기 목록:** 나중에 읽기 위해 읽기 목록에 추가한 웹사이트가 표시됩니다.
- **배경 이미지:** 시작 페이지의 배경 이미지를 지정할 수 있습니다.

시작 페이지 배경 이미지 지정하기

시작 페이지에는 옅은 회색 배경이 깔려 있지만, 사용자가 직접 배경 이미지를 넣을 수 있습니다. Mac에서 기본으로 제공하는 배경 이미지를 사용할 수도 있고, 갖고 있는 사진을 배경으로 사용 할 수도 있습니다.

시작 페이지의 오른쪽 아래에 있는 [옵션] 버튼 ⚊을 클릭한 후 '배경 이미지' 항목에 있는 '+'를 클릭합니다.

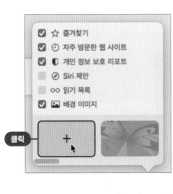

가장 먼저 Mac에서 제공하는 배경 이미지들이 나타납니다. 배경 이미지를 클릭할 때마다 해당 이미지가 적용됐을 때의 모습이 미리 나타납니다. 기본 배경 이미지 중에서 마음에 드는 이미지를 선택한 후 [선택]을 클릭하면 됩니다.

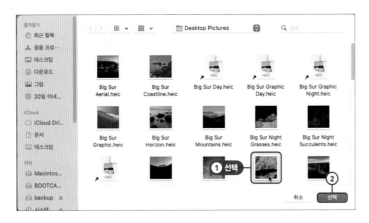

갖고 있는 이미지를 배경 이미지로 사용하려면 배경 이미지가 있는 폴더를 찾아 사용할 이미지 파일을 선택하고 [선택] 버튼을 클릭합니다.

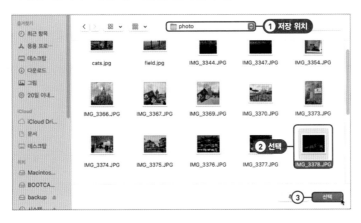

잠 깐 만 요 ───

적용할 배경 이미지 파일을 더블클릭해도 됩니다.

Safari 시작 페이지에 배경 이미지가 추가되면서 좀 더 색다른 분위기가 더해졌습니다.

배경 이미지를 바꾸고 싶다면 일단 기존 배경 이미지를 삭제한 후에 다시 배경 이미지를 지정해야 합니다. 배경 이미지를 삭제하려면 [옵션] 버튼 ☰을 클릭한 후 '배경 이미지' 항목에서 기존 배경 이미지 위에 있는 ⊗를 클릭합니다.

04 | 탭 브라우징 사용하기

Safari를 비롯한 대부분의 최신 브라우저들은 1개의 윈도우에 여러 개의 탭을 여는 '탭 브라우징' 방식을 사용합니다. 이번에는 Safari 탭 브라우징을 사용하는 방법에 대해 알아보겠습니다.

새로운 탭 추가하기

Safari 윈도우의 주소 표시줄 오른쪽 끝에 있는 [+]를 클릭하면 새로운 탭이 열리고, 시작 페이지가 표시됩니다. 주소 표시줄에 원하는 주소를 입력하거나 즐겨찾기 중 원하는 웹사이트를 클릭하면 새 탭에서 원하는 웹사이트로 이동할 수 있습니다.

탭에는 열려 있는 웹사이트의 이름이 표시되고, 탭 위에 마우스 포인터를 올려 놓으면 작은 그림으로 미리보기가 표시돼 다른 탭에 어떤 웹사이트가 열려 있는지 쉽게 확인할 수 있습니다.

탭이 여러 개 열려 있을 경우, 탭의 제목 표시줄을 클릭, 드래그해서 탭의 위치를 옮길 수 있고, 탭을 위아래로 드래그하면 새로운 Safari 윈도우로 분리할 수 있습니다. 열려 있는 탭을 닫으려면 탭의 제목 표시줄의 [×]를 클릭하면 됩니다.

잠 | 깐 | 만 | 요 ────

현재 탭을 control + 클릭한 후 [다른 탭 닫기]를 선택하면 현재 표시된 탭을 제외한 나머지 탭을 한꺼번에 닫을 수 있습니다.

탭 개요 보기

Safari 윈도우의 도구 막대에서 [탭 개요 보기] 🗗 를 클릭하면 현재 Safari 윈도우에 열려 있는 모든 탭을 바둑판 형식으로 볼 수 있습니다. 열려 있는 모든 탭이 작은 이미지로 표시되기 때문에 원하는 웹사이트를 쉽게 찾을 수 있습니다. 탭 개요 화면에서 원래 화면으로 돌아가려면 열려 있는 탭 중에서 1개를 선택하거나 [탭 개요 가리기] 🗗 를 다시 한번 클릭합니다.

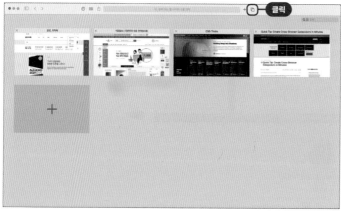

▲ 탭 개요 보기

 탭 개요를 열고 닫는 또 다른 방법

- 단축키로 탭 개요 열고 닫기: Shift + command + \
- 트랙패드로 탭 개요 열고 닫기: 트랙패드를 두 손가락으로 오므리거나 펼치기
- 탭 개요 닫기: 탭 개요 화면에서 esc

여러 개의 Safari 윈도우를 탭으로 합치기

이미 열려 있는 여러 개의 Safari 윈도우를 1개의 탭으로 합칠 수도 있습니다. 데스크탑 화면에 열려 있는 여러 개의 윈도우 중 기준이 될 윈도우를 선택한 상태에서 Safari 메뉴 막대의 [윈도우]-[모든 윈도우 통합]을 선택합니다.

선택된 Safari 윈도우를 기준으로 나머지 윈도우가 기준 윈도우에 탭으로 표시됩니다.

실수로 닫은 탭 다시 열기

탭을 실수로 닫았는데 웹사이트 주소가 생각나지 않는다면, 닫은 탭을 간단하게 다시 열 수 있습니다. Safari 윈도우에서 shift + command + T 키를 누르면 이전에 닫은 탭이 바로 Safari 윈도우에 다시 열립니다. 만약 닫은 탭이 여러 개라면 shift + command + T 키를 누를 때마다 최근에 닫은 탭의 순서대로 다시 열 수 있습니다. 닫은 탭 중 필요한 탭만 다시 열고 싶다면 Safari 메뉴 막대의 [방문 기록]-[최근에 닫은 항목]에서 선택하면 됩니다.

Safari에서는 각 웹페이지의 보기 비율을 변경할 수도 있고, 광고가 많은 웹페이지에서는 광고를 없앤 후 본문만 표시하거나 팝업을 관리할 수 있죠. 이번에는 Safari에서 웹사이트의 환경설정을 변경하는 방법에 대해 알아보겠습니다.

웹사이트 환경설정하기

웹사이트를 살펴보다가 필요할 때마다 보기 비율이나 팝업 등 원하는 설정을 변경할 수도 있지만, 이 경우에는 변경한 설정이 저장되지 않습니다. 하지만 자주 접속하는 웹사이트가 있다면 웹사이트 환경설정을 저장해 다시 접속했을 때 설정한 값으로 사용할 수 있습니다.

웹사이트 환경설정을 저장할 웹사이트로 이동한 후 Safari 메뉴 막대에서 [Safari]-[이 웹사이트 설정]을 선택하거나 주소 표시줄을 control+클릭한 후 [이 웹사이트 설정]을 선택합니다.

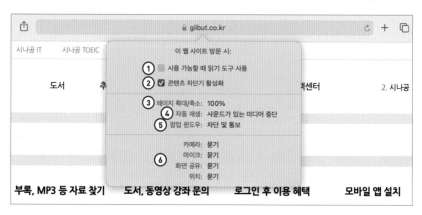

> **잠 깐 만 요**
> 각 항목을 클릭하면 세부 옵션을 선택할 수 있습니다.

① **사용 가능할 때 읽기 도구 사용**: 읽기 도구를 사용할 수 있는 웹사이트인 경우, 읽기 도구로 표시합니다.

② **콘텐츠 차단기 활성화**: 웹사이트에서 광고 및 원하지 않는 기타 콘텐츠를 차단합니다.

③ **페이지 확대/축소**: 웹페이지의 보기 비율을 지정합니다.

④ **자동 재생**: 자동으로 재생되는 미디어의 재생 방법을 선택합니다.

- **자동 재생 모두 허용**: 웹사이트에 있는 모든 비디오가 자동으로 재생될 수 있습니다.

- **사운드가 있는 미디어 중단**: 오디오가 없는 비디오만 자동으로 재생됩니다.

- **자동 재생 안 함**: 모든 비디오가 자동으로 재생되지 않습니다.

⑤ **팝업 윈도우**: 팝업 윈도우에 표시 방법을 선택합니다.

- **차단 및 통보**: 팝업 윈도우를 차단하면 주소 표시줄에 아이콘을 표시합니다.

- **차단**: 웹사이트에 팝업 윈도우를 표시하지 않습니다.

- **허용**: 웹사이트에 팝업 윈도우를 표시합니다.

⑥ **카메라, 마이크, 화면 공유, 위치:** 카메라, 마이크, 위치 서비스의 사용 여부를 선택합니다.

- **묻기:** 웹사이트에서 카메라, 마이크, 위치 서비스 기능의 사용 전 사용 여부를 물어보고 허용/거부를 선택할 수 있습니다.

- **거부:** 웹사이트에서 카메라, 마이크, 위치 서비스 기능의 사용을 모두 거부합니다.

- **허용:** 웹사이트에서 카메라, 마이크, 위치 서비스 기능의 사용을 모두 허용합니다.

웹사이트 확대해서 보기

Safari 메뉴 막대에서 [보기]−[확대]/[축소]를 선택하면 웹사이트의 전체를 확대/축소할 수 있습니다.

웹페이지 확대/축소 단축키(확대(command++)나 축소(command+−)를 사용하면 웹페이지를 더욱 편리하게 확대/축소할 수 있습니다. command++ 키를 누를 때마다 웹페이지가 한 단계씩 확대되고, command+− 키를 누를 때마다 한 단계씩 축소됩니다. 다시 기본 보기 비율로 돌아가려면 command+0 키를 누르면 됩니다.

▲ 기본 보기

▲ 확대 보기

웹페이지의 텍스트 크기만 확대/축소할 수도 있습니다. 웹페이지 전체를 확대/축소하는 단축키에 option 키를 추가해 command+option++ 키나 command+option+− 키를 누르면 웹사이트의 텍스트만 확대/축소할 수 있습니다. 웹페이지 전체를 확대/축소했을 때와 마찬가지로 다시 기본 보기 비율로 돌아가려면 command+0 키를 누르면 됩니다.

▲ 텍스트 확대

▲ 기본 보기

팝업 관리하기

Safari는 기본적으로 팝업을 차단합니다. 주소 표시줄에 [□] 아이콘이 나타나면 팝업이 차단됐다는 뜻입니다. □ 아이콘을 클릭하면 차단됐던 팝업 윈도우를 표시할 수 있습니다.

▲ 차단된 팝업 보기

읽기 도구로 본문 내용만 살펴보기

웹사이트에 광고가 너무 많다면 읽기 도구를 사용해 보세요. 읽기 도구를 사용할 수 있는 웹사이트는 주소 표시줄에 [읽기 도구] 아이콘 ▤ 아이콘이 표시됩니다. 이 아이콘을 클릭하면 웹사이트에서 제목과 본문만 추출해 읽기 좋은 형태로 표시합니다. 다시 원래 페이지로 되돌리려면 주소 표시줄의 [읽기 도구] ▤를 클릭하면 됩니다.

▲ 기본 보기　　　　　　　　　　　　　　　　　▲ [읽기 도구] 보기

주소 표시줄의 [추가] ⊕를 클릭하면 해당 웹페이지를 읽기 목록에 저장할 수 있습니다. 이렇게 저장한 웹페이지는 Safari 윈도우 사이드바의 [읽기 목록] ⟨⟨∞⟩⟩ 에서 확인할 수 있습니다.

▲ 읽기 목록에 저장하기

▲ 읽기 목록에 저장한 웹페이지 보기

잠깐만요 ⎯⎯⎯⎯⎯⎯⎯⎯⎯⎯⎯⎯⎯⎯⎯⎯⎯⎯⎯⎯⎯⎯⎯⎯⎯⎯⎯⎯⎯⎯⎯⎯⎯⎯⎯⎯⎯⎯⎯

Safari 윈도우에 사이드바를 표시하는 방법은 '02. Safari 윈도우 사용자화하기'(197쪽)를 참고하세요.

읽기 목록에 저장한 웹페이지를 control+클릭한 후 [오프라인으로 저장]을 선택하면 브라우저에 저장돼 인터넷에 연결하지 않은 상태에서도 페이지를 열어 볼 수 있습니다.

06 │ 자주 방문하는 웹사이트 관리하기

하루에도 여러 번 확인하는 웹사이트가 있다면 즐겨찾기나 책갈피로 저장해보세요. 웹사이트를 Safari 윈도우의 탭이나 Dock에 고정할 수도 있습니다. 이번에는 자주 방문하는 웹사이트를 관리하는 방법에 대해 알아보겠습니다.

즐겨찾기와 책갈피

Safari의 사이드바는 책갈피 목록과 읽기 목록으로 구성돼 있습니다. 책갈피 목록은 다시 '즐겨찾기'와 '책갈피'로 구분됩니다. 즐겨찾기와 책갈피가 비슷하다고 생각할 수 있지만, 즐겨찾기는 자주 방문하는 웹사이트 주소를 저장하는 것이고, 책갈피는 자주 방문하는 웹페이지의 주소를 저장하는 것입니다. Safari에서 책갈피는 즐겨찾기와 책갈피 항목을 함께 말하는 것입니다.

▲ 즐겨찾기와 책갈피

▲ 읽기 목록

그렇다면 책갈피와 읽기 목록은 어떻게 다를까요? 두 가지 모두 웹페이지 주소를 저장하는 것이지만, 책갈피는 자주 찾아보는 웹페이지를 기억하기 위해 계속 보관해 두는 것이고, 읽기 목록은 내용을 훑어보거나 오프라인에서 읽을 수 있도록 임시로 보관하는 것입니다. 웹페이지를 읽기 목록으로 추가하면 마치 종이 신문을 스크랩하는 것과 같이 사용할 수 있습니다.

즐겨찾기/책갈피 추가 및 삭제하기

1 즐겨찾기에 추가하려는 웹페이지가 있다면 Safari 윈도우에 있는 [공유] ⬆️를 클릭한 후 [책갈피 추가]를 선택합니다.

2 '이 페이지를 다음에 추가' 항목에는 기본적으로 '책갈피'가 선택돼 있습니다. [책갈피]를 클릭한 후 [즐겨찾기]를 선택합니다.

3 즐겨찾기 항목의 이름은 자동으로 입력되는데, 원하는 즐겨찾기 항목 이름으로 수정하거나 설명을 추가할 수 있습니다. 원하는 이름과 설명을 입력한 후 [추가]를 클릭합니다.

잠 깐 만 요

웹페이지를 책갈피로 추가하려면 '이 페이지를 다음에 추가' 항목에서 [책갈피]를 선택한 후 추가합니다.

4 즐겨찾기를 확인하는 데는 여러 가지 방법이 있습니다. Safari 도구 막대의 ⊞를 클릭해 사이드바에서 확인할 수도 있고, 주소 표시줄을 클릭해도 됩니다.

▲ 주소 표시줄에서 확인하기

▲ 사이드바에서 확인하기

▲ 새 탭을 열어 시작 페이지에서 확인하기

잠 깐 만 요

주소 표시줄 오른쪽의 ⊞를 클릭해 새 탭을 열어도 됩니다. 주소 표시줄을 클릭했을 때 즐겨찾기가 표시되지 않으면 팝업의 빈 공간을 control+클릭해 [즐겨찾기 보기]를 선택하면 됩니다.

원모어 리딩 즐겨찾기/책갈피를 추가하는 다양한 방법

즐겨찾기/책갈피에 추가할 웹페이지에서

- 주소 표시줄의 [추가] ⊕ 를 길게 클릭한 후 [읽기 목록], [즐겨찾기], [책갈피] 중에서 선택하기
- 도구 막대에서 [공유] ↥ 를 클릭한 후 [읽기 목록에 추가], [책갈피 추가] 중에서 선택하기
- 주소 표시줄의 주소나 링크 클릭해 사이드바로 드래그하기

잠 깐 만 요 ―――

추가한 즐겨찾기나 책갈피 항목을 삭제하려면 책갈피 사이드바나 즐겨찾기 막대에서 삭제할 항목을 control +클릭한 후 [삭제]를 선택하거나 삭제할 항목을 사
이드바나 즐겨찾기 막대 밖으로 드래그해도 삭제할 수 있습니다.

책갈피 편집하기

Safari에서 추가한 즐겨찾기나 책갈피 항목은 언제든지 편집할 수 있습니다. Safari 메뉴 막대에
서 [책갈피]-[책갈피 편집]을 선택하면 책갈피 윈도우가 나타납니다. 즐겨찾기 항목이나 책갈피
항목을 control +클릭하면 사용할 수 있는 여러 메뉴가 표시됩니다.

▲ 책갈피 편집하기

- **새로운 탭에서 열기:** 새로운 탭에서 즐겨찾기나 책갈피를 엽니다.

- **새로운 윈도우에서 열기:** 새로운 Safari 윈도우를 열고 즐겨찾기나 책갈피를 엽니다.

- **이름 변경:** 즐겨찾기나 책갈피의 이름을 변경합니다.

- **주소 편집:** 즐겨찾기나 책갈피의 주소를 변경합니다.

- **복사하기:** 즐겨찾기나 책갈피 주소가 복사됩니다. 그 상태로 주소 표시줄을 control +클릭한 후 [붙여 넣기 및 이동]을 선
  택하면 복사한 주소를 붙여 넣거나 이동하는 것을 한꺼번에 처리할 수 있습니다.

- **삭제:** 즐겨찾기나 책갈피를 삭제합니다.

- **새로운 폴더:** 즐겨찾기나 책갈피에 폴더를 만들 수 있습니다. 즐겨찾기나 책갈피를 폴더별로 구분해 놓으면 즐겨찾기나
  책갈피를 추가할 때 폴더를 선택할 수도 있고, 기존 즐겨찾기나 책갈피를 폴더 안으로 드래그해 옮길 수도 있습니다.

자주 가는 웹사이트를 Safari 탭에 고정하기

1 Safari 윈도우에 탭으로 고정할 웹사이트의 탭을 [control]+클릭한 후 [탭 고정]을 선택하거나 탭을 클릭해 Safari 윈도우의 왼쪽 끝으로 드래그합니다.

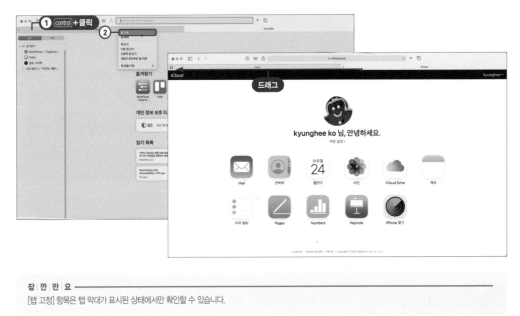

잠 | 깐 | 만 | 요
[탭 고정] 항목은 탭 막대가 표시된 상태에서만 확인할 수 있습니다.

2 탭이 Safari 윈도우에 고정되면 아이콘으로 표시됩니다. 이렇게 고정한 탭은 Safari를 종료한 후 다시 실행해도 탭 막대에 고정돼 있습니다.

잠 | 깐 | 만 | 요
고정한 탭을 제거하려면 제거할 탭을 [control]+클릭한 후 [탭 고정 해제]나 [탭 닫기]를 클릭합니다.

Dock에 자주 가는 웹사이트 추가하기

자주 가는 웹사이트를 Dock에 추가해 놓고 Safari를 실행하면 원하는 웹사이트를 바로 열 수 있습니다.

Safari 화면에서 주소 표시줄 부분을 Dock의 오른쪽 마지막 영역으로 드래그하면 Dock에 지구 아이콘 🌐 형태로 추가됩니다.

Dock에 추가된 아이콘 위에 마우스 포인터를 올려 놓으면 웹사이트의 이름을 확인할 수 있고, 아이콘을 클릭하면 기본 브라우저에서 바로 해당 웹사이트가 열립니다. Dock에 추가한 웹사이트를 제거하려면 지구 아이콘 🌐을 control +클릭한 후 [Dock에서 제거]를 선택하거나 Dock 밖으로 드래그하면 됩니다.

Safari 앱을 종료한 후 다시 확인하고 싶은 웹사이트의 주소가 기억나지 않는다면 방문 기록을 확인해 보세요. 방문했던 웹사이트를 날짜별로 확인할 수 있습니다. 개인 정보 보호를 위해 방문 기록을 삭제할 수도 있습니다.

방문 기록 확인하기

Safari 메뉴 막대에서 [방문 기록]을 선택하면 오늘 방문한 웹사이트의 이름이 표시되고, 아래에는 최근 일주일간의 방문 기록이 표시됩니다. 확인하려는 날짜 위에 마우스 포인터를 올려 놓으면 해당 날짜에 방문한 웹사이트가 표시됩니다.

> **잠 깐 만 요** ─────
> iCloud에 다른 Apple 기기와 같은 계정으로 연결돼 있고, [Safari] 항목을 공유한다면 다른 Apple 기기에서 Safari를 통해 방문한 기록도 확인할 수 있습니다.

더 오래된 방문 기록을 확인하려면 Safari 메뉴 막대에서 [방문 기록]-[모든 방문 기록 보기]를 선택합니다. 날짜별로 더 오랜 기간의 방문 기록을 확인할 수 있고, 저장된 방문 기록에서 검색할 수도 있습니다.

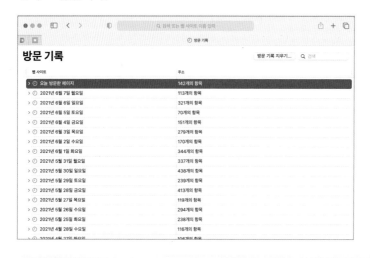

> **잠 깐 만 요** ─────
> 각각의 방문 기록을 control+클릭하면 해당 방문 기록을 복사하거나 삭제할 수 있습니다.

방문 기록 삭제하기

저장된 방문 기록은 기본적으로 1년 후에 자동으로 삭제되지만, 직접 방문 기록을 삭제할 수도 있습니다. Safari 메뉴 막대에서 [방문 기록]–[방문 기록 지우기]를 선택하거나 삭제할 방문 기록을 control+클릭해 [삭제]를 선택합니다.

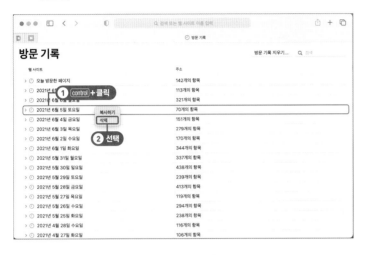

잠 깐 만 요

Safari 메뉴 막대에서 [Safari] – [방문 기록 지우기]를 선택해도 됩니다.

방문 기록을 삭제하는 순간을 기준으로 [1시간 전], [오늘], [오늘 및 어제], [모든 방문 기록] 중 원하는 기간의 방문 기록을 선택할 수 있습니다. 원하는 기간을 선택한 후 [방문 기록 지우기]를 클릭하면 선택한 기간의 방문 기록이 삭제됩니다.

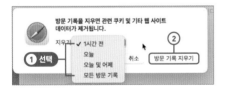

08 | 웹페이지 저장하기

웹페이지를 별도의 파일로 저장하면 인터넷에 연결되지 않은 상태에서도 웹페이지의 내용을 살펴볼 수 있고, PDF 파일로 저장해 macOS를 사용하지 않는 사용자에게 공유할 수도 있습니다.

웹페이지 저장하기

웹페이지를 파일로 저장하면 인터넷에 접속하지 않은 상태에서도 웹페이지를 살펴볼 수 있습니다. 저장할 웹페이지가 열린 상태에서 Safari 메뉴 막대의 [파일]-[별도 저장]을 선택합니다. '포맷' 항목에서 선택할 수 있는 저장 옵션은 두 가지인데, Safari 윈도우에서 보이는 그대로 저장하려면 [웹 아카이브]가 선택된 상태로 저장할 파일 이름과 태그, 위치를 지정한 후 [저장]을 클릭합니다.

잠 | 깐 | 만 | 요
웹페이지에서 광고나 메뉴, 외부 링크가 많을 경우, 주소 표시줄의 [읽기 도구]를 클릭해 읽기 상태로 바꾼 후 저장하는 것이 좋습니다.

Finder 윈도우에서 웹페이지를 저장한 위치로 이동한 후 파일을 더블클릭하면 기본 브라우저에서 웹페이지를 확인할 수 있습니다.

웹페이지를 PDF로 내보내기

웹페이지를 PDF로 저장하면 macOS뿐 아니라 Windows나 PDF 파일을 확인할 수 있는 기기에서도 확인할 수 있습니다.

저장할 웹페이지가 열린 상태에서 Safari 메뉴 막대의 [파일]-[PDF로 내보내기...]를 선택한 후 PDF로 저장할 이름과 위치, 태그를 지정하고 [저장]을 클릭합니다.

Finder 윈도우에서 웹페이지를 PDF로 저장한 위치로 이동하면 PDF 파일 형태로 저장된 웹페이지를 확인할 수 있습니다. 저장한 파일을 더블클릭하면 미리보기에서 열어 볼 수 있습니다.

▲ PDF로 저장된 웹페이지

2

Mail

Mail 앱을 사용하면 여러 개의 메일 계정을 한곳에서 관리할 수 있고, 언제든지 원하는 계정으로 전환할 수 있으며, 메일 업무를 처리할 수도 있습니다. 또한 여러 개의 메일 계정으로 온 메일을 쉽고 간편하게 분류해 정리할 수도 있습니다.

01 | 계정 추가하기

Mail 앱에 다른 계정을 추가하는 것은 간단합니다. 메일 계정을 추가하면서 메일뿐 아니라 연락처, 캘린더, 메모 등과 같은 정보도 macOS로 가져올 수 있습니다.

Mail 앱을 처음 실행한다면 바로 메일 계정을 선택할 수 있지만, 이미 Mail 앱을 사용하고 있었다면 Mail 메뉴 막대에서 [Mail]-[계정 추가]를 선택해 계정을 추가할 수 있습니다.

Google 계정 추가하기

1 계정 추가 화면에서 [Google]을 선택한 후 [계속]을 클릭합니다.

2 Google ID와 비밀번호를 차례대로 입력한 후 [다음]을 클릭합니다.

3 macOS에서 Google 계정 정보를 공유할 앱을 선택한 후 [완료]를 클릭합니다.

4 Google 계정의 추가가 완료되면 macOS의 Mail 앱에서 Google 계정의 Gmail을 확인할 수 있습니다.

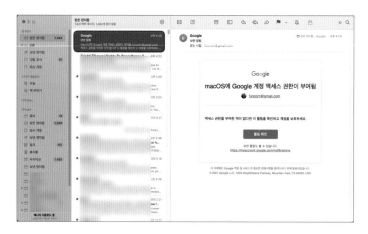

네이버/다음 메일 계정 추가하기

네이버나 다음 메일 계정을 Mail 앱에 추가하려면 우선 네이버나 다음의 메일 페이지에서 외부 메일을 확인할 수 있도록 설정해야 합니다. 여기에서는 네이버 메일을 기준으로 설명하지만, 다음 메일의 설정을 변경하는 것도 크게 다르지 않습니다.

1 네이버에 로그인한 후 네이버 메일 페이지의 아래에 있는 [환경설정]을 클릭합니다.

2 환경설정 메뉴 중에서 [POP3/IMAP 설정]을 선택한 후 [IMAP/SMTP 설정] 탭에서 [IMAP/SMTP 사용]을 '사용함'으로 선택하고 [확인]을 클릭합니다. 이제 macOS의 Mail 앱에서 네이버 메일을 확인할 수 있는 준비가 끝났습니다.

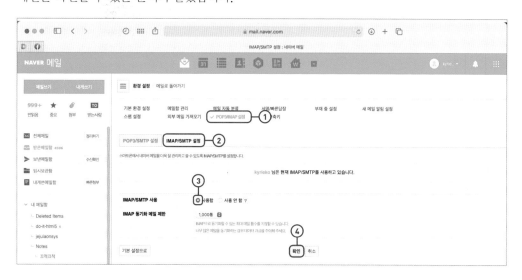

3 macOS의 Mail 메뉴 막대에서 [Mail]-[계정 추가]를 선택한 후 메일 계정 추가 화면에서 '다른 Mail 계정'을 클릭하고 [계속]을 클릭합니다.

4 macOS의 Mail 앱에서 사용할 사용자 이름, 네이버 ID, 비밀번호를 입력한 후 [로그인]을 클릭합니다.

5 네이버 계정에서 공유할 정보를 선택한 후 [완료]를 클릭합니다.

6 네이버 계정이 추가되면 macOS의 Mail 앱에서 네이버 메일을 확인할 수 있습니다.

 IMAP, POP, SMTP는 무엇인가요?

네이버 메일 같은 웹 메일 서비스에서는 macOS의 Mail 앱이나 MS Outlook과 같은 외부 메일 앱에서도 메일을 읽을 수 있도록 허용하고 있습니다. Mail 메일 앱에서 네이버 메일을 가져올 때 IMAP이나 POP 중에서 선택해야 합니다.

메일을 IMAP 방식으로 가져오면 Mail 앱에서 메일을 읽어와도 네이버 메일 서버에 메일이 그대로 남아 있지만, POP 방식으로 가져오면 네이버 메일 서버에서 메일이 사라집니다. 따라서 IMAP 방식으로 메일을 읽으면 서로 다른 기기에서도 같은 메일을 읽을 수 있지만, POP 방식으로 메일을 읽으면 다른 기기에서 같은 메일을 읽을 수 없습니다.

요즘에는 macOS나 Windows 컴퓨터뿐 아니라 스마트폰, 태블릿 등 여러 장치에서 메일을 읽기 때문에 IMAP 방식을 많이 사용합니다.

02 | 메일 계정 수정 및 제거하기

Mail 앱에 추가한 계정의 암호가 변경됐거나 계정 정보를 공유해 사용할 앱의 정보를 수정할 수도 있죠. 만약 더 이상 사용하지 않을 계정이라면 Mail에서 삭제할 수도 있습니다. Mail 앱에서 계정을 제거하더라도 메일 서버에는 메일이 그대로 남아 있으니 안심하세요.

1 Mail 메뉴 막대에서 [Mail]−[계정]을 선택합니다. 현재 Mail 앱에 추가돼 있는 메일 계정이 인터넷 계정 윈도우 왼쪽에 표시됩니다. 계정 목록에서 수정할 계정을 선택하면 계정 정보와 계정 정보를 공유하는 앱이 표시되고, 이름이나 암호를 수정하거나 사용할 서비스를 선택/해제할 수 있습니다.

2 메일 계정을 삭제하려면 계정 목록에서 메일 계정을 선택한 후 목록 아래에 있는 − 를 클릭합니다.

3 [계정 끄기]를 선택하면 현재 Mac에서만 메일 계정을 삭제하고, [모두 제거]를 클릭하면
iCloud 키체인을 사용하는 모든 기기에서 삭제합니다.

03 | Mail 윈도우 살펴보기

Mail 앱의 화면이 어떻게 구성돼 있는지 살펴보고, 좀 더 편리하게 메일을 확인할 수 있는 방법까지 알아보겠습니다.

① **제목 표시줄:** 선택한 메일상자와 메일의 개수를 표시합니다.

② **도구 막대:** Mail 도구를 표시합니다. Mail 메뉴 막대에서 [보기]-[도구 막대 보기] 선택하면 표시할 수 있습니다. 도구 막대를 사용자화하는 방법은 '04. Mail 앱의 도구 막대 사용자화하기'(233쪽)를 참고하세요.

③ **검색:** 메일 내용이나 받는 사람, 또는 보낸 사람에 따라 메일 메시지를 검색할 수 있습니다. 검색을 활용한 스마트 메일함 사용법에 대한 설명은 '09. 메일을 자동으로 분류하는 다양한 방법'(247쪽)을 참고하세요.

④ **즐겨찾기 막대:** 자주 사용하는 메일상자를 표시합니다. Mail 메뉴 막대에서 [보기]-[즐겨찾기 막대 보기]를 선택하면 표시할 수 있습니다.

⑤ **탭 막대:** [보기]-[탭 막대 보기]를 선택하면 제목 표시줄과 같은 내용이 표시됩니다. Mail 앱을 전체 화면으로 표시하면 제목 표시줄이 사라지기 때문에 탭 막대를 통해 현재 보고 있는 메일상자와 메일 개수를 확인할 수 있습니다.

⑥ **메일상자 목록:** 메일상자 목록을 표시합니다. Mail 메뉴 막대에서 [보기]-[메일상자 목록 보기]를 선택하면 표시할 수 있습니다.

⑦ **메시지 목록:** 선택한 메일상자에 있는 메일 메시지 목록을 표시합니다. 메시지 목록에 대한 설명은 230쪽을 참고하세요.

⑧ **내용:** 메일 메시지 목록에서 선택한 메일의 내용을 표시합니다. 메일 내용을 대화로 구성하는 방법은 231쪽을 참고하세요.

메일상자 목록

macOS의 Mail 앱에서는 다른 외부 메일 앱이나 웹 메일 서비스의 '편지함', '메일함'을 '메일상자'라고 합니다. 메일상자 목록은 Mail 메뉴 막대에서 [보기]-[메일상자 목록 보기/가리기]를 선택하거나 즐겨찾기 막대의 █ 메일상자 를 클릭해 표시하거나 가릴 수 있습니다.

▲ 메일상자 목록을 표시했을 때

▲ 메일상자 목록을 감췄을 때

잠 깐 만 요 ─────────────────
Mail 윈도우에 즐겨찾기 막대를 표시하려면 [보기]-[즐겨찾기 막대 보기]를 선택하면 됩니다.

2개 이상의 메일 계정을 추가했다면 모든 계정의 메일 메시지가 메시지 목록에 표시되는데, 원하는 계정의 메일 메시지만 보고 싶다면 메일상자 목록의 맨 위에 있는 '즐겨찾기'의 '모든 받은 편지함'에서 원하는 계정을 선택합니다. 즐겨찾기 막대에 있는 '모든 받은 편지함'에서 원하는 계정을 선택해도 됩니다.

▲ 메일 계정 선택해서 보기

메일 메시지 목록

메일 메시지 목록은 기본적으로 날짜를 기준으로 정렬되므로 가장 최근에 도착한 메일부터 표시됩니다. 메일 메시지 목록에는 메일 제목과 함께 다양한 정보가 표시됩니다. 그래서 메일을 열어 보지 않고 메일 메시지 목록에 표시되는 정보만 훑어봐도 누가, 언제 보낸 메일인지, 첨부 파일이 있는지를 확인할 수 있습니다.

잠 깐 만 요

날짜가 아니라 다른 기준으로 정렬하고 싶다면 Mail 앱의 메뉴 막대에서 [보기] – [다음으로 정렬]에서 원하는 정렬 기준을 선택하면 됩니다.

메일 메시지 목록의 파란색 원은 읽지 않은 메일에만 표시됩니다. 메일을 읽으면 파란색 원이 사라지죠. 메일 메시지 목록 위의 [필터] ⊜를 클릭하면 읽지 않은 메일만 표시할 수도 있습니다. 첨부 파일이 있는 메일은 메일 메시지 목록에 클립 아이콘 ⫽ 이 함께 표시됩니다.

메일 메시지를 대화로 구성하기

Mail 앱에서는 하나의 메일 메시지에 여러 개의 답장을 주고받았을 경우, 메일 메시지와 답장을 개별적으로 나열하지 않고 대화 형태로 구성해 그룹화합니다. 대화로 구성된 메시지는 25 ⊘ 와 같이 메시지 목록에서 메일 제목 옆에 그룹화된 메시지 개수가 함께 표시됩니다.

▲ 대화로 구성된 메일 메시지

대화로 구성된 메시지의 25 ⓥ를 클릭하면 그룹으로 묶인 메시지가 펼쳐지고 그동안 주고받은 메시지를 확인할 수 있습니다. 다시 25 ⓥ를 클릭하면 메일 메시지를 대화로 묶을 수 있습니다.

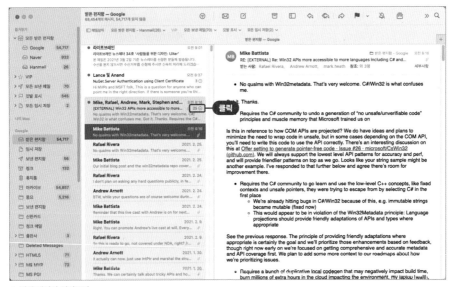

▲ 메일 메시지 펼쳐보기

잠 깐 만 요 ───

Mail 메뉴 막대에서 [보기] – [대화로 구성]을 선택해 체크를 해제하면 메시지를 대화가 아닌 개별 메시지로 표시합니다.

04 │ Mail 앱의 도구 막대 사용자화하기

Mail 앱의 도구 막대에는 표시된 도구 외에도 자주 사용하는 도구를 추가하거나 필요 없는 도구를 없앨 수 있습니다. 이번에는 도구 막대를 사용자화하는 방법과 Mail 앱의 도구에 대해 알아보겠습니다.

Mail 앱의 도구 막대를 control+클릭한 후 [도구 막대 사용자화]를 선택하면 도구 막대에서 필요 없는 도구를 제거하거나 추가할 수 있죠. 원하는 도구를 모두 추가/제거한 후 [완료]를 클릭하면 Mail 앱의 도구 막대를 사용자화할 수 있습니다.

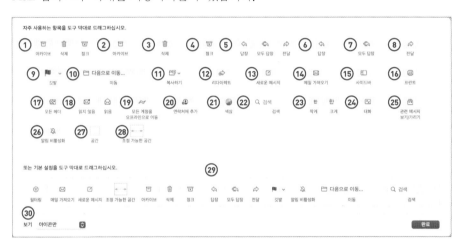

① **아카이브/삭제/정크** 🗑 🗑 🗑 : 아카이브 도구와 삭제, 정크 도구를 1개의 도구로 추가합니다.

② **아카이브** 🗑 : 선택한 메일을 보관합니다. 보관한 메일은 전체 보관함에서 확인할 수 있습니다.

③ **삭제** 🗑 : 선택한 메일을 삭제합니다.

④ **정크** 🗑 : 선택한 메일을 정크로 지정합니다. 정크로 지정한 메일은 정크 메일함에서 확인할 수 있습니다.

⑤ **답장/모두 답장/전달** ↩ ↩ ↪ : 답장 도구, 모두 답장 도구, 전달 도구를 하나의 도구로 추가합니다.

⑥ **답장** ↩ : 선택한 메일에 답장을 보냅니다.

⑦ **모두 답장** ↩ : 선택한 메일에 참조한 사람이 있을 경우 참조한 사람도 포함해 답장을 보냅니다.

⑧ **전달** ↪ : 선택한 메일을 전달합니다.

⑨ **깃발** ⚑ ˅ : 선택한 메일에 깃발을 표시합니다.

⑩ **이동** 🗁 다음으로 이동... : 선택한 메일을 지정한 메일함으로 이동시킵니다.

⑪ **복사하기** 🖹˅ : 선택한 메일을 지정한 메일함으로 복사합니다.

⑫ **리다이렉트** ⇗ : 선택한 메일을 다른 사람에게 전달합니다. 메일을 전달받은 사람이 답장을 하면 메일을 전달한 사람에게 보내지지만, 리다이렉트한 메일에 답장을 하면 전달한 메일의 작성자에게 보내집니다.

⑬ **새로운 메시지** ✑ : 새로운 메일 메시지를 작성합니다.

⑭ **메일 가져오기** ✉ : 메일 서버에서 새로운 메일을 가져옵니다.

⑮ **사이드바** ▭ : Mail 윈도우에 사이드바를 표시하거나 감춥니다.

⑯ **프린트** ⊟ : 선택한 메일을 인쇄합니다.

⑰ **모든 헤더** ▨ : 선택한 메일의 헤더를 표시합니다. 메일 헤더에는 메일을 주고받는 사람의 정보와 전달 경로 등이 암호화돼 있습니다.

⑱ **읽지 않음/읽음** ▨   ▨ : 선택한 메일을 '읽음'이나 '읽지 않음'으로 표시합니다.

⑲ **모든 계정을 오프라인으로 이동** ∿ : Mail 앱에 추가한 모든 계정을 오프라인 상태로 바꿉니다. 이 경우 메일을 받거나 보낼 수 없지만 새 메일을 작성할 수 있고, 메일 계정이 온라인으로 바뀌면 전송됩니다.

⑳ **연락처에 추가** ◉ : 선택한 메일의 보낸 사람을 연락처에 추가합니다.

㉑ **색상** ◕ : Mail 윈도우에 색상 윈도우를 표시합니다. 색상 윈도우에서 원하는 색을 선택하면 메일 메시지 목록에 선택한 색이 표시됩니다.

㉒ **검색** ⚲ 검색 : 보낸 사람이나 제목, 내용으로 메일을 검색합니다.

㉓ **작게/크게** 한   한 : 선택한 메일의 글자 크기를 한 단계씩 작게 또는 크게 표시합니다.

㉔ **대화** ▣ : 메일 메시지를 대화 형식으로 표시합니다.

㉕ **관련 메시지 보기/가리기** ▥ : 선택한 메일과 관련해 주고받은 메일을 한꺼번에 표시하거나 가립니다.

㉖ **알림 비활성화** ▨ : 새로운 메일 수신 알림 소리를 켜거나 끕니다.

㉗ **공간** ▭ : 도구 막대에 빈 공간을 추가합니다.

㉘ **조정 가능한 공간** ┄ : 도구 막대에 빈 공간을 추가하는데 자동으로 크기가 조절됩니다.

㉙ **기본 설정:** 이 도구를 도구 막대로 드래그하면 사용자가 추가했던 도구를 취소하고, 기본적인 도구들을 표시합니다.

㉚ **보기:** 도구 막대에 도구를 표시할 때 [아이콘 및 텍스트], [아이콘만], [텍스트만] 중에서 선택할 수 있습니다. 도구 막대에는 기본적으로 도구 아이콘만 표시됩니다.

05 | 메일 메시지 작성하기

Mail 앱에 메일 계정을 추가했다면 추가한 메일 계정의 메일을 확인하는 것뿐 아니라 추가한 계정으로 새로운 메일을 보낼 수도 있습니다. 새로운 메일을 작성하는 방법과 함께 메일 메시지를 꾸미거나 사진이나 파일을 첨부하는 방법도 알아보겠습니다.

새로운 메일 보내기

Mail 윈도우의 도구 막대에서 [새로운 메시지] ☑ 를 클릭하거나 Mail 메뉴 막대에서 [파일]-[새로운 메시지]를 선택하면 새로운 메일 메시지를 작성할 수 있습니다.

새로운 메시지 윈도우에서 '받는 사람'과 '제목', 내용을 입력하고 ◁ 를 클릭하면 메시지가 발송됩니다. '보낸 사람'에는 지금 선택된 계정이 자동으로 입력돼 있는데, 메일 계정이 여러 개일 경우, '보낸 사람'에 있는 메일 계정을 클릭해 다른 메일 계정을 선택할 수 있습니다.

잠깐만요

연락처 앱에 메일을 받는 사람의 연락처와 메일 주소가 등록돼 있다면, 이름만 입력해도 메일 주소가 자동으로 입력됩니다.

메시지 내용 꾸미기

메일 메시지를 입력하면서 텍스트를 꾸밀 수도 있습니다. 새로운 메시지 윈도우의 도구 막대에서 Aa를 선택하면 새로운 텍스트 포맷 막대가 표시돼 글자색, 크기, 스타일 등을 조절할 수 있습니다.

도구 막대에서 😊를 클릭하면 문자 뷰어 윈도우가 표시돼 다양한 이모티콘을 삽입할 수 있습니다.

▲ 이모티콘 삽입하기

잠 | 깐 | 만 | 요
문자 뷰어 윈도우의 🔳을 클릭하면 이모티콘을 항목별로 구분해 확인할 수 있습니다.

받는 사람 및 참조 추가하기

받는 사람이나 참조할 사람을 추가하려면 각각의 메일 주소를 쉼표(,)로 구분하거나 '받는 사람'
이나 '참조' 항목 위에 마우스 포인터를 올려 놓았을 때 오른쪽 끝에 나타나는 ⊕를 클릭한 후 새
로운 메일 주소를 입력하면 됩니다. 숨은 참조 필드를 추가하려면 새로운 메시지 윈도우의 도구
막대에서 [헤더 필드] ☰ˇ −[숨은 참조 주소 필드]를 선택하면 됩니다.

06 | 메일 메시지에 파일과 서명 추가하기

간단한 메일이라면 받는 사람과 메일 내용만 입력하고 [보내기]를 클릭하면 되지만, 레포트나 업무용 메일이라면 이미지나 첨부 파일을 함께 보내야 합니다. 메일에 파일이나 자신만의 서명을 추가하는 방법에 대해 알아보겠습니다.

이미지 삽입하기

메일 메시지 도구 막대에서 📷 ∨를 클릭한 후 [사진]을 선택하면 사진 갤러리에 저장된 사진이 나타납니다. 원하는 사진을 메일 메시지 윈도우로 드래그하면 메일 메시지에 이미지를 삽입할 수 있습니다. 연결된 iPhone이나 iPad에서 직접 사진을 찍어 첨부할 수도 있습니다.

 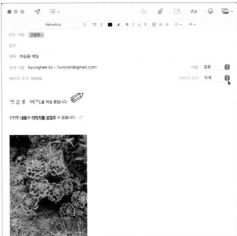

잠 깐 만 요
'이미지 크기' 항목을 클릭하면 삽입한 이미지의 크기를 '작게', '중간', '크게', '실제 크기' 중에서 선택할 수 있습니다.

파일 삽입하기

이미지는 메일 메시지 윈도우에 직접 보이지만, PDF 파일이나 압축 파일 등은 첨부 파일 형태로 삽입됩니다. 이런 파일을 첨부할 때는 도구 막대에 있는 📎 를 클릭한 후 첨부한 파일을 선택하고 [파일 선택]을 클릭합니다.

선택한 파일이 제대로 첨부됐다면 메일 메시지의 가장 아래쪽에 파일 이름과 파일 크기가 함께
표시됩니다.

메일 메시지에 서명 추가하기

서명을 사용하면 메일을 보낼 때 메일의 끝에 개인 연락처를 넣거나 좋아하는 문구를 넣을 수 있
습니다. 메일 계정마다 다른 서명을 만들 수도 있고, 모든 계정에 똑같은 서명을 사용할 수도 있
습니다.

Mail 메뉴 막대에서 [Mail]−[환경설정]을 선택한 후 Mail 환경설정 윈도우에서 [서명] 탭을 클릭합니다.

① 서명을 사용할 메일 계정을 선택합니다. 모든 계정에 똑같은 서명을 사용한다면 '모든 서명'을 선택합니다.

② 서명을 추가하기 위해 [+]를 클릭합니다.

③ 구별할 수 있는 서명 이름을 입력합니다.

④ 서명으로 사용할 내용을 입력합니다.

⑤ 이 항목에 체크하면 답장이나 전달할 때 인용 내용 위에 서명이 표시됩니다.

서명을 추가한 메일 계정으로 새 메시지를 작성하면 메시지의 아래쪽에 서명이 자동으로 추가됩니다.

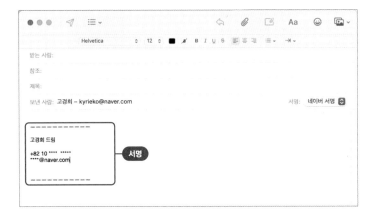

잠 깐 만 요 —————————————————————————————————————
서명 내용이 작성된 서명 이름을 클릭해 왼쪽의 계정으로 드래그하면 서명을 복사할 수 있습니다.

Mail 앱에서 메일을 확인하는 것은 간단합니다. 첨부 파일이 있는 메시지의 경우, 첨부 파일을 다운로드해 확인하거나 다운로드하지 않고 내용을 확인할 수도 있습니다. 답장을 보내거나 다른 사람에게 전달할 수도 있습니다.

첨부 파일이 있는 메일 읽기

Mail 윈도우의 메일 메시지 목록에서 메시지를 클릭하면 Mail 윈도우 오른쪽에 내용이 표시되기 때문에 메일을 읽는 것은 간단합니다. 메일 메시지 목록의 메시지 제목 옆에 클립 아이콘 ∥ 이 표시돼 있다면 첨부 파일이 있다는 뜻이죠. 첨부 파일은 메일 메시지 내용의 가장 아래쪽에서 확인할 수 있습니다.

첨부 파일을 다운로드하려면 메일 메시지의 제목 부분에 마우스 포인터를 올려 놓았을 때 표시되는 도구 아이콘 중에서 ∥2∨ 을 클릭합니다.

만약 첨부된 여러 개의 첨부 파일 중 하나만 다운로드하려면 다운로드할 첨부 파일 이름을 선택하고, 첨부 파일 모두를 다운로드하려면 [모두 저장]을 선택하면 됩니다. 이렇게 다운로드한 첨부 파일은 Finder의 '다운로드' 폴더에 저장됩니다.

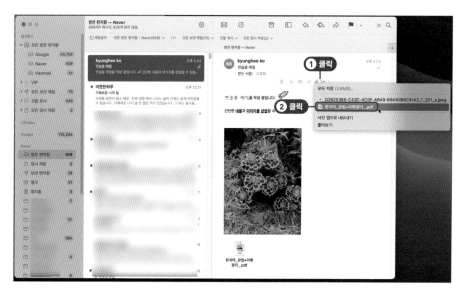

첨부 파일을 다운로드하지 않고 확인하려면 메일 메시지 내용 아래의 첨부 파일을 클릭한 후 `spacebar` 키를 누르거나 첨부 파일 아이콘을 `control`+클릭한 후 [첨부 파일 훑어보기]를 선택하면 훑어보기 윈도우에서 내용을 볼 수 있습니다. 또한 첨부 파일을 더블클릭하면 첨부 파일을 다운로드하지 않고도 연결된 앱을 실행해 확인할 수도 있습니다.

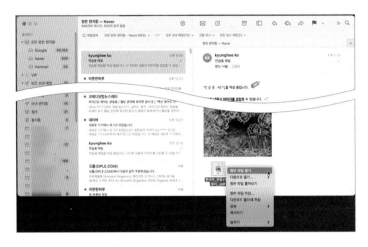

답장 및 전달하기

Mail 앱에서 지금 보고 있는 메일 메시지에 답장하려면 도구 막대에서 ↩ 을 클릭하고, 메시지를 전달하려면 ↪ 을 클릭합니다. 만약 참조가 포함된 메시지로 메일을 보낸 사람과 참조로 포함된 모두에게 답장하려면 도구 막대에서 [모두 답장]을 클릭하면 됩니다.

▲ 답장

▲ 전달

잠 깐 만 요
답장의 경우에는 원래 메시지 제목 앞에 Reply의 줄임말인 'Re:', 전달일 경우에는 Forward의 줄임말인 'Fwd:'가 자동으로 붙습니다.

만일 Mail 윈도우에 도구 막대가 표시되지 않은 상태라면 메일 제목 부분에 마우스 포인터를 올려 놓았을 때 답장이나 전달을 하기 위한 도구 아이콘이 표시됩니다.

 메일 가져오는 시간 조절하기

Mail 앱에서는 일정 시간마다 메일 서버에서 새로운 메일 메시지를 가져오는데, 새로운 메일 메시지를 바로 가져오려면 도구 막대에 있는 ✉ 를 클릭합니다.

메일을 가져오는 시간을 조절할 수도 있습니다. Mail 메뉴 막대에서 [Mail] – [환경설정]을 선택한 후 [일반] 탭의 '새로운 메시지 확인' 항목에서 원하는 시간을 선택합니다. 기본값은 '자동'으로 돼 있는데, [수동]을 선택하면 도구 막대에 있는 ✉ 를 클릭해야 새 메시지를 가져옵니다.

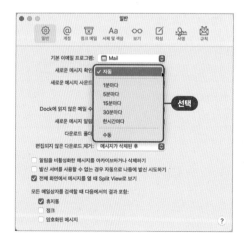

08 | 메일을 수동으로 분류하는 다양한 방법

메일 중에는 중요한 메일이나 중요하지 않은 메일, 모아 뒀다가 다음에 봐도 되는 메일 등 여러 종류의 메일이 뒤섞여 있죠. Mail 앱에는 수많은 메일을 분류하는 여러 기능이 있습니다.

중요한 메일에 깃발 표시하기

1 메일 메시지 목록에서 메일 제목만 훑어보다가 중요하다고 생각하는 메일에는 깃발을 표시할 수 있습니다. 메일 메시지가 표시된 상태에서 도구 막대의 🏴 을 클릭하면 보낸 사람 옆에 깃발이 표시됩니다.

> **잠깐만요**
> 🏴 오른쪽의 [v]를 클릭하면 깃발의 색상을 바꿀 수 있습니다. 중요도에 따라 깃발 색상을 다르게 할 수도 있겠죠?

2 메일상자 목록의 [깃발 표시] 항목을 선택하면 깃발을 표시해 둔 메시지의 수가 표시되고, 깃발을 표시한 메일만 모아 살펴볼 수도 있습니다.

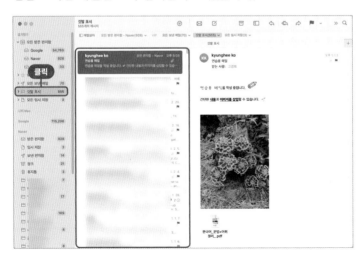

VIP에 추가하기

메일을 보내온 여러 사람 중 가족이나 친한 친구, 중요한 업무 관련자와 같이 따로 관리하고 싶은 사람이 있다면 VIP로 추가할 수 있습니다.

1 메일 메시지 목록에서 VIP로 추가할 사람의 메일을 선택한 후 내용의 제목과 함께 표시되는 보낸 사람의 이름 위에 마우스 포인터를 올려 놓으면 이름의 오른쪽에 [∨]가 표시됩니다. [∨]를 클릭한 후 [VIP에 추가]를 선택합니다.

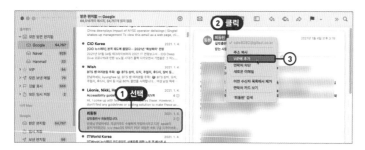

2 VIP로 추가한 사람이 보낸 메일은 메시지 목록이나 메일 내용의 왼쪽에 ★이 표시돼 쉽게 구별됩니다.

3 VIP로 지정한 사람이 보낸 메일만 모아 살펴볼 수도 있습니다. 메일상자 목록 중 [VIP] 항목 왼쪽의 ▶를 클릭하면 VIP가 나열되는데, 이 중에 원하는 VIP를 선택하면 메일 메시지를 확인할 수 있습니다.

잠 깐 만 요

VIP 지정을 취소하려면 [VIP] 메일상자에서 취소할 VIP를 control+클릭한 후 [VIP에서 제거]를 선택하면 됩니다.

메일상자로 분류하기

Mail 앱에는 '받은 편지함'이나 '보낸 편지함'과 같은 기본 메일상자가 있습니다. 이외에 필요할 때마다 새로운 메일상자를 만들어 원하는 메일 메시지만 분류할 수 있습니다.

1 Mail 메뉴 막대에서 [메일상자]-[새로운 메일상자...]를 선택합니다. 메일상자의 '위치'를 펼쳐 저장할 위치를 선택한 후 원하는 메일상자의 이름을 입력하고 [확인]을 클릭하면 새로운 메일상자가 만들어집니다.

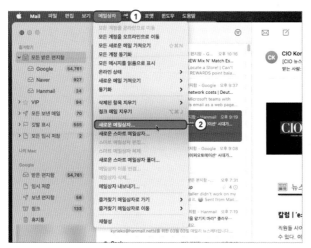

잠깐만요

특정 메일 계정을 새로운 메일상자에 추가하고 싶다면 위치 항목의 화살표를 클릭한 후 원하는 계정이나 계정에 포함된 메일상자를 선택하면 됩니다.

2 메일상자 목록의 [나의 Mac] 항목 아래에 새로 만든 메일상자가 표시됩니다. 메일 메시지 중에서 새로운 메일상자로 옮기고 싶은 메시지를 메시지 목록에서 새로운 메일상자로 드래그해 보관합니다. 이제부터 새 메일상자를 클릭하면 모아 놓은 메일 메시지를 확인할 수 있습니다.

메일상자 삭제하기

메일상자를 삭제하는 방법은 간단하지만, 메일상자를 삭제하면 메일상자에 있던 메일 메시지도 함께 삭제되므로 메일상자에 보관된 메일 메시지를 삭제해도 되는지 반드시 확인하세요. 메일상자를 삭제하려면 메일상자 사이드바의 목록에서 삭제할 메일상자를 [control]+클릭한 후 [메일상자 삭제]를 선택합니다.

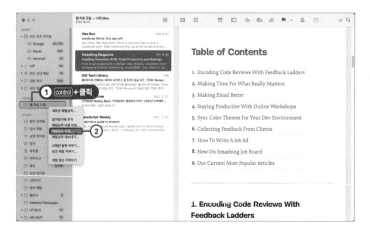

09 | 메일을 자동으로 분류하는 다양한 방법

메일 메시지를 확인하면서 필요할 때마다 수동으로 깃발을 표시하거나 VIP로 분류할 수도 있지만, 원하는 규칙에 맞는 메일 메시지를 자동으로 분류할 수도 있습니다. 메일의 제목이나 보낸 사람 등에 따라 메일을 구분할 수 있다면 필요한 메일만 골라 살펴보기 쉽겠지요?

규칙을 만들어 자동으로 메일 분류하기

Mail 앱에서는 원하는 규칙을 만들어 자동으로 메일 메시지를 분류할 수 있습니다. 메일 제목에 특정한 내용이 있는 메일들끼리 분류하거나 메일을 보낸 사람별로 분류하려고 할 때 규칙을 만들어 두면 편리합니다.

제목에 '(광고)'가 포함돼 있을 경우, 메일 메시지를 '읽은 메일로 표시' 처리하고, 메일상자의 '휴지통'으로 옮기는 규칙을 만들어 보겠습니다.

1 Mail 메뉴 막대에서 [Mail]−[환경설정]을 선택한 후 Mail 환경설정 윈도우에서 [규칙] 탭을 클릭합니다. 기본적으로 'Apple 뉴스'라는 규칙이 만들어져 있습니다. [규칙 추가]를 클릭합니다.

2 [규칙 추가]를 클릭하면 원하는 규칙을 여러 가지 조건으로 추가할 수 있습니다. 각 설명과 조건, 동작에 다음과 같이 입력한 후 [확인]을 클릭합니다. 조건이나 동작을 추가하려면 + , 둘 이상의 조건이나 동작 중 하나를 삭제하려면 − 를 클릭합니다.

① 추가한 규칙에 대한 설명을 입력합니다. '설명' 항목에 입력한 내용이 규칙의 이름이 됩니다.

② 둘 이상의 조건으로 규칙을 지정한 경우, [일부]를 선택하면 조건 중 하나라도 만족하면 규칙을 적용하고, [전부]를 선택하면 모든 조건을 만족해야 규칙을 적용합니다.

③ 규칙으로 지정할 조건을 선택합니다.

④ 조건을 만족했을 때 실행할 동작을 지정합니다.

> **잠 깐 만 요**
> 한 가지 조건으로 규칙을 지정할 경우, [일부]나 [전부] 중 어떤 것을 선택해도 규칙을 적용합니다.

3 규칙을 모두 작성한 후 [적용]을 클릭하세요. 이제부터 메일의 제목에 '(광고)'가 포함된 메일이 도착하면 자동으로 메일상자의 '휴지통'으로 이동됩니다.

4 Mail 앱에서 '휴지통' 폴더를 열어 보면 메일 제목에 '(광고)' 텍스트가 포함된 메일들이 모두 휴지통으로 옮겨진 것을 확인할 수 있습니다.

> **잠 깐 만 요**
> 이미 받은 편지함에 있는 모든 메일에 규칙을 적용하려면, 규칙을 적용할 메일상자 사이드바에서 [받은 편지함]을 선택한 후 command+A 키를 눌러 모든 메일 메시지를 선택한 상태에서 control+클릭하고 [규칙 적용]을 선택하면 모든 메일 메시지에 규칙이 적용됩니다.

스마트 메일상자로 메일 분류하기

메일상자 목록에서 스마트 메일상자 위에 마우스 포인터를 올려 놓으면 오른쪽에 표시되는 [보기]를 클릭해 보세요. '오늘'이라는 기본 스마트 메일상자가 표시됩니다. '오늘' 스마트 메일상자에서는 날짜가 바뀔 때마다 해당 날짜에 도착한 메일만 모아 보여 줍니다.

스마트 메일상자는 Finder의 스마트 폴더와 같이 조건에 맞는 메일만 모아 볼 수 있는 메일상자입니다. 스마트 메일상자를 삭제해도 기존 위치에 있던 메일 메시지는 삭제되지 않습니다. 여기에서는 출판사 담당자에게 온 메일 중 첨부 파일이 있는 메일만 모아 볼 수 있는 '맥 무따기'라는 이름의 스마트 메일상자를 만들어 보겠습니다.

1 Mail 메뉴 막대에서 [메일상자]-[새로운 스마트 메일상자]를 선택하거나 메일상자 사이드바의 '스마트 메일상자'의 오른쪽에 있는 + 를 클릭합니다.

2 스마트 메일상자의 이름과 함께 적용할 규칙을 지정합니다. 여기에서는 담당자의 메일 주소를 기준으로 메일을 분류한 후 그중에서 첨부 파일이 있는 메일만 골라 '맥 무따기'라는 스마트 메일상자로 만들었습니다. 규칙을 완성했으면 [확인]을 클릭합니다.

3 '맥 무따기' 스마트 메일상자에서는 **2**의 과정에 지정한 조건에 해당하는 메일만 확인할 수 있습니다.

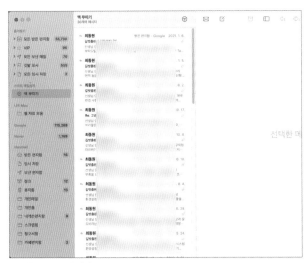

▲ 규칙으로 분류된 메일

잠 깐 만 요
스마트 메일상자의 규칙을 수정하려면 사이드바에서 스마트 메일상자 이름을 control+클릭한 후 [스마트 메일상자 편집]을 선택하면 됩니다.

연락처

연락처의 공유 기능을 사용하면 같은 Apple 계정을 사용하는 여러 Apple 기기에서 같은 연락처 정보를 사용할 수 있습니다. 이번에는 Apple 기기 사이에 연락처를 공유하는 방법과 macOS의 연락처 앱에서 연락처를 추가/삭제하는 방법을 알아보겠습니다.

01 | 연락처 앱 실행하고 살펴보기

같은 iCloud 계정으로 연결된 Apple 기기가 있다면 연락처 앱에 저장된 정보를 공유할 수 있습니다. 연락처 앱의 기본적인 사용 방법과 iCloud나 Google 계정에서 연락처를 가져와 공유하는 방법에 대해 알아보겠습니다.

iCloud 연락처 공유하기

Dock이나 Launchpad에서 [시스템 환경설정] ●을 클릭한 후 [인터넷 계정]을 선택합니다. iCloud에 저장된 연락처를 공유하기 위해 계정 목록에서 [iCloud]를 선택한 후 iCloud 공유 항목 중 '연락처'에 체크합니다. Mail 앱에 Google 계정을 추가했다면 연락처를 공유하기 위해 계정 정보를 다시 입력하지 않아도 Google 계정의 연락처를 가져올 수 있습니다. Google 계정의 연락처를 공유하려면 계정 목록에서 [Google]을 선택한 후 공유 항목 중 '연락처'에 체크합니다.

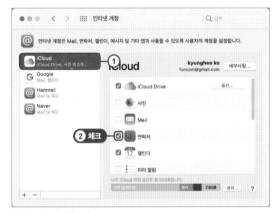

▲ iCloud 연락처를 공유

▲ Google 연락처를 공유

잠 깐 만 요

아직 Google 계정을 추가하지 않았다면 계정 목록의 아래에 있는 **+** 를 클릭해 Google 계정을 먼저 추가해야 Google 연락처를 공유할 수 있습니다.

연락처 윈도우 살펴보기

Spotlight에서 '연락처'를 검색해 실행하거나 Dock 또는 Launchpad에서 [연락처] 🖼️를 클릭해 연락처 앱을 실행합니다. 먼저 연락처 윈도우를 살펴볼까요?

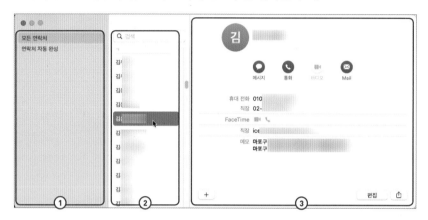

① 그룹 목록: 연락처를 그룹별로 묶어 표시합니다. iCloud나 Google 계정과 공유한 연락처가 있다면 계정별로 구분돼 표시됩니다. 저장된 연락처를 그룹으로 묶어 관리할 수 있습니다.

② 연락처 목록: 그룹 목록에서 선택한 그룹의 연락처를 내림차순으로 나열해 표시합니다.

③ 연락처 정보: 연락처 목록에서 선택한 이름의 연락처 정보를 표시합니다. 이름별로 저장된 연락처 정보를 '연락처 카드'라고 합니다.

연락처 검색하기

연락처 목록의 검색 상자에 이름이나 전화번호 등 연락처 카드에 저장된 정보를 입력해 원하는 연락처를 검색할 수 있습니다.

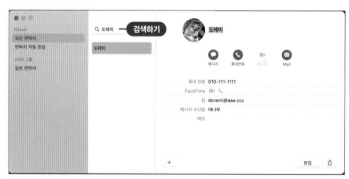

▲ 연락처 앱에서 검색하기

잠 깐 만 요

연락처 앱에 저장된 정보를 Spotlight에서 검색해 원하는 연락처를 검색할 수도 있습니다.

02 | 연락처 추가/수정/삭제하기

연락처 앱을 사용하면 새로운 연락처를 추가하고 저장된 연락처 카드를 수정/삭제할 수 있습니다. iCloud, Google 계정과 연락처를 공유하고 있다면 추가하거나 수정/삭제한 연락처 정보를 공유할 수도 있습니다.

연락처 추가 및 수정하기

연락처를 추가하려면 연락처 정보 아래에 있는 ⊞를 클릭한 후 [새로운 연락처]를 선택합니다. 연락처 정보를 수정하려면 연락처 목록에서 수정할 연락처를 선택한 후 연락처 정보 아래의 [편집]을 클릭하면 됩니다.

▲ 연락처 추가

▲ 연락처 수정

잠 깐 만 요
연락처 메뉴 막대에서 [파일] – [새로운 연락처]를 선택해도 됩니다.

연락처별로 입력한 정보를 '연락처 카드'라고 합니다. 연락처 카드에는 성과 이름을 구별해 입력할 수 있고, 전화번호나 이메일 주소, 우편 주소 등의 다양한 정보를 입력할 수 있습니다. 항목의 왼쪽에 있는 ⊟를 클릭하면 해당 항목을 삭제합니다.

연락처 카드에 있는 집, 회사, 휴대폰 등 항목 이름을 '레이블'이라 하는데, 각 레이블 오른쪽에 있는 ⬍을 클릭하면 다른 레이블을 선택할 수 있습니다. 예를 들어, '휴대전화' 레이블 오른쪽의 ⬍을 클릭한 후 [집]을 선택하면 레이블이 '집'으로 바뀝니다.

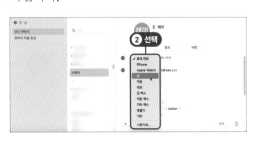

▲ 레이블 바꾸기

잠 깐 만 요
적당한 레이블이 없다면 [사용자 설정]을 선택해 직접 원하는 레이블 이름을 입력할 수 있습니다.

연락처 카드에서 [사진] 탭을 클릭한 후 [+]를 클릭하면 사진을 연락처에 추가할 수 있습니다.

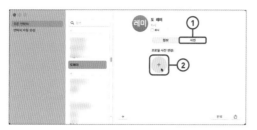 

연락처 정보 추가나 수정이 끝나면 [완료]를 클릭합니다.

 연락처 카드에 새로운 항목 추가하기

연락처 카드 편집 상태에서 연락처 카드 아래에 있는 ⊞를 클릭하면 기본 항목 외에 다른 항목을 추가할 수도 있습니다. 항목을 추가할 때 전화, 이메일처럼 자주 사용하는 필드 외에 다른 필드를 추가하려면 '추가 필드'를 선택합니다.

다른 앱에서 연락처 보기 및 추가하기

메시지나 Mail과 같이 연락처와 관련된 앱에서도 연락처를 확인하거나 새로운 연락처를 추가할
수 있습니다. 연락처에 있는 사용자에게 메시지나 메일을 받았을 때 이름을 클릭한 후 [연락처
카드 보기]를 선택하면 연락처를 볼 수 있습니다.

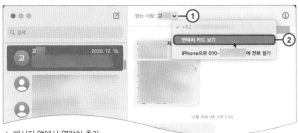

▲ 메시지 앱에서 연락처 추가

메시지나 메일을 확인할 때 연락처에 등록돼 있지 않은 사용자라면 사용자 이름을 클릭한 후 [연
락처에 추가]를 선택해 해당 사용자를 연락처에 추가할 수 있습니다.

▲ 메일 앱에서 연락처 추가

잠깐만요 ─────
기존에 연락처에 있는 사용자라도 새
로운 정보가 포함돼 있을 때는 연락
처에 추가할 수 있습니다.

연락처 삭제하기

연락처를 삭제할 때는 연락처 목록에서 연락처를 control+클릭한 후 [카드 삭제]를 선택합니다.
연락처 카드를 정말 삭제할 것인지 묻는 상자가 나타나면 [삭제]를 클릭합니다.

잠깐만요 ─────
삭제할 연락처를 선택한 후 연락처 메뉴 막대에서 [편집] – [카드 삭제]를 선택해도 됩니다.

03 | 그룹으로 연락처 관리하기

같은 회사나 단체 등의 연락처를 그룹으로 정리하거나 특정 조건의 연락처만 모아 그룹으로 만드는 스마트 그룹 등 연락처 앱에서 연락처를 그룹으로 관리하는 방법에 대해 알아보겠습니다.

그룹 만들기

연락처 앱의 연락처 정보 아래에 있는 `+`를 클릭해 [새로운 그룹]을 선택한 후 그룹 이름을 입력하고 `return`키를 누르면 그룹을 간단하게 추가할 수 있습니다.

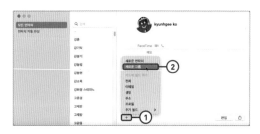

> **잠깐만요**
> 연락처 메뉴 막대에서 [파일] – [새로운 그룹]을 선택해도 됩니다.

연락처 목록에서 그룹에 추가할 연락처를 선택한 후 왼쪽에 있는 그룹으로 드래그하면 그룹에 추가됩니다. 그룹 목록에서 그룹 이름을 클릭하면 연락처가 선택한 그룹으로 옮겨진 것을 확인할 수 있습니다.

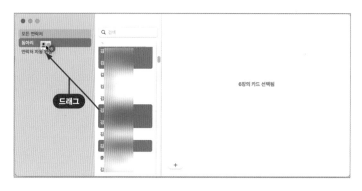

그룹에서 연락처 제외하기

그룹에 포함된 연락처를 그룹에서 제외하려면 연락처를 선택한 후 연락처 메뉴 막대의 [편집]-[그룹에서 제거]를 선택하면 됩니다. 이때 연락처 카드가 삭제되는 것이 아니라 해당 그룹에서만 제외되는 것이기 때문에 기존 연락처 정보는 남아 있습니다.

그룹 삭제하기

연락처에 추가한 그룹을 삭제할 수도 있습니다. 그룹을 삭제해도 그룹에 포함된 연락처 카드까지 삭제되지는 않습니다. 그룹을 삭제하려면 그룹 목록에서 삭제할 그룹을 선택한 후 연락처 메뉴 막대의 [편집]-[그룹 삭제]를 선택합니다.

그룹을 정말 삭제할 것인지 확인하는 메시지가 나타나면 [삭제]를 클릭합니다. 선택한 그룹은 삭제되지만, 그룹에 포함돼 있던 연락처는 그룹 목록의 '모든 연락처'에서 확인할 수 있습니다.

스마트 그룹 만들기

스마트 그룹을 사용하면 기존 연락처에 있는 연락처 정보 중 사용자가 지정한 조건에 맞는 연락처만 모아 그룹으로 만들 수 있습니다. 만약 새로 추가한 연락처가 지정한 조건에 맞는다면 해당 연락처를 따로 그룹으로 지정하지 않아도 그룹에 자동으로 추가됩니다.

여기에서는 연락처 카드의 '회사' 항목에 '길벗'이라는 단어가 '포함돼' 있을 때 '길벗 연락처'라는 그룹을 만드는 조건을 지정해 보겠습니다. 연락처 메뉴 막대에서 [파일]-[새로운 스마트 그룹...]을 선택합니다.

잠 깐 만 요

그룹 목록에서 '스마트 그룹' 위에 마우스 포인터를 올려 놓았을 때 오른쪽에 나타나는 ⊕를 클릭해도 됩니다.

스마트 그룹 조건 입력 상자에 다음과 같이 조건을 지정합니다. 모든 조건을 지정한 후 [확인]을 클릭합니다.

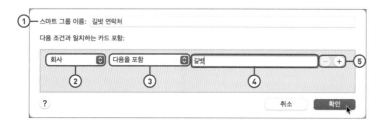

① **스마트 그룹 이름**: 스마트 그룹의 이름을 입력합니다.

② **조건 적용 대상**: 조건으로 지정할 대상을 선택합니다.

③ **조건**: 대상에 적용할 조건을 선택합니다.

④ **조건 값**: 조건으로 사용할 값을 입력합니다.

⑤ **조건 추가/삭제**: 조건을 추가하거나 삭제할 수 있습니다.

그룹 목록에 '스마트 그룹 이름'에 입력한 그룹이 표시됩니다. 그리고 지정한 조건에 맞는 연락처가 자동으로 스마트 그룹으로 옮겨집니다. 이후에도 스마트 그룹 조건에 맞는 연락처가 추가되거나 연락처 정보가 수정되면 자동으로 스마트 그룹으로 옮깁니다.

스마트 그룹을 만든 후 지정한 조건을 변경하고 싶다면 조건을 변경할 스마트 그룹을 선택한 후 연락처 메뉴 막대에서 [편집]-[스마트 그룹 편집]을 선택합니다.

잠 깐 만 요

그룹 목록에서 조건을 변경할 스마트 그룹을 control+클릭한 후 [스마트 그룹 편집]을 선택해도 됩니다.

스마트 그룹 조건 입력 상자에서 조건을 수정/추가하거나 스마트 그룹의 이름을 변경할 수도 있습니다.

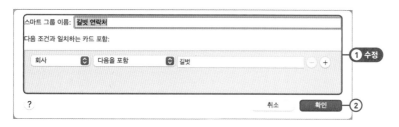

04 | Mac에서 직접 통화하기

Mac과 iPhone를 함께 사용한다면 FaceTime 앱을 사용해 Mac에서 직접 전화를 걸거나 전화를 받을 수 있습니다. 단, Mac에서 카메라나 마이크를 사용할 수 있어야 합니다.

셀룰러 통화를 위한 환경설정하기

iPhone에서 [설정]-[FaceTime]을 선택한 후 [FaceTime] 항목이 켜져 있고, Mac의 iCloud에 로그인한 계정과 같은 계정으로 로그인돼 있는지 확인합니다.

Dock이나 Launchpad에서 █를 클릭해 FaceTime을 실행합니다. FaceTime 메뉴 막대에서 [FaceTime]-[환경설정]을 선택합니다.

잠 깐 만 요
Spotlight에서 FaceTime을 검색해 실행할 수도 있습니다.

Mac의 FaceTime도 Apple ID로 로그인돼 있어야 같은 Apple ID 로그인돼 있는 iPhone, iPad, Apple Watch 등과 통화를 공유할 수 있고 'iPhone 통화' 항목에 체크돼 있어야 iPhone으로 걸려온 전화를 Mac에서 받을 수 있습니다.

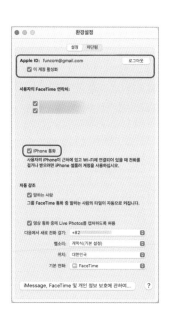

FaceTime 끄기 및 켜기

FaceTime을 실행한 상태에서 전화를 받고 싶지 않다면 FaceTime을 끄면 됩니다. FaceTime을 끄면 FaceTime은 로그아웃하지 않으면서 통화만 차단합니다.

FaceTime을 끄려면 FaceTime 메뉴 막대에서 [FaceTime]-[FaceTime 끄기]를 선택합니다.

다시 FaceTime을 켜려면 FaceTime 앱 화면에서 [켜기] 버튼을 클릭하거나 FaceTime 메뉴 막대에서 [FaceTime]-[FaceTime 끄기]를 선택합니다.

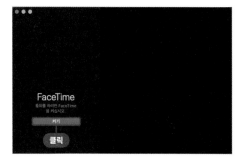

Mac에서 오디오로 통화하기

연락처, FaceTime, Mail, Spotlight 등 전화번호가 표시되는 앱에서 언제든지 전화를 걸 수 있습니다. 예를 들어, FaceTime에서 연락처에 있는 이름의 일부를 입력해 전화번호를 선택하거나 직접 전화번호를 입력할 수도 있습니다. FaceTime에서 [오디오]를 클릭하면 상대방이 FaceTime을 사용하고 있지 않더라도 오디오로 통화할 수 있습니다.

▲ FaceTime으로 오디오 통화하기

통화 시간이나 통화 연결 모습은 화면의 오른쪽 위에 표시됩니다.

Mac에서 얼굴 보며 통화하기

상대방이 FaceTime을 사용할 수 있는 상황이라면 FaceTime에서 연락처 정보를 입력한 후 [비디오] 버튼을 클릭합니다. FaceTime 화면에 자신의 얼굴도 나타나면서 전화를 걸고, 상대방과 얼굴을 보며 통화할 수 있습니다.

Mac에서 전화받기

Mac에서는 전화를 거는 것뿐 아니라 전화를 받을 수도 있습니다. 이때 FaceTime이 켜져 있어야 하고, 전화가 왔다는 알림을 확인하려면 방해금지 모드 상태가 아니어야 합니다.

전화가 오면 Mac의 오른쪽 위에 알림이 나타납니다. 일반 전화로 걸려온 통화라면 [응답] 버튼을 눌러 오디오로 통화할 수 있고, 영상 통화라면 [응답] 버튼을 눌러 영상으로 통화할 수 있습니다.

▲ 오디오로 통화하기

▲ 영상 통화하기

05 | Mac에서 메시지 보내기

Mac의 메시지 앱을 사용하면 iPhone 대신 Mac에서도 간단하게 iMessage를 주고받을 수 있습니다. 특히, 메시지 앱의 미모티콘을 사용하면 더욱 감정이 풍부한 메시지를 전달할 수 있습니다.

환경설정하기

iPhone으로 도착한 메시지를 Mac에서 확인할 수 있게 하려면, iPhone에서 설정을 변경해야 합니다. iPhone에서 [설정]-[메시지]-[문자 메시지 전달]을 선택한 후 자신의 Mac이 '켬' 상태인지 확인해 보세요. 켜져 있지 않다면 '켬' 상태로 변경합니다.

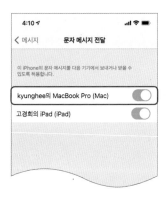

메시지 주고받기

Dock이나 Launchpad에서 ⬜를 클릭해 메시지 앱을 실행해서 그동안 iPhone에서 주고받은 메시지를 확인할 수 있습니다. 새 메시지를 작성하려고 할 때 메시지 목록 위에 있는 ⬜를 클릭한 후 받는 사람의 이름이나 전화번호를 입력하면 메시지를 주고받을 수 있습니다.

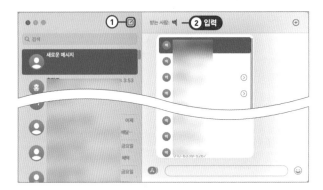

iPhone에 메시지가 도착하면 Mac 상대방에게 새 메시지가 도착하면 화면의 오른쪽 위에 알림이 나타나고, 메시지 앱 아이콘에도 ⬜처럼 새로운 메시지가 몇 개 있는지 표시됩니다.

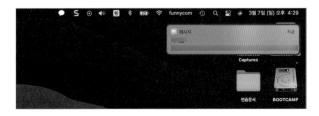

메시지에 효과 사용하기

macOS에서는 메시지를 보낼 때 효과를 추가할 수 있습니다. 메시지를 받는 사람에게 축하의 마음을 전할 때, 즐거움을 전달하고 싶을 때 괜찮겠지요?

보내려는 메시지를 입력한 후 입력란 왼쪽에 있는 앱 버튼( )을 클릭하고 [메시지 효과]를 선택합니다.

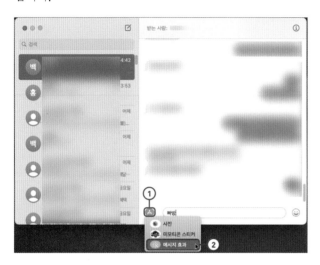

각 효과를 클릭할 때마다 어떤 효과인지 미리 살펴볼 수 있으므로 원하는 효과를 선택하기 쉽습니다. 마음에 드는 효과를 골랐다면 입력한 메시지 오른쪽에 있는 를 클릭해 메시지와 메시지 효과를 함께 보내면 됩니다.

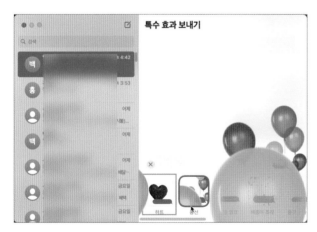

잠깐만요 ────────────────────────────────
메시지 효과를 보내고 싶지 않다면 첫 번째 효과 위에 있는 ✕ 를 눌러 취소합니다.

나만의 미모티콘 스티커 만들기

자신만의 미모티콘을 만들면 더욱 감정이 풍부한 메시지를 전달할 수 있습니다. 미모티콘은 사용자의 개성이나 감정을 담은 스티커로, 메시지와 함께 감정을 좀 더 쉽게 전달하기 위한 방법입니다. 자신만의 미모티콘을 만들어 메시지를 보낼 때 다양하게 활용해 보세요.

메시지 입력란의 왼쪽에 있는 앱 버튼 (A)을 클릭한 후 [미모티콘 스티커]를 선택하면 여러 가지 감정 스티커를 골라 메시지와 함께 보낼 수 있습니다. 기본적으로 동물이나 유령 형태의 스티커들이 준비돼 있죠.

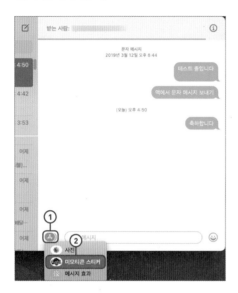

자신만의 미모티콘을 만들어 더욱 감정이 풍부한 메시지를 전달할 수 있습니다. 메시지 입력란의 왼쪽에 있는 [앱] 버튼 (A)을 클릭한 후 [미모티콘 스티커]를 선택해 미모티콘 스티커가 나타나면 왼쪽 끝에 있는 [추가] 버튼 + 을 클릭합니다.

피부 톤부터 헤어 스타일, 장신구에 이르기까지 원하는 형태로 미모티콘을 꾸밉니다. '자신에 맞게 만들기'가 끝나면 [완료]를 클릭합니다.

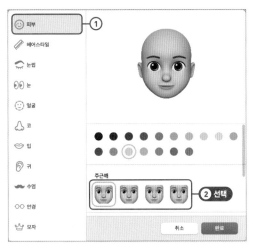 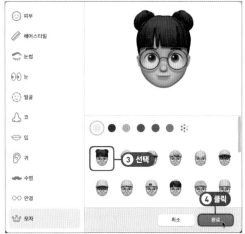

이제부터 미모티콘 스티커 화면에 직접 만든 미모티콘 감정들이 나타나고, 자신만의 스티커를 사용해 감정 표현이 담긴 메시지를 보낼 수 있습니다.

미모티콘은 여러 개 만들 수도 있고, 이렇게 만든 미모티콘은 미모티콘 스티커 창에서 수정할 스티커를 선택한 후 •••를 클릭하면 편집하거나 삭제, 복제할 수 있습니다.

캘린더

캘린더 앱은 다양한 개인 일정이나 업무 일정을 관리하는 데 유
용합니다. 같은 iCloud 계정을 공유하는 Apple 기기에서 캘린
더에 저장한 일정을 공유할 수 있고, Google 계정을 추가하면
Google 캘린더에 저장한 일정도 한꺼번에 관리할 수 있습니다.

01 | 캘린더 앱 실행하고 살펴보기

iCloud 계정과 Google 계정을 캘린더에 추가하면 따로 저장한 일정을 캘린더 앱에서 한꺼번에 관리할 수 있습니다. 이미 Mail 앱에 iCloud나 Google 계정을 추가했다면 계정 정보를 다시 입력하지 않아도 일정을 공유할 수 있습니다.

iCloud/Google의 캘린더 공유하기

iCloud나 Google의 캘린더를 공유하려면 Dock이나 Launchpad에서 [시스템 환경설정] ⚙️ 을 클릭한 후 [시스템 환경설정]–[인터넷 계정]을 선택합니다. 계정 목록에서 [iCloud]이나 [Google]을 선택한 후 공유 항목의 '캘린더'에 체크하면 캘린더를 공유할 수 있습니다.

▲ iCloud 캘린더 공유

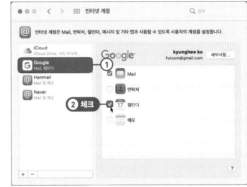

▲ Google 캘린더 공유

캘린더 살펴보기

Spotlight에서 '캘린더'를 검색해 실행하거나 Dock 또는 Launchpad에서 17 를 클릭하면 캘린더 앱을 실행할 수 있습니다.

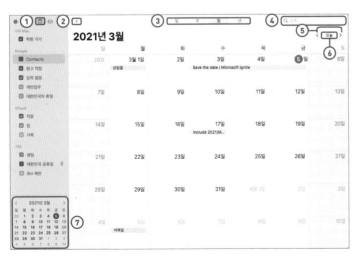

① **캘린더:** 캘린더 윈도우에서 사이드바를 표시하거나 감출 수 있습니다. iCloud와 Google 캘린더를 공유했다면 공유한 계정별로 캘린더를 표시할 수 있습니다.

② **빠른 이벤트 생성:** 이벤트를 추가할 수 있습니다. '이벤트'는 캘린더에서 관리하는 일정을 가리키는 말입니다. 자세한 방법은 '03. 캘린더로 일정 관리하기'(272쪽)를 참고하세요.

③ **보기:** 캘린더의 일정을 [일], [주], [월], [년]으로 표시합니다.

▲ 일별 보기

▲ 주별 보기

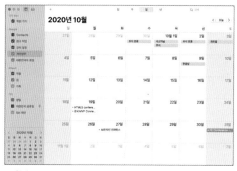

▲ 월별 보기

▲ 연도별 보기

④ **검색:** 캘린더에 저장된 이벤트를 검색합니다.

⑤ **이전/다음:** 윈도우에 표시된 일정의 이전/다음 날짜나 주, 달, 연도로 이동합니다.

⑥ **오늘:** [오늘]을 클릭하면 어느 화면에서나 바로 오늘 날짜로 이동합니다.

⑦ 캘린더 윈도우 사이드바에 달력이 표시됩니다. 달력의 [<]나 [>]를 클릭하면 이전 달이나 다음 달 달력을 확인할 수 있습니다.

02 | 캘린더 환경설정하기

주별 보기나 월별 보기 화면에서 한 주의 시작 요일이나 공휴일, 휴일 등의 표시 여부 등 캘린더 환경설정을 하면 내게 맞는 캘린더 앱을 만들 수 있습니다.

캘린더 메뉴 막대에서 [캘린더]-[환경설정]을 선택하면 캘린더의 환경설정을 변경할 수 있습니다.

① **기본 캘린더 앱**: 일정 파일(.ics)을 열 때 사용할 앱을 선택합니다. Mac에서는 기본적으로 캘린더 앱을 사용합니다.

② **주당 일 수**: 주별 보기 화면에서 일주일을 5일(월~금)로 표시하거나 7일(일~토)로 표시합니다.

③ **시작 요일**: 주별 보기나 월별 보기 화면에서 한 주의 시작 요일을 선택합니다. 기본적으로 일요일부터 시작합니다.

④ **주별 보기에서 다음 순으로 스크롤**

- • **일**: 주별 보기에서 [이전]이나 [다음]을 클릭하면 하루 단위로 이동합니다.

- • **주**: 주별 보기에서 [이전]이나 [다음]을 클릭하면 한 주 단위로 이동합니다.

- • **주, 오늘에서 멈춤**: 주별 보기에서 [이전]이나 [다음]을 클릭하면 한 주 단위로 이동하고, 오늘 날짜에서 멈춥니다.

⑤ **시작 시간**: 하루의 시작 시간을 지정합니다.

⑥ **종료 시간**: 하루의 끝 시간을 지정합니다.

⑦ **시간 표시**: 일별 또는 주별 보기일 때 표시할 시간을 지정합니다.

⑧ **기본 캘린더**: 캘린더에 추가한 계정의 캘린더 중 이벤트를 추가할 때 기본으로 사용할 계정을 선택합니다.

⑨ **생일 캘린더 표시**: 연락처 앱에 저장된 정보 중 생일을 표시합니다.

⑩ **공휴일 캘린더 보기**: 캘린더에 공휴일과 기념일을 표시합니다

⑪ **대체 캘린더 보기**: 이 항목에 체크한 후 [중국력]을 선택하면 캘린더에 음력을 표시할 수 있습니다.

03 | 캘린더로 일정 관리하기

캘린더 앱에 다른 계정의 일정을 공유할 경우, 연결된 여러 계정의 일정을 모두 캘린더 윈도우에 표시할 수 있습니다. 또한 원하는 계정으로 일정을 추가하거나 편집할 수도 있습니다. 캘린더 앱에서 일정을 관리하는 방법에 대해 알아보겠습니다.

빠른 이벤트 추가하기

캘린더 앱에 이벤트를 추가하는 가장 빠른 방법은 캘린더 윈도우 위에 있는 [+]를 클릭하는 것입니다. [+]를 클릭한 후 '오늘', '내일', '수요일'과 같이 오늘을 기준으로 가까운 날짜를 지정하고, 이벤트 내용을 입력합니다.

만약 이벤트를 추가하는 날이 5일 금요일 때 [+]를 클릭한 후 '내일 11시'를 추가하면 '6일 토요일 11시'에 이벤트가 자동으로 추가됩니다.

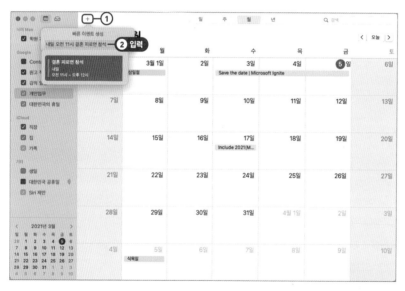

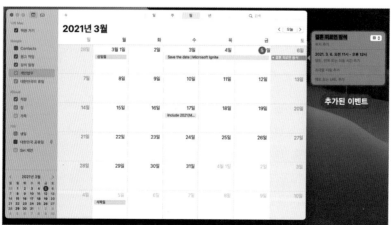

추가된 이벤트

이벤트 추가하기

캘린더 보기 화면에 따라 이벤트 추가 상자가 다르게 표시됩니다. 월별 보기 화면에서 날짜의 빈 부분을 더블클릭하면 새로운 이벤트를 입력할 수 있는 창이 표시되고, 이벤트 제목과 위치, 시간, 알림 여부 등을 지정할 수 있습니다.

잠 깐 만 요

날짜의 빈 부분을 [control]+클릭한 후 [새로운 이벤트]를 선택해도 됩니다.

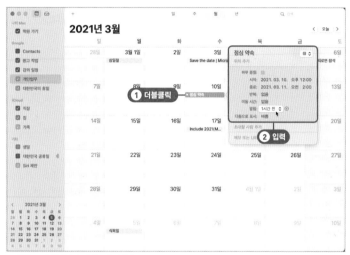

▲ 월별 보기 화면에서 이벤트 추가하기

일별 보기 화면에서 이벤트 추가할 시간 부분을 더블클릭하면 오른쪽 사이드 바에서 이벤트를 추가할 수 있습니다.

잠 깐 만 요

월별 보기 화면에서 날짜 부분을 더블클릭하면 일별 보기 화면으로 전환됩니다.

▲ 일별 보기 화면에서 이벤트 추가하기

이벤트를 추가할 때 지정할 수 있는 항목은 다음과 같습니다.

① 이벤트 제목을 입력합니다. '위치 추가'를 클릭한 후에 검색하면 지도에서 이벤트 장소를 선택할 수 있습니다.

② 캘린더의 종류를 지정합니다.

③ 이벤트 시작 시간과 종료 시간, 반복 일정, 이벤트 알림을 설정할 수 있습니다.

- **시작/종료:** [시작]과 [종료]를 클릭하면 원하는 날짜와 시간을 지정할 수 있습니다. '하루 종일'에 체크하면 시작 시간, 종료 시간을 지정하지 않습니다.
- **반복:** 일정 기간을 두고 반복되는 일정이면 반복할 기간을 선택할 수 있습니다. 원하는 기간을 선택하면 선택한 기간에 자동으로 같은 이벤트가 추가됩니다.
- **이동 시간:** 위치를 이동해야 하는 이벤트의 경우, 이동 시간을 설정하면 이동 시간 전 미리 알림을 받을 수 있습니다.
- **알림:** 이벤트 전 원하는 시간을 선택하면 알림을 받을 수 있습니다.

④ 이벤트에 같이 참석할 사람과 일정을 공유합니다. 연락처에 있는 사람일 경우, 이름을 입력하면 자동으로 완성됩니다.

⑤ 메모나 기타 정보를 입력합니다.

반복되는 일정 추가하기

이벤트를 추가할 때 '반복' 항목에서 이벤트 반복 여부를 설정할 수 있습니다. 예를 들어, 매주 수요일에 반복되는 이벤트라면 '반복' 항목에서 [매주]를 선택합니다.

반복 이벤트는 반복 횟수를 지정하거나 반복 종료 날짜를 지정해 반복 기간을 지정할 수 있습니다.

이벤트 수정

주별 또는 월별 보기 화면에서는 이벤트 제목을 더블클릭하면 이벤트 내용을 수정할 수 있습니다.

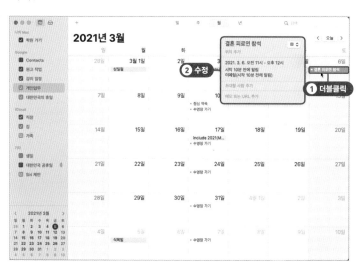

일별 화면에서는 이벤트 제목을 클릭하면 오른쪽에 이벤트 내용이 표시되어 자세한 이벤트 내용을 확인하나 수정할 수 있습니다.

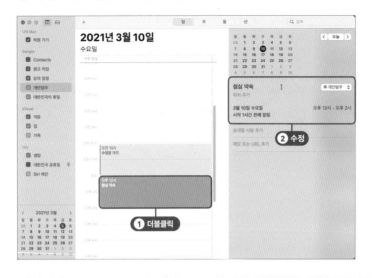

잠 깐 만 요
일별, 주별 보기에서 일정을 클릭한 후 드래그해도 일정의 날짜 및 시간을 수정할 수 있습니다.

이벤트 삭제하기

이벤트를 삭제할 때는 이벤트 제목을 control +클릭한 후 [삭제]를 선택합니다. 삭제할 이벤트 제목을 선택한 후 캘린더 메뉴 막대에서 [편집]-[삭제]를 선택해도 됩니다.

반복 이벤트를 삭제할 경우, [이후 모든 이벤트 삭제]를 클릭하면 반복 이벤트 전체, [이 이벤트만 삭제]를 클릭하면 반복 이벤트 중 선택한 이벤트만 삭제합니다.

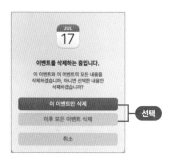

잠 깐 만 요 ─────────────────────────────────

반복되는 이벤트를 추가하는 자세한 설명은 274쪽을 참고하세요.

간편하고
강력한 멀티미디어

이번에는 macOS의 멀티미디어 앱에 대해 알아보겠습니다. macOS에는 사진을 날짜, 장소, 인물 등으로 구분해 관리하고 전문가 못지않은 사진으로 편집할 수 있는 '사진' 앱과 전 세계의 다양한 방송을 들을 수 있는 '팟캐스트'가 있습니다. iTunes에 포함돼 있던 팟캐스트는 macOS 카탈리나 버전부터 별도의 앱으로 제공됩니다. 또한 iMovie는 기본으로 제공되는 무료 앱이지만, 동영상을 간단하게 관리하거나 편집할 수 있어 유용합니다.

macOS

사진

사진 앱은 다양한 macOS의 앱 중에서도 가장 유용하고 자주 사용하는 앱입니다. 사진 앱을 사용하면 저장돼 있는 사진을 날짜나 장소별로 정리할 수 있고, 추억별로 모아 볼 수도 있죠. 특히 Apple 기기뿐 아니라 안드로이드 스마트폰, 디지털 카메라 등으로 찍은 사진도 한 곳에 모아볼 수 있습니다.

01 │ 사진 앱 실행하기

사진 앱을 사용하면 Mac에 저장된 사진은 물론, 안드로이드, Apple 기기의 사진을 가져와 관리할 수 있습니다. 사진 앱을 실행하고 원하는 사진을 사진 앱으로 가져오는 방법에 대해 알아보겠습니다.

사진 앱 시작하기

Launchpad나 Finder의 응용 프로그램 폴더에서 [사진] 🌸을 클릭하면 사진 앱을 간단하게 시작할 수 있습니다. [시작하기]를 클릭해 사진 앱을 시작합니다. 사진 앱을 처음 실행할 경우, '사진 앱 둘러보기'를 클릭하면 간단한 사용 방법을 확인할 수 있습니다.

iCloud를 설정하면서 사진을 비활성화했다면 'iCloud 사진'을 사용할 것인지 물어봅니다. iCloud에서 사진을 동기화하려면 [iCloud 사진 사용]을 선택하고, Mac에서만 사진을 관리하려면 '지금 안 함'을 선택합니다. '사진' 앱을 처음 사용한다면 '지금 안 함'을 선택하고 나중에 필요할 경우에 iCloud와 동기화하는 것이 좋습니다.

지금부터 사진 앱에 원하는 사진을 가져올 수 있습니다.

iCloud 사진 활성화하기

사진 앱을 처음 실행할 때는 iCloud 사진을 사용하지 않도록 설정했지만, 사진 작업을 많이 하거나 iCloud의 용량이 넉넉하다면 iCloud 사진을 활성화하는 것이 편리합니다. iCloud 사진을 활성화하면 Mac이나 iPhone, iPad 등과 같은 Apple 계정을 사용하는 기기에서 똑같은 사진과 비디오를 사용할 수 있습니다.

사진 앱 메뉴 막대에서 [사진]-[환경설정]을 선택한 후 [iCloud]를 클릭합니다. 이어서 [iCloud 사진]에 체크하고, 옵션을 선택합니다.

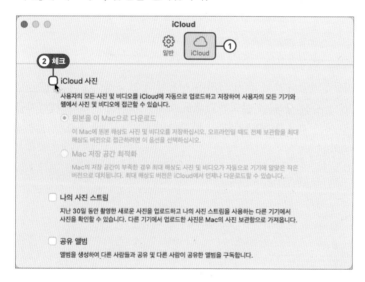

잠 깐 만 요 ─────────
iCloud 용량이 부족할 경우, iCloud 저장 공간을 업그레이드할 수 있는 알림 창이 나타납니다.

• 원본을 이 Mac으로 다운로드: 사진을 원본 크기대로 Mac과 iCloud에 모두 저장합니다. 용량을 많이 차지합니다.

• Mac 저장 공간 최적화: 사진 원본은 iCloud에만 저장하고, Mac에는 작은 크기의 사진을 저장해 Mac에서 사진이 차지하는 공간을 최대한 줄입니다.

02 | 사진 옮기기

사진 앱을 처음 실행하면 Finder의 '그림' 폴더에 '사진 보관함' 폴더가 생성되면서 사진이 저장됩니다. 사진 앱으로 사진을 가져오는 방법에 대해 하나씩 알아보겠습니다.

AirDrop을 사용해 iPhone에서 사진 가져오기

AirDrop은 가까이에 있는 Apple 기기 간에 파일을 주고받을 수 있는 편리한 기능입니다. iCloud 사진에 동기화 시키지 않을 경우, iPhone에 있는 사진을 Mac에서 사용하려면 직접 옮겨야 하는데, AirDrop 기능을 사용하면 쉽게 옮길 수 있습니다.

1 iPhone에서 사진 앨범을 연 후 맨 위에 있는 [선택] 버튼을 탭합니다.

2 Mac으로 전송할 사진을 선택합니다. 모두 선택했다면 사진 앨범 아래에 있는 [공유] 버튼 🗁 을 탭합니다.

3 사진을 공유할 수 있는 여러 가지 방법 중 [AirDrop]이 기본으로 선택돼 있고, 주변에 AirDrop이 켜진 기기들이 표시돼 있습니다. 그중에서 Mac을 탭합니다.

4 잠시 기다리면 iPhone에서 공유한 사진들이 Mac의 다운로드 폴더로 옮겨진 것을 확인할 수 있습니다.

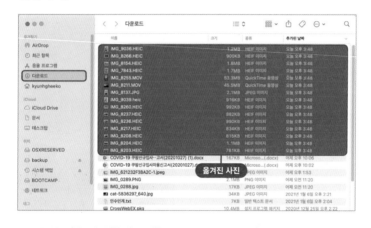

잠 깐 만 요 ─────────

iPhone에서 가져온 사진 파일 확장자는 'HEIC'입니다. HEIC는 Apple에서 사용하는 고효율 이미지 파일 포맷으로, 고화질 사진의 용량을 줄여 저장할 수 있지만, 일부 기기에서는 지원하지 않을 수 있으므로 애플 기기 외의 다른 시스템에서 사용한다면 JPG로 변환해 사용해야 합니다.

5 사진 앱을 실행한 후 다운로드 폴더가 열린 Finder 윈도우를 나란히 옆에 열어 놓은 상태에서 방금 옮겨온 사진을 선택해 사진 앱으로 드래그하면 사진 앱에 추가됩니다.

폴더에 있는 사진 가져오기

Mac에서 사진을 폴더별로 관리했다면 사진 앱에 폴더별로 사진을 가져올 수 있습니다. 사진 메뉴 막대에서 [파일]-[가져오기]를 선택한 후 사진이 있는 폴더를 선택하고 [가져오기 확인]을 클릭합니다. 가져온 폴더는 사진 앱 사이드바의 '기기' 항목에 폴더별로 추가됩니다.

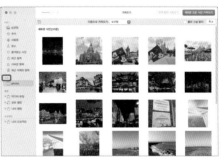

잠 깐 만 요 ────────────────────────────────────
폴더 안에 있는 일부 사진만 선택한 후 [가져오기 확인]을 클릭해도 됩니다.

군이 폴더별로 구분할 필요 없이 사진만 가져오려면 Finder 윈도우에서 필요한 사진만 선택한 후 사진 앱 윈도우로 드래그해 가져올 수도 있습니다. 이렇게 가져온 사진은 사진 앱의 '가져온 항목' 폴더 안에서 확인할 수 있습니다.

사진 윈도우의 사이드바에서 [가져온 항목]을 선택하면 가져온 날짜별로 구별해서 볼 수 있습니다.

안드로이드 기기에서 사진 가져오기

안드로이드를 사용하는 기기의 경우, 케이블만 연결한다고 해서 파일을 옮길 수는 없습니다. 안드로이드 기기에서 사진을 가져오려면 'Android File Transfer'라는 앱을 설치해야 합니다. 앱을 설치한 후 모바일 기기를 연결하면 사진이나 음악 파일을 Mac으로 옮길 수 있습니다. Android File Transfer 앱은 https://www.android.com/filetransfer/에서 다운로드할 수 있습니다.

03 | 다양한 방법으로 사진 표시하기

사진 앱으로 가져온 사진의 정보를 기준으로 사진을 여러 형태로 정리하고 관리할 수 있습니다. 또한 비슷한 시기나 관련된 장소에서 찍은 사진을 엮어 슬라이드로 볼 수도 있죠. 사진 앱에서 사진을 보는 다양한 방법에 대해 알아보겠습니다.

사진 보관함에서 사진 살펴보기

사진 앱의 사이드바에서 [보관함]을 선택하면 사진 보관함에 있는 사진들의 미리보기가 나열됩니다. 사이드바 위에 있는 확대/축소 슬라이드 막대를 좌우로 움직이면 미리보기의 크기를 늘리거나 줄일 수 있습니다.

사진 목록 위에 있는 버튼을 클릭하면 보관함의 사진들을 연도나 월, 일별로 살펴볼 수도 있고, 모든 사진을 한꺼번에 표시할 수도 있습니다.

연도: 사진 보관함에 있는 사진들을 연도별로 표시하고, 각 연도의 사진 중 하나를 대표 사진으로 표시합니다. 연도별 사진을 더블클릭하면 월별 보기로 표시됩니다.

월: 연도별 사진을 다시 월별로 구분해 표시합니다. 월별 사진을 더블클릭하면 일별 보기로 표시됩니다.

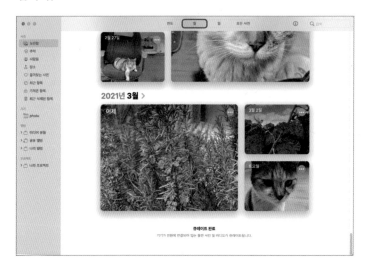

일: 사진 보관함의 사진을 날짜순으로 표시합니다. 같은 날짜에 찍은 사진이 여러 장 있을 경우, 다양한 크기로 모아 한곳에 표시합니다. 사진을 더블클릭하면 사진 보기 화면에 해당 사진이 표시됩니다.

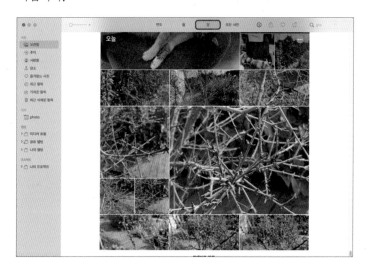

모든 사진: 사진 보관함에 있는 사진을 한눈에 살펴볼 수 있습니다.

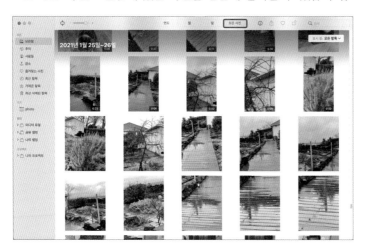

사진 보기 화면에서 화면 왼쪽이나 오른쪽 가장자리에 마우스 포인터를 올려 놓으면 화살표가 나타나는데, 화살표를 클릭해 이전 사진이나 다음 사진을 살펴볼 수 있습니다. 개별 사진을 살펴보다가 다시 사진 목록 화면으로 이동하려면 도구 막대에 있는 〈 을 누르면 됩니다.

잠 깐 만 요
두 손가락으로 트랙패드를 좌우로 쓸어넘겨도 이전/다음 사진을 살펴볼 수 있습니다.

즐겨찾는 사진 추가 및 살펴보기

보관함에 있는 사진들 중에서 자주 열어 보는 사진이나 특별히 마음에 드는 사진이 있다면 '즐겨찾는 사진'으로 추가할 수 있습니다. 브라우저의 '즐겨찾기'와 비슷한 개념이라고 생각하면 됩니다.

보관함 사진 목록에서 사진 위에 마우스 포인터를 올려 놓으면 ♡가 표시되는데, 이 아이콘을 클릭하면 색이 채워지고 [즐겨찾는 사진]에 추가됩니다.

▲ 사진 목록에서 추가하기

사진을 열어 놓은 상태에서 도구 막대의 ♡를 클릭하면 ♥로 바뀌면서 보고 있던 사진이 [즐겨찾는 사진]에 추가됩니다.

▲ 현재 사진에서 추가하기

이렇게 즐겨찾는 사진들을 추가하면 보관함에 [즐겨찾는 사진] 폴더가 생기고, 사이드바에서 [즐겨찾는 사진] 폴더를 클릭하면 언제든지 즐겨찾는 사진만 모아 볼 수 있습니다.

슬라이드 쇼로 보기

사진 보관함에서 필요한 사진만 골라 한 장씩 볼 수도 있지만, 여러 장의 사진을 한꺼번에 슬라이드 쇼로 표시할 수도 있습니다.

사진 보관함에서 슬라이드 쇼에 사용할 사진들을 모두 선택합니다. 사진들이 선택된 상태에서 control+클릭한 후 [슬라이드 쇼 재생]을 선택하거나 메뉴 막대에서 [파일]−[슬라이드 쇼 재생]을 선택합니다.

잠 깐 만 요

연속한 사진이라면 첫 번째 사진을 클릭한 후 마지막 사진을 shift+클릭하면 한꺼번에 선택되고, 서로 떨어져 있는 사진이라면 command를 누른 상태로 하나씩 클릭해 선택합니다.

슬라이드 쇼는 기본적으로 '클래식' 테마가 선택돼 있지만, 원하는 테마를 고를 수 있습니다. 슬라이드 쇼 테마는 사진과 사진 사이에 전환 효과와 배경 음악을 삽입한 것으로, 테마 목록에서 테마 이름을 클릭할 때마다 바로 위에 미리보기가 나타나므로 이것을 참고하면서 원하는 테마를 선택합니다.

슬라이드 쇼 테마를 선택하면 배경 음악도 함께 지정되지만 갖고 있는 음악 중에서 원하는 음악을 배경 음악으로 사용할 수 있습니다. [음악] 탭을 클릭한 후 [테마곡]을 클릭해 [음악]을 선택하면 음악 앱에 포함된 여러 음악이 나열됩니다. 그중에서 원하는 음악을 선택한 후 [슬라이드 쇼 재생]을 클릭합니다.

전체 화면으로 슬라이드 쇼기 재생되고 화면 위에 마우스 포인터를 올려 놓으면 슬라이드 쇼를 제어할 수 있는 재생 막대가 표시됩니다. 슬라이드 쇼를 끝내고 싶다면 ESC 키를 누르거나 재생 막대에 있는 ✕를 클릭합니다.

주제별로 표시하기

사진 앱은 사용자의 사진을 자동으로 주제별, 사람이나 장소별로 분류합니다. 사이드바에서 [추억]을 선택하면 사진을 찍은 날짜와 위치 정보를 기준으로 여행 사진이나 반려동물 사진, 음식 사진 등을 자동으로 찾아 [추억]으로 만들어 줍니다. 추억 제목이 있는 사진을 더블클릭하면 해당 추억과 관련된 사진들을 모아 볼 수 있죠.

하나의 추억 안에는 여러 개의 사진이 들어 있기 때문에 사진을 하나씩 살펴볼 수도 있지만, 슬라이드 쇼로 재생할 수도 있습니다. 대표 추억 사진 위의 ▶를 클릭하면 슬라이드 쇼가 재생됩니다. 같은 방법으로 사진 앱에서 [사람들]이나 [장소]에 따라 모아 놓은 사진을 골라 볼 수 있습니다.

잠 깐 만 요

슬라이드 쇼 화면 위에 마우스 포인터를 올려 놓으면 나타나는 재생 막대를 이용해 배경 음악을 끄거나 일시 정지할 수 있습니다.

멀티미디어 | iTunes

04 | 사진 정보 관리하기

스마트폰이나 디지털 카메라로 찍은 사진에는 자동으로 파일 이름이 붙기 때문에 파일 이름으로 원하는 사진을 찾기는 어렵죠. 하지만 사진 앱에서는 사진에 원하는 이름과 함께 설명을 붙여 정리할 수 있고, 사진을 찍은 위치나 카메라 기종 등에 대한 자세한 정보도 확인할 수 있습니다.

사진 정보 확인하기 및 추가하기

사진 목록에서 사진을 선택한 후 도구 막대에서 ⓘ를 클릭하면 사진을 찍은 스마트폰이나 디지털 카메라의 기종, 사진 크기, 촬영 정보가 표시됩니다. GPS 기능이 켜져 있는 상태에서 찍은 사진은 위치 정보도 담겨 있습니다.

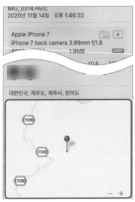

> **잠 깐 만 요** ────────────────────
> 사진을 [control]+클릭한 후 [정보 가져오기]를 선택해도 사진 정보를 확인할 수 있습니다.

사진 정보 윈도우에서는 사진의 '제목'이나 '설명', '키워드' 등에 원하는 정보를 입력해 사진을 관리할 수 있습니다.

① **제목:** 사진의 제목을 입력할 수 있습니다.

② **사진 정보:** 사진을 찍은 카메라의 기종, 측광 모드, 셔터 스피드, 조리개 값 등의 정보를 확인할 수 있습니다.

③ **설명:** 사진에 관련한 설명을 입력할 수 있습니다.

④ **키워드:** 사진에 대한 키워드를 입력할 수 있습니다. 각각의 키워드는 쉼표(,)로 구분하고, 여러 개의 키워드도 입력할 수 있습니다. 입력한 키워드는 사진을 검색할 때 사용할 수 있습니다.

⑤ **얼굴 추가:** 사진에 찍힌 얼굴을 구별할 수 있도록 얼굴을 추가할 수 있습니다.

⑥ **위치:** 카메라의 GPS 기능이 켜져 있었다면 사진을 찍은 위치를 확인할 수 있습니다.

> **잠 깐 만 요** ────────────────────
> 여러 개의 사진을 선택한 후 [정보 가져오기]를 하면 선택한 모든 사진에 같은 제목과 설명, 키워드를 입력할 수 있습니다.

위치 정보 숨기기

스마트폰이나 디지털 카메라에서 GPS 기능이 켜진 상태로 찍은 사진은 위치 정보도 함께 저장됩니다. 사진 정보에서 위치 정보를 감추려면 사진 메뉴 막대에서 [이미지] – [위치] – [위치 가리기]를 선택하면 됩니다. 위치 정보를 다시 표시하려면 [이미지] – [위치] – [원래 위치로 복귀]를 선택합니다.

사진에 얼굴 정보 추가하기

사진 앱에서는 사진에 있는 각 인물의 얼굴을 자동으로 구분하고, 얼굴별로 보여 주기도 하고, 사진 정보에 얼굴 정보를 표시하기도 합니다.

사진 앱에서 인식하지 못한 얼굴이 있다면 사진 정보 윈도우에서 얼굴 정보를 추가할 수 있습니다. [얼굴 추가]를 클릭하면 사진 위에 원이 표시되는데, 이 원을 드래그해 얼굴 정보를 추가할 위치로 옮긴 후 원의 점 부분을 클릭해 크기를 조절합니다. 그리고 원 아래에 이름을 입력하면 얼굴 정보를 추가할 수 있습니다. 여러 얼굴이 있는 사진이라면 얼굴 정보를 하나씩 추가할 수 있습니다.

이렇게 얼굴 정보를 추가하면 사진 정보 윈도우와 사이드바의 [사람들] 항목에도 추가되고, 얼굴 정보에 입력한 이름으로 사진을 검색하고 관리할 수 있습니다. [사람들] 항목에서 원하는 이름을 더블클릭하면 해당 이름의 얼굴 정보와 같은 사진만 모아 볼 수 있습니다.

사진 검색하기

사진 앱에 많은 사진이 쌓이다 보면 원하는 사진을 찾기 어렵겠죠? 하지만 사진 앱의 검색 상자를 사용하면 날짜나 위치, 키워드 등 사진과 관련된 정보를 사용해 사진을 쉽게 찾을 수 있습니다. 예를 들어, 2020년에 찍은 사진을 검색하려면 검색 상자에 '2020'이라고 입력합니다. 검색 상자 아래에 검색 결과 제안이 표시되는데, 제안 중에서 날짜로 검색하고 싶다면 캘린더 아이콘이 있는 항목을 선택합니다. 그러면 날짜를 기준으로 2020년에 찍은 사진들만 검색해 보여 줍니다.

잠 깐 만 요
검색어를 입력할 때 return 키를 누르지 않아도 입력한 내용에 따라 검색 결과를 화면에 표시합니다.

하나의 검색어로 검색한 후에 다른 검색어를 연달아 검색할 수 있도록 검색 창의 아래에 검색어 제안이 표시됩니다. 예를 들어, 2020년 사진을 검색한 후에 제안된 검색어 중 '제주시'를 선택하면 '2020년 제주시'에서 찍은 사진들을 검색합니다.

05 | 앨범 만들어 사진 관리하기

사진 앱에서는 원하는 사진을 모아 앨범을 만들 수 있습니다. Finder의 스마트 폴더처럼 원하는 조건으로 다양한 앨범을 만들 수 있죠. 이번에는 원하는 사진으로 앨범을 만드는 방법에 대해 알아보겠습니다.

새로운 앨범 만들기

1 사이드바의 [나의 앨범]에 마우스 포인터를 올려 놓은 후 ⊕를 클릭하고 [앨범]을 선택하면 새 앨범을 만들 수 있습니다. 새로운 '무제 앨범'에 원하는 이름을 입력합니다.

2 사이드바에서 [보관함]을 선택한 후 사진 목록에서 옮길 사진을 선택하고, 사이드바에 있는 앨범 이름으로 드래그하면 사진을 옮길 수 있습니다.

> **잠 깐 만 요**
> 개별 사진을 보고 있는 상태에서 그대로 앨범 이름 위로 드래그해 추가할 수도 있습니다.

3 이렇게 앨범을 만들어 놓으면 사이드바의 [앨범]–[나의 앨범]에서 앨범별로 사진을 손쉽게 확인할 수 있습니다.

원모어 띵 사진을 선택한 상태에서 새로운 앨범을 만드는 다양한 방법

- 사진 메뉴 막대에서 [파일]–[선택 항목으로 새로운 앨범] 선택하기
- `command`+`N` 키 누르기
- 사이드바의 [나의 앨범]으로 사진 드래그하기
- 선택한 사진을 `control`+클릭한 후 [추가]–[새로운 앨범] 선택하기
- '나의 앨범'에 마우스 포인터를 올려 놓은 후 ⊕를 클릭하고 [앨범] 선택하기
- 사진을 선택한 후 새로운 앨범으로 드래그하기

스마트 앨범 만들기

스마트 앨범은 Finder의 스마트 폴더와 같이 지정한 조건에 맞는 사진을 자동으로 앨범에 추가하는 것입니다. 예를 들어, 사진 정보의 키워드에 '바다'와 '제주'가 모두 포함된 사진만 모아 스마트 앨범을 만들 수 있습니다.

1 사이드바의 [나의 앨범]에 마우스 포인터를 올려 놓은 후 ⊕를 클릭하고 [스마트 앨범]을 선택하거나 사진 메뉴 막대에서 [파일]–[새로운 스마트 앨범]을 선택합니다.

2   스마트 앨범의 이름을 입력한 후 원하는 조건을 지정합니다. 여기에서는 키워드에 '바다'와 '제주'가 모두 포함된 사진을 모아 놓은 '사계절의 제주 바다'라는 앨범을 만들어 보겠습니다. 조건 오른쪽의 ⊕를 클릭하면 조건을 둘 이상 지정할 수 있고, ⊖를 클릭하면 해당 조건을 삭제할 수 있습니다. 조건 지정이 끝나면 [확인]을 클릭합니다.

3   사이드바의 [나의 앨범] 항목 아래에 스마트 앨범이 표시됩니다. 스마트 앨범 제목을 클릭하면 사진 앱에 있는 사진들 중 '바다'와 '제주'라는 키워드가 있는 사진들이 표시됩니다.

4 이미 만든 스마트 앨범의 조건은 언제든지 변경할 수 있습니다. 사이드바에서 스마트 앨범 이름을 control+클릭한 후 [스마트 앨범 편집]을 선택하면 스마트 앨범을 만들 때의 화면이 나타나므로 조건을 추가하거나 삭제할 수 있습니다.

앨범에서 사진 제거/삭제하기

앨범에 모아 놓은 사진은 사진 자체가 옮겨진 것이 아니라 사진 보관함에 있는 사진을 앨범에 연결해 보여 주는 것입니다. 그래서 앨범에서 사진을 제거하더라도 사진 보관함에 원본 사진이 남아 있습니다. 하지만 스마트 앨범에서는 사진을 삭제하면 보관함에서도 삭제되므로 스마트 앨범의 사진을 삭제할 땐 주의해야 합니다.

앨범에 있는 사진을 감추거나 제거/삭제하려면 사진을 control + 클릭한 후 다음 명령 중 하나를 선택합니다.

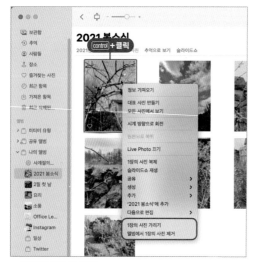

▲ 앨범에서 사진 제거하기   ▲ 스마트 앨범에서 사진 삭제하기

- **#장의 사진 가리기**: 선택한 사진을 숨깁니다. 앨범과 사진 보관함에서 보이지 않지만, 검색은 가능합니다.
- **앨범에서 #장의 사진 제거**: 선택한 사진을 사진 보관함에는 남겨 두고 앨범에서만 제거합니다.
- **#장의 사진 삭제**: 선택한 사진을 스마트 앨범과 사진 보관함에서 삭제합니다. 실수로 스마트 앨범에 있는 사진을 삭제했을 경우, 사이드바에 있는 [최근 삭제한 항목]을 선택하면 삭제한 사진을 복구할 수 있습니다.

06 | 사진을 보정하는 여러 가지 방법

사진 앱은 전문 사진 편집 앱 못지않은 다양한 편집 기능을 제공합니다. 노출, 화이트 밸런스 등과 같은 사진 용어가 익숙하지 않다면 자동 이미지 향상으로 사진을 보정할 수 있습니다. 이번에는 사진 앱으로 사진을 보정하는 방법에 대해 알아보겠습니다.

보정 윈도우 살펴보기

사진 보기 윈도우에서 [편집] 도구를 클릭하면 보정 윈도우가 바로 표시됩니다.

> **잠깐만요** ─────
> 보정할 사진이 선택된 상태에서 command + return 키를 누르거나 사진 메뉴 막대의 [이미지] – [편집 도구 보기]를 선택해도 보정 윈도우를 표시할 수 있습니다.

① **조절 없이 사진 보기** ▣▣: 보정 도중에 이 버튼을 클릭하고 있으면 보정하지 않은 원본 사진을 표시할 수 있습니다. 버튼에서 손을 떼면 보정 상태로 되돌아옵니다.

② **원본으로 복귀:** 보정 내용을 모두 취소하고 원본 사진으로 되돌립니다.

③ **축소/확대:** 슬라이드 막대를 좌우로 움직여 사진을 확대/축소할 수 있습니다.

④ **조절:** 빛, 색상, 암부 및 명부 등의 조절 도구를 표시합니다.

⑤ **필터:** 사진에 적용할 수 있는 필터를 표시합니다. 각각의 필터를 클릭하면 바로 사진에 적용됩니다.

⑥ **자르기:** 16:9, 8:10 등 정해진 비율이나 원하는 크기로 사진을 자르거나 회전할 수 있습니다. 자세한 설명은 302쪽을 참고하세요.

⑦ **선택한 사진의 정보 가져오기** ⓘ: 보정하고 있는 사진의 정보를 표시합니다.

⑧ **확장 프로그램** ⊙: 마크업 도구나 다른 편집 앱을 표시합니다.

⑨ **즐겨찾는 사진에 추가 ♡**: 현재 편집 중인 사진을 즐겨찾는 사진에 추가합니다.

⑩ **시계 반대 방향으로 회전 ▣**: 클릭할 때마다 시계 반대 방향으로 90도씩 회전합니다. (option)키를 누르고 이 버튼을 클릭하면 시계 방향으로 회전합니다.

⑪ **자동 이미지 향상 ✦**: 사진을 자동으로 보정합니다. 자동 보정 후 조절 항목에서 보정 내용을 선택하거나 취소할 수 있습니다. 자세한 설명은 304쪽을 참고하세요.

⑫ ▣: 사진에 적용된 보정 내용을 저장합니다. 기존의 사진을 덮어쓰면서 저장합니다.

Live Photo

Live Photo는 사진을 3초가량의 동영상으로 저장하는 것으로, ⑬~⑯ 항목은 Live Photo에서만 표시되는 항목입니다.

⑬ **소리 켜기/끄기 ▣**: Live Photo에 포함된 소리를 끄거나 켤 수 있습니다.

⑭ **Live Photo 켜기/끄기 ▣**: Live Photo를 끄거나 켤 수 있습니다. Live Photo를 끄면 대표 사진으로 선택된 사진이 일반 사진으로 저장됩니다.

⑮ **대표 사진**: 사진 앱에 표시할 대표 사진을 선택할 수 있습니다 Live Photo을 끄면 대표 사진으로 선택한 사진만 남게 됩니다.

⑯ ▣Live ▣: Live Photo 재생 방법을 선택합니다.

사진 보정하기

보정 윈도우 상단에 있는 [조절]을 선택하면 다양한 보정 항목이 표시됩니다. 각 보정 항목 아래의 [옵션]에는 세부 보정 옵션이 표시되므로 슬라이드 막대를 좌우로 드래그해 좀 더 세밀하게 보정할 수 있습니다. 보정 항목 이름 옆에 있는 아이콘을 클릭하면 해당 보정 항목을 자동으로 적용하거나 보정 내용을 선택/취소할 수 있습니다.

① **세부 옵션 닫기/열기:** 클릭할 때마다 세부 옵션을 열거나 닫을 수 있습니다.

② **세부 옵션:** 슬라이드 막대를 움직여 좀 더 세밀하게 보정할 수 있습니다.

③ **변경 취소:** 해당 보정 항목의 보정을 취소합니다.

④ **자동:** 해당 보정 항목의 설정 값을 자동으로 적용합니다.

⑤ **◉:** 해당 보정 도구로 보정한 내용의 적용 여부를 선택할 수 있습니다. ◉를 클릭하면 ◯으로 바뀌고 해당 보정 도구로 보정한 내용이 적용되지 않습니다. 보정 내용을 취소하고 원래대로 돌리는 [변경 취소]와 달리, 언제든지 보정 내용의 적용 여부를 선택할 수 있습니다.

불필요한 흔적이나 잡티 제거하기

보정 도구 중에서 '잡티 제거' 항목을 사용하면 사진에서 지우고 싶은 흔적이나 잡티 등을 간단하게 지울 수 있습니다.

'잡티 제거' 항목에 있는 '크기' 슬라이드 막대를 좌우로 드래그해 브러시의 크기를 조절합니다.

사진에서 지우고 싶은 흔적이나 잡티가 있는 영역을 지정한 브러시로 지우개와 같이 드래그합니다. 지운 부분과 주변 색상이 어울리도록 자연스럽게 제거됩니다.

303

사진 자동 보정하기

화이트 밸런스 등과 같은 사진 용어가 익숙하지 않고, 어떻게 보정해야 할지 모르겠다면 사진 보정 윈도우에서 [자동 이미지 향상] 만 클릭해도 사진을 좀 더 보기 좋게 보정할 수 있습니다.

사진 편집으로 넘어가기 전에 사진 보기 윈도우에서 [자동 이미지 향상] 을 클릭해도 사진을 자동으로 보정할 수 있습니다.

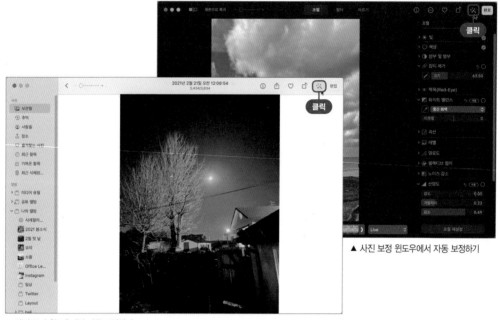

▲ 사진 보정 윈도우에서 자동 보정하기

▲ 사진 보기 윈도우에서 자동 보정하기

잠깐만요

자동 이미지 향상 기능이 적용된 사진에는 도구 막대의 해당 아이콘이 이나 로 표시됩니다.

필터를 사용해 스타일 바꾸기

사진을 이리저리 보정하지 않고 간단하게 필터만 적용해도 사진을 전혀 다른 분위기로 바꿀 수 있습니다. 보정 원도우에서 [필터]를 선택한 후 사용할 필터를 선택하면 사진에 바로 적용됩니다. 필터에서 슬라이드 막대를 움직여 필터의 강도를 조절할 수도 있습니다.

필터 중에서 [모노] 필터를 사용하면 컬러 사진을 간단히 흑백 사진으로 바꿀 수 있습니다

자르기 및 회전하기

보정 윈도우에서 [자르기]를 클릭하면 다양한 자르기 도구가 표시됩니다.

① 사진을 좌우로 뒤집을 수 있습니다. `option` 키를 누른 상태에서 클릭하면 사진을 위아래로 뒤집을 수 있습니다.

② 사진을 원하는 비율로 자르거나 회전합니다. [사용자화]를 선택하면 원하는 비율을 직접 입력할 수도 있습니다.

③ 사진의 가로세로 비율을 변경할 수 있습니다.

④ 기울어진 사진을 자동으로 조절합니다.

⑤ 변경 내용을 취소하고 원본 사진으로 재설정합니다.

[자르기]를 클릭하면 사진 주변에 크기를 조절할 수 있는 조절점이 나타납니다. 네 귀퉁이 부분을 드래그해 가로와 세로를 한꺼번에 조절할 수도 있고, 가로와 세로 부분을 따로 조절할 수도 있습니다. 또한 사진 오른쪽에 나타나는 각도 표시 부분을 위아래로 드래그해 사진을 원하는 각도만큼 회전할 수도 있습니다.

사진 주변에는 끌어서 옮길 수 있는 자르기 핸들이 표시됩니다. 모서리 부분을 드래그하거나 테두리 부분을 드래그해 자를 영역을 지정할 수 있습니다. 자르기 핸들 바깥쪽의 어두운 부분이 잘려 나갈 부분입니다.

팟캐스트

팟캐스트는 Apple의 iPod과 방송(Broadcasting)이 합쳐진 용
어로, 지난 라디오 방송이나 팟캐스트용으로 제작된 프로그램을
들을 수 있는 서비스입니다. 마음에 드는 프로그램이 있다면 구
독할 수도 있습니다.

01 | 팟캐스트 듣기

팟캐스트를 이용하면 전 세계의 재미있고 유익한 음성 방송을 들을 수 있습니다. 그것도 무료로 말이죠.

Dock이나 Launchpad에서 [팟캐스트] 🎙를 선택하면 팟캐스트를 실행할 수 있습니다. 팟캐스트가 실행되면 [듣기 시작]을 클릭하세요.

팟캐스트 윈도우의 사이드바에서 [인기 차트]를 클릭한 후 [모든 카테고리]를 클릭하면 팟캐스트를 카테고리별로 찾을 수 있습니다. 원하는 팟캐스트를 찾아보세요.

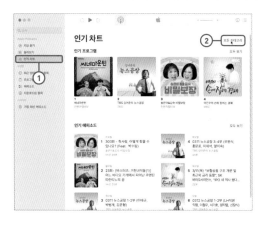

잠깐만요

팟캐스트 이름을 알고 있다면 사이드바 위에 있는 검색 창에 팟캐스트 이름을 검색해도 됩니다.

팟캐스트를 선택하면 해당 팟캐스트에 대한 설명과 함께 여러 개의 에피소드가 나열됩니다. 듣고 싶은 에피소드 항목 위에 마우스 포인터를 올려 놓으면 표시되는 ▶를 클릭하면 에피소드가 재생됩니다.

에피소드가 재생되는 도중 팟캐스트 윈도우 위에는 재생 막대가 표시됩니다. 재생 막대에 표시되는 도구를 사용하면 재생되는 에피소드를 앞이나 뒤로 감을 수 있고, 재생을 일시 중지할 수도 있습니다.

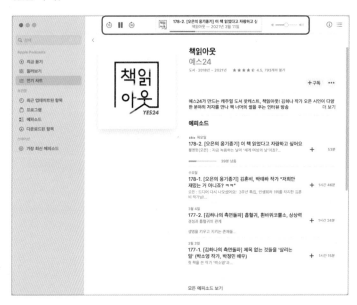

02 | 팟캐스트 구독하기

수많은 팟캐스트 중 마음에 드는 팟캐스트가 있다면 구독해 보세요. 새로 등록된 에피소드가 있는지 번거롭게 확인하지 않아도 구독한 팟캐스트의 최신 에피소드가 등록될 때마다 바로 확인할 수 있습니다.

팟캐스트를 구독하려면 팟캐스트 설명 화면에서 +구독 을 클릭합니다. 구독이 완료되면 ✓구독 으로 바뀝니다.

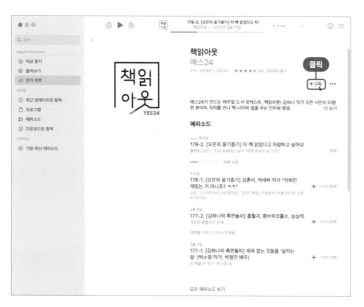

팟캐스트 목록에서도 팟캐스트를 구독할 수 있습니다. 목록에 있는 팟캐스트 이름 위에 마우스 포인터를 올려 놓으면 이 나타나는 [더 보기] 버튼 … 을 클릭한 후 [구독]을 클릭해도 됩니다.

구독한 팟캐스트는 팟캐스트 사이드바의 [프로그램]을 클릭하면 확인할 수 있고, 구독했던 팟캐스트를 취소하려면 팟캐스트 설명 화면에서 [더 보기] 버튼 ••• 을 클릭한 후 [구독 취소]를 선택하면 됩니다.

▲ 구독 중인 팟캐스트 살펴보기

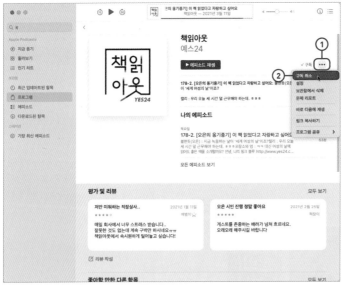

▲ 팟캐스트 구독 취소하기

에피소드 재생 목록에 추가하기

구독 여부와 관계없이 다양한 팟캐스트의 에피소드 중 자주 듣고 싶은 에피소드만 따로 모아 관리할 수도 있습니다. 이번에는 팟캐스트의 에피소드를 재생 목록에 추가하는 방법에 대해 알아보겠습니다.

재생 목록에 추가하고 싶은 에피소드 위에 마우스 포인터를 올려 놓은 후 [더 보기] 버튼 ••• 을 클릭하고 [바로 다음에 재생]이나 [맨 뒤에 재생]을 선택합니다.

멀티미디어

iTunes

잠 깐 만 요

'바로 다음에 재생'을 선택하면 재생 목록의 앞, '맨 뒤에 재생'은 재생 목록의 뒤에 에피소드가 추가됩니다.

재생 목록에 추가한 에피소드를 확인하려면 팟캐스트 윈도우의 재생 막대에 있는 ☰ 를 클릭합니다. 재생 목록의 에피소드 순서를 바꾸려면 에피소드의 오른쪽에 있는 ☰ 를 클릭한 후 원하는 위치로 드래그하면 됩니다.

iMovie

인터넷 개인 방송이 늘어나고 스마트폰을 활용한 동영상 촬영이
쉬워지면서 동영상 관리나 편집 앱을 많이 사용하게 됐습니다.
다양한 동영상 관리/편집 앱이 있지만 유료이거나 사용법이 어
렵다면 macOS의 iMovie를 사용해 보세요. iMovie는 기본으로
제공되는 무료 앱이지만, 동영상을 관리하거나 편집할 수 있어
유용합니다.

iMovie를 사용하면 동영상 편집은 물론, Windows의 Movie Maker와 같이 이미지에 배경 음악을 추가해 동영상으로 만들 수도 있습니다. 아직은 생소한 iMovie의 윈도우가 어떻게 구성됐는지부터 살펴보겠습니다.

command + spacebar 를 눌러 Spotlight 검색 창을 연 후 'iMovie'를 검색해 실행합니다.

iMovie를 처음 실행하면 사용자의 사진에 접근할 수 있도록 [모든 사진에 대한 접근 허용]을 클릭합니다.

시작 화면이 표시되면 [계속]과 [시작하기] 버튼을 차례대로 클릭합니다. 이 화면은 iMovie를 처음 실행했을 때만 나타납니다.

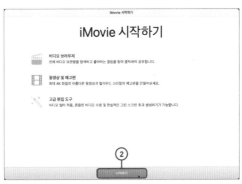

iMovie는 크게 [미디어] 탭과 [프로젝트] 탭으로 구성돼 있습니다. 우선 각 탭이 어떤 역할을 하는지 간단하게 알아보겠습니다.

멀티미디어

iTunes

미디어 탭

iMove 윈도우의 미디어 탭을 클릭하면 사진 앱에 있는 사진, 직접 iMovie에 추가한 이미지, 동영상, 음악이 표시됩니다.

iMovie에서 프로젝트를 만들 때 사용하는 미디어들은 'iMovie 보관함'으로 따로 분류되는데, [미디어] 탭을 클릭하면 기본적으로 iMovie 보관함의 이미지, 동영상 등이 표시됩니다.

프로젝트

iMove 윈도우의 프로젝트 탭을 클릭하면 이미 완성된 프로젝트를 확인할 수 있습니다. [신규 생성]을 클릭하면 새로운 동영상 프로젝트를 만들 수 있습니다.

02 | iMove로 동영상 만들기

iMovie 앱을 사용하면 사진과 동영상을 활용해 새로운 동영상을 만들 수 있습니다. 그뿐 아니라 미디어와 미디어 사이에 전환 효과를 추가하고 사용자가 원하는 음악을 넣을 수도 있죠. 이번에는 iMovie로 동영상을 만드는 방법에 대해 알아보겠습니다.

동영상에 사용할 미디어 추가하기

iMovie로 동영상을 만들기 위해서는 우선 동영상 제작에 필요한 이미지나 동영상, 음악 등의 미디어를 'iMovie 보관함'으로 가져와야 합니다. 사진 앱에 있는 미디어는 보관함으로 가져오지 않고도 바로 사용할 수 있습니다.

가져올 미디어가 외부 기기에 있다면 외부 기기와 케이블로 Mac을 연결합니다. iMovie 윈도우에서 [미디어] 탭을 클릭한 후 도구 막대에 있는 ⬇️을 클릭합니다. 가져오기 윈도우가 열리면 왼쪽 사이드바의 '카메라' 항목이나 '기기' 항목에 iPhone이나 iPad, 카메라 기기가 표시됩니다. Mac에 있는 폴더도 '기기' 항목에 표시됩니다.

iMovie에서는 가져온 미디어가 표시되는 보관함을 '이벤트'라고 합니다. 도구 막대의 [다음으로 가져오기]에서 미디어를 가져올 이벤트를 선택할 수 있습니다. [다음으로 가져오기]를 펼친 후 [새로운 이벤트]를 선택하고, 원하는 이름을 입력한 다음 [확인]을 클릭합니다.

가져오기 윈도우의 사이드바에서 가져올 미디어가 있는 폴더나 외부 기기를 선택하면 iMovie 윈도우 아래에 선택한 폴더나 기기에 있는 미디어가 표시됩니다. iMovie로 가져올 미디어를 선택한 후 [선택된 항목 가져오기]를 클릭합니다.

▲ iMovie 미디어 추가하기

Mac에 저장된 미디어를 iMove 보관함으로 가져오려면, Finder 윈도우에서 미디어를 선택한 후 열려 있는 iMovie 보관함으로 드래그하면 됩니다.

▲ Finder 윈도우에서 미디어 추가하기

원하는 미디어를 가져오면 가져오기 윈도우가 닫히고, iMovie 윈도우 사이드바의 [iMovie 보관함] 항목 아래로 새로 만든 이벤트가 표시됩니다. 새로 만든 이벤트 이름을 클릭해 보세요. 방금 가져온 미디어를 확인할 수 있습니다.

iMovie 보관함으로 가져온 미디어를 삭제하려면 원하는 항목을 control + 클릭한 후 [이벤트에서 미디어 삭제]를 선택하면 됩니다.

새 프로젝트 만들기

iMovie 윈도우의 [프로젝트] 탭에서는 iMovie 보관함에 있는 미디어를 사용해 새로운 동영상을 만들 수 있습니다. [프로젝트] 탭은 동영상을 만드는 작업대인 셈이죠.

iMovie 윈도우에서 [프로젝트] 탭을 클릭한 후 [신규 생성]을 클릭합니다. 여기서는 [동영상]을 선택해 동영상을 직접 만들어 보겠습니다.

- **동영상:** 이미지나 동영상, 음악 등을 조합해 나만의 동영상을 만들 수 있습니다.
- **예고편:** 이미 만들어진 소스를 사용해 동영상을 만들 수 있습니다.

프로젝트 윈도우 아래에는 타임라인이 표시됩니다. iMovie 보관함의 이벤트에 있는 미디어 중 동영상에 넣을 사진이나 동영상을 선택한 후 타임라인으로 드래그합니다. 이때에는 동영상의 흐름을 생각하면서 미디어를 순서대로 드래그해야 합니다.

▲ 보관함에서 타임라인으로 미디어 가져오기

타임라인에 추가한 각각의 미디어를 '클립'이라 부르고, 기본적으로 4초씩 재생되도록 추가됩니다. 타임라인 위에 마우스 포인터를 올려 놓으면 흰색 세로 선이 나타나는데, 이것은 재생 위치를 나타내며, '재생 헤드'라고도 합니다. 재생 헤드를 움직일 때마다 클립이 어떤 식으로 재생될지 화면 오른쪽 위에 있는 미리보기 윈도우에서 확인할 수 있습니다.

▲ 재생 헤드를 움직여 미리보기 확인하기

타임라인에 여러 개의 미디어를 추가하다 보면 한 화면에서 전체 미디어를 확인할 수 없는 경우
가 생깁니다. 이때 타임라인의 오른쪽 위에 있는 슬라이드 막대를 왼쪽으로 움직여 미디어 크기
를 조절하면 한 화면에서 여러 개의 미디어를 확인할 수 있습니다.

필요한 미디어를 모두 타임라인에 추가했다면, 타임라인의 가장 앞부분을 클릭해 재생 헤드를
옮기고, 오른쪽 위에 있는 미리보기 윈도우에서 [재생] 버튼 ▶을 클릭해 보세요. 지금까지 추가
한 미디어로 만든 동영상이 재생됩니다.

iMovie에서 동영상을 재생하는 방법

- 미리보기 윈도우에서 [재생] 버튼▶ 클릭하기
- 타임라인을 선택하고 Spacebar 키 누르기
- 타임라인에서 클립을 control +클릭한 후 [재생] 선택하기

테마 적용하기

단순히 미디어만 추가해 동영상을 만들면 조금 밋밋하지요? 여기에 테마를 추가하면 좀 더 동적인 동영상을 만들 수 있습니다. 테마는 동영상에 제목과 배경 음악, 미디어와 미디어 사이의 전환 효과 같은 시각적인 효과를 미리 만들어 놓은 것입니다.

타임라인의 오른쪽 위에 있는 [설정]을 클릭한 후 '테마' 항목의 오른쪽에 있는 [테마 없음]을 클릭합니다.

잠 깐 만 요

이미 적용돼 있는 테마가 있을 경우, 테마 이름을 클릭해 다른 테마로 수정할 수도 있습니다.

테마를 클릭하면 어떤 효과의 테마인지 미리 확인할 수 있습니다. 각 테마마다 전환 효과와 사용되는 배경 음악이 다릅니다. 마음에 드는 테마를 선택했다면 [변경]을 클릭합니다.

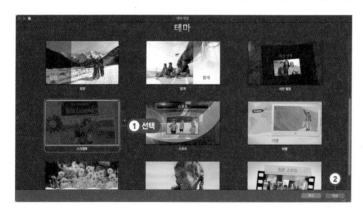

테마에는 동영상 제목이나 제작자 같은 텍스트가 포함돼 있는데, 텍스트를 수정하려면 타임라인 클립 바로 위에 있는 텍스트 부분을 더블클릭한 후 미리보기 윈도우에서 텍스트를 입력하면 됩니다.

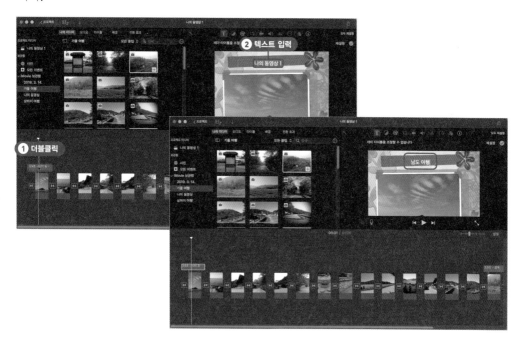

프로젝트 저장하기

프로젝트에는 동영상을 만들면서 사용한 미디어 파일과 적용했던 테마, 수정한 텍스트가 모두 담겨 있습니다. 지금까지 만든 것을 동영상으로 다른 기기에서 재생할 수 있는 동영상 파일로 만들려면 우선 프로젝트를 저장해야 합니다. 그리고 프로젝트를 저장해 두면 나중에 동영상을 수정할 때 편리하죠. 프로젝트 윈도우에서 동영상 제작이 모두 완료됐다면, 프로젝트 윈도우 위에 있는 〈 프로젝트 를 클릭합니다.

아직 저장하지 않은 프로젝트라면 프로젝트 이름을 입력하고 [확인]을 클릭해 프로젝트를 저장합니다. 프로젝트 저장이 끝나면 프로젝트 목록이 표시됩니다. 목록에서 원하는 프로젝트를 더블클릭하면 해당 프로젝트를 다시 편집할 수 있습니다.

프로젝트를 동영상으로 변환하기

저장한 프로젝트는 동영상을 편집할 수 있는 상태로 저장되기 때문에 SNS에 동영상을 업로드하거나 일반적인 동영상으로 사용하려면 프로젝트를 동영상 파일로 변환해야 합니다. 프로젝트 목록에서 프로젝트 위에 마우스 포인터를 올려 놓았을 때 프로젝트 이름 옆에 나타나는 ⚫을 클릭한 후 [프로젝트 공유]–[파일]을 선택합니다.

동영상을 변환했을 때 예상되는 재생 시간과 파일 크기 등이 표시됩니다. [다음]을 클릭한 후 동영상 파일 이름과 저장할 폴더를 선택한 후 [저장]을 클릭합니다.

동영상을 저장한 폴더로 이동하면 방금 저장한 동영상이 .mp4 파일 형태로 저장돼 있습니다. .mp4 파일을 선택한 후 spacebar 를 누르면 미리보기 윈도우에서 동영상을 재생할 수 있습니다.

03 | 동영상에 여러 가지 효과 추가하기

iMovie의 테마를 이용해 간편하게 동영상을 만들 수 있지만, 타이틀이나 미디어 전환 효과, 배경 음악 등 여러 가지 효과도 사용자가 원하는 대로 수정할 수 있습니다. 이번에는 동영상에 다양한 효과를 추가하는 방법에 대해 알아보겠습니다.

프로젝트를 저장하면 언제든지 불러와 수정할 수 있습니다. 프로젝트 목록에서 수정할 프로젝트를 더블클릭합니다.

클립의 재생 시간 수정하기

타임라인에 미디어를 추가하면 기본적으로 4초씩 재생됩니다. 동영상에 테마를 적용했다면 각 클립의 재생 시간이 테마에서 지정된 시간으로 바뀌기도 하죠. 타임라인에서 클립 위에 마우스 포인터를 올려 놓으면 클립 왼쪽 위에 재생 시간이 나타나고, 클립 주변에 노란색 테두리가 표시됩니다. 오른쪽 테두리 부분에 포인터를 올려 놓은 후 ⟨⟩가 나타났을 때 좌우로 드래그하면 재생 시간을 조절할 수 있습니다.

타이틀 효과 추가하기

테마를 적용했을 때는 동영상의 시작 부분에만 동영상 제목이 나타나지만, 각 클립마다 타이틀 효과를 추가할 수도 있습니다. 타이틀은 클립의 제목이나 자막 등 여러 가지 형태의 텍스트를 입력할 수 있습니다.

타임라인에서 타이틀을 추가할 위치에 재생 헤드를 가져다 놓고, 프로젝트 윈도우 위의 [타이틀] 탭을 클릭하면 적용할 수 있는 여러 가지 타이틀 효과가 표시됩니다.

> **잠깐만요** ─────────────
> 테마를 적용했다면 테마에서 제공하는 타이틀도 함께 확인할 수 있습니다.

각 타이틀은 단순히 텍스트만 표시하는 것이 아니라 자체적으로 전환 효과가 적용돼 있습니다. 타이틀마다 사각형 영역이 표시돼 있고, 영역 안에서 마우스 포인터를 천천히 움직이면 오른쪽 미리보기 윈도우에 타이틀 전환 효과가 나타납니다. 마음에 드는 타이틀 효과를 찾아보세요.

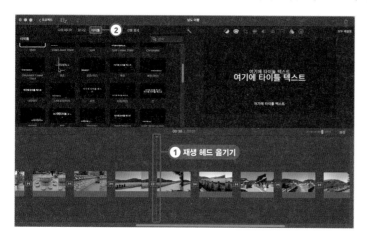

사용하려는 타이틀 효과를 선택한 후 타임라인으로 드래그하면 타이틀 효과를 추가할 수 있습니다.

타임라인에 추가된 타이틀 효과를 더블클릭하면 타이틀 내용을 입력하거나 글자 크기, 색상, 스타일 등을 바꿀 수 있고, 타임라인에서 타이틀 효과를 클릭했을 때 표시되는 노란색 테두리를 좌우로 드래그하면 재생 시간도 조절할 수 있습니다.

잠 깐 만 요
타임라인의 재생 헤드를 둔 상태에서 타이틀 효과를 더블클릭하면 타이틀 효과를 재생 헤드가 있는 위치에 바로 추가할 수 있습니다.

전환 효과 추가하기

전환 효과는 타임라인의 각 클립에서 다른 클립으로 전환될 때 추가하는 효과를 말합니다. 프로젝트 윈도우의 [전환 효과]를 클릭하면 다양한 전환 효과가 표시됩니다. 타이틀 효과와 같이 각각의 전환 효과 위에서 마우스 포인터를 천천히 움직이면 미리보기 윈도우에서 각 효과를 확인할 수 있습니다.

추가할 전환 효과를 선택한 후 타임라인의 클립과 클립 사이로 드래그하면 타임라인에  가 표시됩니다.

잠 깐 만 요
타임라인에서 command + A 키를 눌러 모든 클립을 선택한 후 원하는 전환 효과를 더블클릭하면 전환 효과를 전체 클립에 추가할 수 있습니다.

를 클릭하면 미리보기 윈도우에서 미디어와 미디어 사이에 전환 효과가 어떻게 적용되는지 미리 확인할 수 있습니다.

그리고 를 더블클릭하면 전환 효과의 이름과 실행 시간을 확인할 수 있습니다. 실행 시간에 원하는 시간을 입력한 후 [적용]을 클릭하면 재생 시간을 변경할 수 있습니다. [모두 적용]을 클릭하면 타임라인에 추가된 전환 효과 중 수정한 전환 효과와 같은 전환 효과 모두에 적용할 수 있습니다.

잠 깐 만 요

iMovie의 타임라인에 사진을 추가하면 자동으로 전환 효과가 추가되는데, 전환 효과가 자동으로 추가되지 않도록 설정할 수 있습니다. 타임라인 오른쪽 위에 있는 [설정]을 클릭한 후 '자동 콘텐츠' 항목의 체크를 해제합니다.

동영상에 음성 추가하기

동영상에 직접 녹음한 음성을 추가할 수도 있습니다. 동영상에 음성을 추가하려면 타임라인의 클립 중 음성을 삽입할 위치에 재생 헤드를 둔 상태에서 미리보기에 있는 [마이크] 버튼 을 클릭한 후 [녹음] 버튼 을 클릭합니다.

녹음을 시작하면 타임라인의 사진 아래쪽에 녹음 레벨이 표시됩니다. 음성 녹음을 끝내려면 미리보기에 있는 [녹음 중지] 버튼 을 클릭합니다.

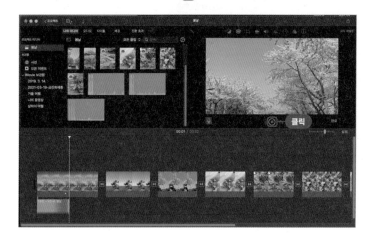

동영상에 배경 음악 추가하기

동영상을 만든 후 갖고 있는 음악을 배경 음악으로 사용해 동영상의 분위기를 다르게 표현할 수도 있죠. 프로젝트 윈도우의 [오디오] 탭을 클릭하면 사이드바에서 [음악]이나 [사운드 효과] 항목을 선택해 동영상에 원하는 음악을 추가할 수 있습니다.

배경 음악으로 사용할 음악이 준비돼 있다면 사이드바에서 [음악]을 클릭한 후 음악 목록 중에서 원하는 배경 음악을 선택합니다. 그리고 타임라인의 클립 아래쪽으로 드래그해 추가할 수 있습니다.

잠 깐 만 요

음악 목록에서 음악 위에 마우스 포인터를 올려 놓았을 때 왼쪽에 나타나는 ▶를 클릭하면 선택한 배경 음악을 미리 들어 볼 수 있습니다.

음악을 선택했을 때 목록 위에 음악의 파형이 나타나는데, 이것을 마우스로 드래그하면 파형의 일부만 선택할 수 있습니다. 선택한 영역을 타임라인으로 드래그하면 선택한 부분만 배경 음악으로 사용할 수 있습니다.

PART 6

생산성을 높이는
문서 작성 및 공동 작업

이번에는 macOS에서 문서를 작성하고 공유하는 방법에 대해 알아보겠습니다. 스티커 앱과 메모 앱, 텍스트 편집기 앱은 짧은 메모나 간단한 문서를 작성하는 데 편리합니다. macOS에서 화면을 캡처하고 동영상으로 녹화하는 방법도 함께 알아보겠습니다.

특히 iWork는 무료이면서도 기본적인 문서 작성뿐 아니라 편리하고 유용한 공동 작업 기능을 가지고 있습니다. iWork의 공동 작업을 활용하면 팀 프로젝트나 원격 근무를 할 때 똑같은 문서를 자유롭게 편집할 수 있습니다.

macOS

간단한 기록과
문서 편집

macOS를 사용하다가 간단하게 기록해 둬야 할 내용이 있다면
메모 앱이나 스티커 앱을 사용해 보세요. 작업을 하던 도중 간단
하게 내용을 메모해야 한다면 스티커 앱을 사용해 작업 화면에
필요한 내용을 붙여 둘 수 있습니다. 특히 메모 앱은 연속성 기
능을 통해 iPhone이나 iPad와 같은 Apple 기기와 연결해 사용
할 수도 있고, Google 계정과 연동할 수도 있습니다.

01 | 스티커 앱으로 화면에 간단한 메모하기

macOS의 스티커 앱을 사용하면 자주 확인해야 할 메모 내용을 작업 화면에 붙여 둘 수 있습니다. 스티커에 작성한 텍스트의 색상이나 서체도 변경할 수 있고, 메모 안에 파일을 삽입할 수도 있습니다. 스티커 앱을 사용해 중요한 내용을 메모해 보세요.

스티커 작성하기

command + spacebar 키를 누른 후 Spotlight에 '스티커'를 입력하고, 검색 결과에서 '스티커'를 더블클릭해 스티커 앱을 실행합니다.

원모어 딩 스티커 앱을 실행하는 여러 가지 방법

- Spotlight에서 '스티커' 검색하기
- Launchpad에서 [기타] – [스티커] 클릭하기
- Finder에서 [응용 프로그램] – [스티커] 선택하기

스티커 앱을 실행하면 접착식 메모지와 같은 형태의 스티커 앱 윈도우가 나타납니다. 스티커 앱을 처음 사용한다면 스티커 앱에 대한 간단한 설명이 입력돼 있습니다. 기존 스티커 윈도우의 내용을 삭제한 후 새 내용을 입력해 보세요.

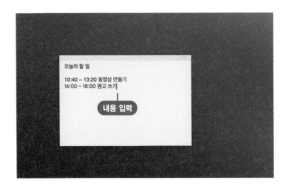

새로운 스티커 윈도우를 열려면 command+N 키를 누르거나 스티커 메뉴 막대에서 [파일]-[새 메모]를 선택합니다. 필요할 때마다 새 스티커 윈도우를 만들어 메모할 수 있습니다. 스티커 윈도우 윗부분을 클릭해 원하는 위치로 드래그할 수도 있습니다.

▲ 새 메모 만들기

▲ 메모 위치 옮기기

스티커 색상 바꾸기

스티커 윈도우는 기본적으로 노란색으로 표시되지만, 윈도우 색상을 바꿀 수도 있습니다. 메모 내용에 따라 윈도우 색상을 지정하면 다양한 스티커를 구분할 때 편리합니다. 스티커 윈도우의 색상을 변경하려면 색상을 변경할 스티커 윈도우를 선택한 후 스티커 메뉴 막대에서 [색상]을 선택하고 원하는 색상을 선택합니다.

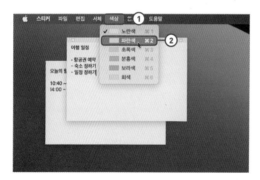

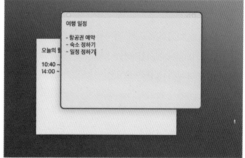

스티커 텍스트 스타일 수정하기

스티커에 입력한 텍스트에 다양한 스타일을 적용할 수도 있습니다. 스티커에 입력한 텍스트를 선택한 후 스티커 메뉴 막대의 [서체] 메뉴에 있는 스타일을 선택합니다. 보통은 메뉴 막대보다 다음과 같은 단축키를 많이 사용합니다.

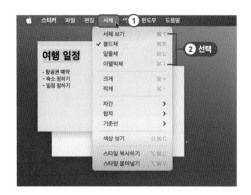

- 글자 크기 크게: `command`+`+`
- 글자 크기 작게: `command`+`-`
- 굵게: `command`+`B`
- 밑줄: `Command`+`U`
- 이탤릭체: `Command`+`I`

텍스트 색상을 바꾸려면 텍스트를 선택한 상태에서 스티커 메뉴 막대의 [서체]-[색상 보기]를 선택합니다. 색상 윈도우가 표시되면 원하는 색상을 선택할 수 있습니다.

잠 깐 만 요 ————————
스티커 메뉴 막대에서 [서체] – [서체
보기]를 선택하면 더욱 다양한 텍스
트 스타일을 지정할 수 있습니다.

스티커 윈도우에 작성한 내용을 목록으로 만들 수도 있습니다. 스티커에 작성한 메모 중 목록으로 만들 내용을 드래그해 선택한 후 `option`+`tab`키를 누르면 선택한 내용이 목록으로 바뀝니다. 내용을 입력하기 전에 `option`+`tab`키를 누른 후 내용을 입력하면 목록으로 작성됩니다. 목록 작성을 끝내려면 `return`키를 두 번 누르거나 `Backspacebar`키를 누르면 됩니다.

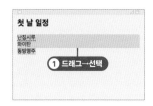

스티커에 이미지나 문서 파일 삽입하기

스티커 앱에 이미지나 문서 파일을 삽입할 수 있습니다. 스티커 앱에 삽입할 이미지나 문서 파일을 선택한 후 스티커 윈도우 안으로 드래그하면 스티커에 삽입한 이미지나 문서 파일 내용이 표시됩니다.

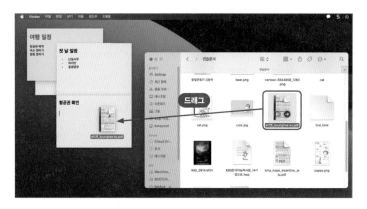

스티커에 많은 내용이나 이미지, 문서 파일 등을 삽입한 경우, 스티커 윈도우의 크기를 조절하면 입력한 내용을 한눈에 살펴볼 수 있습니다. 다른 윈도우와 마찬가지로 스티커 윈도우의 테두리를 드래그해 원하는 크기를 조절할 수도 있고, 스티커 윈도우의 오른쪽 위에 있는 [확대/축소] ◩를 클릭하면 전체 화면으로 표시할 수 있습니다. [확대/축소] ◩를 한 번 더 클릭하면 원래 크기로 돌아옵니다.

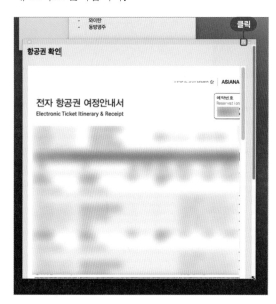

02 | 스티커 관리하기

스티커 앱을 사용하면 여러 개의 메모를 작업 화면에 표시할 수 있어 편리하죠. 이번에는 스티커 윈도우를 화면에 항상 표시하는 방법
과 작성해 놓은 스티커를 관리하는 방법에 대해 알아보겠습니다.

스티커 윈도우 항상 표시하기

스티커에 메모를 작성하면 데스크탑 화면에 표시되지만, 다른 앱을 실행하면 스티커 윈도우가
다른 앱 윈도우에 가려지죠. 가려진 스티커 윈도우를 다시 작업 화면에서 표시하고 싶다면 Dock
에 있는 [스티커] 🟫를 클릭해 데스크탑 화면에 표시할 수 있습니다.

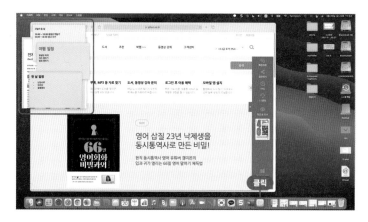

만약 스티커에 작성한 메모를 계속 데스크탑 화면에 표시해 확인하고 싶다면 실행된 앱 윈도우
중 가장 위에 표시할 수 있습니다. 원하는 스티커 윈도우가 선택된 상태에서 스티커 메뉴 막대의
[윈도우]-[상단에 띄우기]를 선택하면 선택한 스티커 윈도우가 항상 다른 앱 윈도우 위에 표시됩
니다.

잠 깐 만 요

[윈도우]-[상단에 띄우기]를 한 번 더 선택하면 상단 띄우기가 해제됩니다.

스티커 메뉴 막대에서 [윈도우]–[반투명]을 선택하면 선택한 스티커 메모를 반투명하게 표시할 수 있습니다. [상단에 띄우기]로 표시한 스티커 윈도우를 반투명하게 지정하면 겹쳐진 다른 앱 윈도우를 볼 수 있어서 편리합니다.

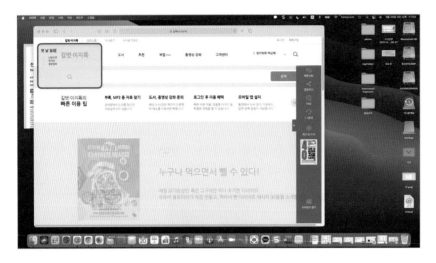

스티커 제목만 표시하기

스티커 앱에 저장한 메모가 많아져서 데스크탑 화면의 많은 부분을 차지한다면 스티커 윈도우에 저장한 메모 내용을 가리고 제목만 표시할 수도 있습니다. 스티커 윈도우의 오른쪽에 있는 [축소] 🔲를 클릭하거나 스티커 윈도우의 제목 표시줄을 더블클릭하면 스티커 앱에 저장한 메모 내용 중 가장 첫 줄에 있는 내용이 제목으로 표시되고, 나머지 내용은 화면에서 감춰집니다. 이렇게 제목만 표시된 윈도우를 더블클릭하면 다시 해당 스티커의 내용을 확인할 수 있습니다.

스티커 저장하기 또는 삭제하기

화면에 표시된 스티커 윈도우 중 저장해야 할 스티커도 있고, 삭제할 스티커도 있을 것입니다. 스티커 윈도우의 왼쪽 위에 있는 [닫기] □를 클릭하면 해당 스티커의 처리 방법을 선택할 수 있습니다.

① 저장: 현재 스티커를 원하는 파일로 저장합니다.

• **일반 텍스트**: 현재 스티커 윈도우를 일반 텍스트만 저장합니다.

• **RTF**: 현재 스티커 윈도우에 포함된 텍스트와 서식을 파일로 저장합니다.

• **RTFD**: 현재 스티커에 포함된 이미지, 파일, 텍스트의 서식을 모두 포함한 텍스트 파일로 저장합니다.

> **잠 깐 만 요**
> 스티커를 일반 텍스트로 저장하면 지정한 서식과 첨부한 이미지 등이 모두 사라지므로 알맞은 파일 형식을 선택해야 합니다.

② **메모 삭제**: 현재 스티커 메모를 삭제합니다.

③ **취소**: 스티커 윈도우로 되돌아갑니다.

스티커를 저장하지 않은 상태로 화면에서도 감추려면 스티커 메뉴 막대에서 [스티커]-[스티커 종료]를 선택하면 됩니다. 저장하지 않은 스티커는 스티커 앱을 실행했을 때 다시 화면에 나타납니다.

원모어 띵 **스티커 메모를 종료하는 여러 가지 방법**

- [닫기] ☐ 클릭하기
- 스티커 메뉴 막대에서 [파일]–[닫기] 선택하기
- command + W 키 누르기
- command + Q 키 누르기
- 스티커 메뉴 막대에서 [스티커]–[스티커 종료] 선택하기

스티커 내용을 메모 앱으로 내보내기

스티커 메뉴 막대에서 [파일]–[메모 앱으로 모두 내보내기...]를 선택한 후 [모두 내보내기]를 선택하면 저장한 내용을 메모 앱으로 내보낼 수도 있습니다.

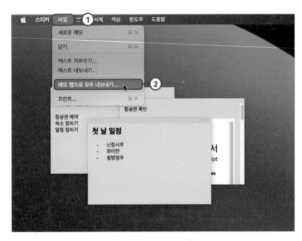

메모 앱이 자동으로 실행되면서 스티커 앱의 내용을 메모 앱으로 가져올 것인지 묻는 메시지가 표시됩니다. [메모 가져오기]를 클릭합니다.

메모 앱 사이드바에 [가져온 메모]라는 새로운 폴더가 생성되고, 스티커 앱에서 가져온 내용이 저장됩니다. 사이드바에서 [가져온 메모]를 선택하면 몇 개의 스티커를 언제 가져왔는지 요약해 보여 줍니다.

잠 깐 만 요 ─────────────────────────────
메모 앱을 처음 실행한다면 첫 화면에 앱 설명이 나타납니다. [계속]을 클릭하면 스티커 가져오기를 계속 진행할 수 있습니다.

메모 앱 사이드바에서 [가져온 메모] 앞의 [>]를 클릭하면 색상별로 구분된 구분된 스티커 내용이 표시됩니다.

기록과 편집 | 문서 편집하기

03 │ 메모 앱 도구 막대 사용자화하기

메모 앱은 Mac에서뿐 아니라 iCloud 계정을 공유하는 iPhone, iPad 등의 Apple 기기에서 작성한 메모와 동기화해 사용할 수 있을 뿐 아니라 네이버, Google과 같은 외부 웹 메모와 연동해 사용할 수도 있습니다.

command + spacebar 키를 누른 후 Spotlight 창에 '메모'를 검색해 메모 앱을 실행합니다. iCloud에서 '메모'를 공유해 됐다면 iCloud 계정을 공유하는 iPhone, iPad 등의 Apple 기기에서 작성한 메모가 표시됩니다.

잠깐만요 ─────────────────────
메모 앱을 처음 실행한다면 첫 화면에 메모 앱에 관한 설명이 나타납니다. [계속]을 클릭하면 앱을 계속 진행할 수 있습니다.

네이버, Google 계정과 메모 연동하기

네이버, Google 계정의 웹 메모 서비스를 사용하고 있다면 macOS의 메모 앱과 연동할 수 있습니다. macOS의 Mail 앱에 계정을 추가하지 않았거나 메모 공유 설정을 하지 않았다면 여기에서 설명하는 대로 메모를 연동해 보세요.

잠깐만요 ─────────────────────
네이버, Google의 메모는 iPhone나 iPad의 메모 앱에서 저장한 메모입니다.

1 Dock에서 [시스템 환경설정] ⚙️을 클릭한 후 [인터넷 계정]을 선택합니다.

2 계정 목록에서 [Google]을 선택한 후 오른쪽 항목의 '메모'에 체크합니다. 네이버 메모를 연동하려면 계정 목록에서 [Naver]를 선택한 후 오른쪽 항목의 '메모'에 체크합니다.

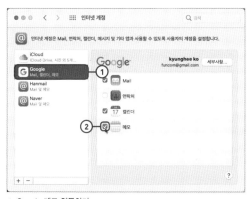

▲ Google 메모 연동하기

▲ 네이버 메모 연동하기

3 Google이나 네이버 계정을 연동하면 메모 윈도우의 사이드바에 'Google'이나 'Naver' 계정의 메모가 표시됩니다. 그리고 각 계정 아래의 [메모]나 [모든 메모]를 클릭하면 해당 계정의 메모 목록이 표시돼 메모 내용을 언제든지 확인할 수 있습니다.

메모 도구 막대 사용자화하기

메모 윈도우의 도구 막대에는 메모 앱에서 사용할 수 있는 다양한 도구가 표시됩니다. 메모 윈도우의 도구 막대에서 control+클릭한 후 [도구 막대 사용자화]를 선택하면 메모 도구 막대를 사용자화할 수 있습니다.

도구 상자에서 도구를 클릭한 후 도구 막대로 드래그하면 원하는 도구를 추가할 수 있습니다. 이와 반대로 도구 막대에 있는 도구 아이콘을 도구 상자로 드래그하면 제거할 수 있죠.

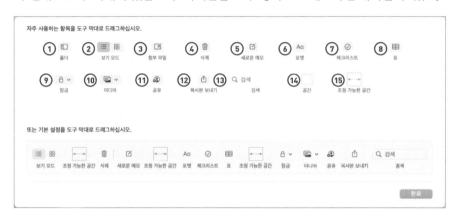

① **폴더** : 폴더 목록이 있는 사이드바를 감추거나 표시합니다.

② **보기 모드** : 메모를 목록이나 갤러리 형식으로 표시합니다.

③ **첨부 파일** : 사진, 미디어, 문서 등의 첨부 파일을 기준으로 메모를 정렬합니다.

④ **삭제** : 선택한 메모를 삭제합니다.

⑤ **새로운 메모** : 새로운 메모를 만듭니다.

⑥ **포맷** : 텍스트에 적용할 스타일을 선택합니다.

⑦ **체크리스트** : 메모에 체크리스트를 삽입합니다.

⑧ **표** : 메모에 표를 삽입합니다.

⑨ **잠금** : 선택한 메모를 잠그거나 잠금을 해제합니다.

⑩ **미디어** : Mac에 있는 사진을 삽입하거나, iPhone에서 직접 사진을 찍거나, 문서를 스캔해 삽입합니다.

⑪ **공유** : Mail이나 메시지, AirDrop 등을 통해 메모를 공유합니다.

⑫ **복사본 보내기** : 메일이나 메시지, AirDrop 등을 통해 메모를 공유할 수 있습니다.

⑬ **검색** : 메모 윈도우에 검색 상자를 표시합니다.

⑭ **공간** : 도구 막대에 빈 공간을 추가합니다.

⑮ **조정 가능한 공간** : 도구 막대에 조정 가능한 빈 공간을 추가합니다.

04 | 메모 작성 및 삭제하기

메모 앱은 macOS뿐 아니라 iOS를 사용하는 다양한 Apple 기기에서 메모를 작성할 때 자주 사용합니다. 메모 앱에서 작성한 내용은 같은 iCloud 계정을 사용하는 Apple 기기에서도 확인할 수 있습니다.

새 메모 작성하기

새 메모를 작성하려면 메모 윈도우의 도구 막대에서 [새로운 메모] ☑를 클릭합니다. 메모 목록에 '새로운 메모', 오른쪽 창에 메모를 작성할 수 있는 공간이 표시됩니다.

잠 깐 만 요 ────
네이버, Google 계정과 메모를 연동하는 방법에 대한 설명은 '네이버, Google 계정과 메모 연동하기'(344쪽)를 참고하세요.

기록과 편집

문서 편집하기

원모어 코딩 메모 앱을 실행하는 여러 가지 방법

• Dock에서 [메모] 클릭하기
• Spotlight에서 '메모' 검색하기
• Finder에서 [응용 프로그램] – [메모] 선택하기
• Launchpad에서 [메모] 클릭하기

오른쪽 창에 원하는 내용을 입력합니다. 입력한 내용을 블록으로 지정한 후 메모 윈도우의 도구 막대에서 [포맷] Aa 을 클릭하면 [제목], [본문] 등 미리 설정된 텍스트 스타일을 적용할 수 있습니다.

일부 텍스트에만 밑줄을 긋거나 색상을 변경하려면 텍스트를 선택한 후 control +클릭해 단축 메뉴에서 [서체]를 선택하면 원하는 스타일을 적용할 수 있습니다.

잠 깐 만 요 ─────
단축 메뉴에서 [서체] – [서체 보기]
를 선택하면 좀 더 다양한 서체와 스
타일을 선택할 수 있습니다.

메모 앱에서 체크리스트를 삽입하면 '할 일 목록'이나 '준비물 체크 목록' 등 하나씩 확인해야 하는 사항을 정리하거나 확인할 때 유용합니다. 체크리스트를 삽입하려면 메모 앱에 항목을 입력한 후 드래그해 블록으로 지정하고, 도구 막대의 [체크리스트] ⊘를 선택합니다. [체크리스트] ⊘를 클릭하면 각 항목 앞에 체크 단추가 표시돼 완료한 항목을 하나씩 체크하면서 확인할 수 있습니다.

메모에 이미지나 iPhone에서 찍은 사진 삽입하기

메모 내용에 Mac에 저장된 이미지 파일을 삽입하려면 Finder 윈도우에서 이미지 파일을 선택한 후 메모 윈도우로 드래그합니다. 이미지뿐 아니라 일반 파일, 폴더도 이와 같은 방법으로 메모에 삽입할 수 있습니다.

iPhone, iPad와 같이 카메라가 있는 Apple 기기에서 직접 사진을 찍어 메모에 삽입하고 싶다면 메모 앱의 도구 막대에서 [미디어]  를 선택한 후 사용할 기기의 [사진 찍기]를 선택합니다.

잠깐만요 ─────────

[사진 찍기] 기능을 사용하려면 Apple 기기가 Mac과 같은 WiFi 네트워크 안에 있어야 하고, Bluetooth가 켜져 있어야 합니다.

메모 윈도우에 선택한 기기로 사진을 찍는다는 메시지가 표시되고, 선택한 기기의 카메라가 자동으로 켜집니다.

사진을 찍은 후 [사진 사용]을 터치하면 메모 윈도우에 방금 찍은 사진이 삽입됩니다.

▲ iPhone에서 사진 찍기

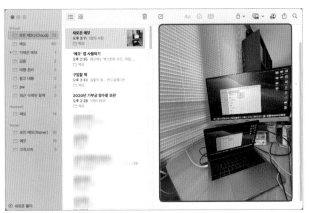

▲ 메모 앱에 삽입된 사진

Mac의 메모 윈도우 도구 막대에서 [미디어]  -[문서 스캔]을 선택하면 [문서 스캔]을 선택한 기기로 문서의 일부를 찍을 수 있고, [스캔 항목 유지]-[저장]을 차례대로 터치하면 메모 앱에 스캔한 문서 내용이 삽입됩니다.

▲ iPhone으로 문서 스캔하기

▲ 메모 앱에 삽입된 스캔 문서

메모 앱에 웹페이지 링크 삽입하기

메모 앱에 사이트 주소를 직접 입력할 수도 있지만, Safari 윈도우에서 사이트 정보를 공유할 수도 있습니다. Safari 윈도우에서 메모할 웹페이지로 이동한 후 [공유] 🖒 -[메모]를 차례대로 선택합니다.

잠|깐|만|요
Safari 메뉴 막대에서 [파일]-[공유]-[메모]를 차례대로 선택해도 됩니다.

메모 공유 상자에는 현재 웹페이지의 링크와 함께 원하는 내용을 입력할 수 있습니다. 원하는 내용을 입력한 후 '메모 선택'을 클릭하면 메모 앱에 저장할 위치를 선택할 수 있습니다. 저장 위치와 링크, 내용을 모두 확인한 후 [저장]을 클릭합니다.

메모 앱에 웹페이지의 미리보기 썸네일과 함께 작성한 내용이 삽입됩니다. 삽입된 썸네일을 더블클릭하면 저장한 웹페이지로 바로 이동할 수 있습니다.

메모 삭제하기

메모 목록에서 삭제할 메모를 선택한 후 [삭제] 🗑 를 클릭하면 메모를 삭제할 수 있습니다.

원모어딩 메모를 삭제하는 여러 가지 방법

- 메모를 선택한 후 메뉴 막대에서 [편집] – [삭제] 선택하기
- 메모를 control+클릭한 후 [삭제] 선택하기
- 메모를 선택한 후 두 손가락으로 트랙패드 왼쪽으로 길게 쓸어넘기기

삭제한 메모는 [최근 삭제된 항목] 폴더로 이동합니다. 메모 윈도우의 사이드바에서 [최근 삭제된 항목] 폴더를 선택하면 삭제한 메모를 확인할 수 있습니다. 이 폴더로 옮겨진 후 30일이 지나면 메모가 완전히 삭제됩니다.

잠 | 깐 | 만 | 요

[최근 삭제된 항목] 폴더에서 복원할 메모를 control+클릭한 후 [다음으로 이동]에서 메모를 옮길 폴더를 선택하면 메모가 해당 폴더로 복원됩니다.

05 | 메모 관리하기

메모 앱에 저장한 내용이 많다면 메모를 폴더별로 관리하는 것이 편리합니다. 또한 중요한 메모는 목록 맨 위에 고정할 수도 있죠. 만약 실수로 삭제한 메모가 있더라도 복원할 수 있으므로 안심하세요. 이번에는 메모를 관리하는 방법에 대해 알아보겠습니다.

폴더 추가 및 삭제하기

메모의 주제나 용도에 따라 폴더를 만들면 쉽게 살펴볼 수 있고, 체계적으로 관리할 수도 있습니다. 메모 윈도우 사이드바의 맨 아래에 있는 [새로운 폴더]를 클릭한 후 폴더 이름을 지정하면 폴더를 간단하게 만들 수 있습니다.

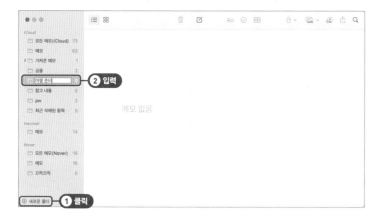

원모어 **폴더를 추가하는 여러 가지 방법**

- 메모 윈도우 사이드바에서 [새로운 폴더] 클릭
- 메모 메뉴 막대에서 [파일] – [새로운 폴더] 선택
- 메모 윈도우에서 단축키 shift + command + N

폴더를 만든 후 메모 목록에서 메모를 선택해 폴더로 드래그하면 메모를 원하는 폴더로 옮길 수 있습니다. 원래 메모를 그대로 두고 새 폴더로 복사하려면 option 키를 누른 상태에서 폴더로 드래그합니다.

잠 깐 만 요 ——————
Google이나 네이버 계정의 메모를
옮길 경우, 메모에 포함된 첨부 파일
이 누락될 수 있습니다.

폴더를 삭제하려면 메모 사이드바에서 삭제할 폴더를 선택한 후 도구 막대의 [삭제] 🗑 를 클릭합
니다. 폴더를 삭제하면 폴더 안에 있는 메모까지 삭제되기 때문에 삭제할 폴더 안의 메모와 내용
을 꼭 확인하세요.

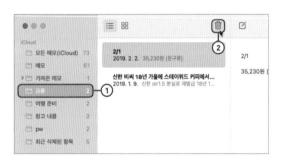

잠 깐 만 요 ——————
삭제할 폴더를 control +클릭한 후 [폴더 삭제]를 선택해도 됩니다.

메모 고정하기

메모 목록의 여러 메모 중 중요한 메모는 메모 목록 맨 위에 고정할 수 있습니다. 메모를 고정하
려면 메모 목록에서 고정할 메모를 control +클릭한 후 [메모 고정]을 선택합니다. 고정된 메모는
항상 메모 목록의 맨 위에 표시됩니다.

- 메모를 선택한 후 메뉴 막대에서 [파일] – [메뉴 고정] 선택하기
- 메모를 control+클릭한 후 [메모 고정] 선택하기
- 메모를 선택한 후 두 손가락으로 트랙패드 왼쪽에서 오른쪽으로 쓸어넘기기

중요한 메모를 암호로 잠그기

메모 앱에 저장한 내용은 메모 앱만 실행하면 손쉽게 열어 볼 수 있습니다. 저장한 메모를 쉽게
확인할 수 있다는 것은 장점이 될 수도 있지만, 누구나 볼 수 있다는 것은 단점이 되기도 하죠.
중요한 메모를 암호를 사용해 잠가 둘 수 있다면 정말 편리하겠죠?

1 메모 윈도우에 암호로 잠가 둘 메모를 선택한 후 도구 막대에 있는 [잠금] ⬚ˇ 을 클릭하고
[메모 잠금]을 선택합니다.

잠 깐 만 요

공유한 메모나 비디오/오디오 파일, PDF 파일이 첨부된 메모는 잠글 수 없습니다.

2 메모를 처음 잠글 경우, 메모 앱에서 사용할 암호를 만들어야 합니다. 메모 앱에서 사용할 암
호를 '암호'와 '확인'에 입력한 후 만일에 대비해 입력한 암호의 힌트를 입력하고 [암호 설정]을 클
릭합니다.

잠 깐 만 요

암호를 생성하면 이후로는 암호를 한 번만 입력해 메모를 잠글 수 있습니다.

3 메모를 잠그더라도 메모 앱을 종료하지 않으면 계속 화면에 내용이 보입니다. 잠금이 해제된 메모를 화면에 보이지 않게 하려면 암호를 설정한 메모를 선택한 후 메모 윈도우 도구 막대의 [잠금] 🔒✓ 을 클릭하고 [모든 잠긴 메모 닫기]를 선택합니다.

4 잠긴 메모의 내용을 보려면 설정한 암호를 입력한 후 return 키를 누릅니다.

06 | 텍스트 편집기로 문서 편집하기

macOS의 텍스트 편집기 앱은 서식이 있는 리치 텍스트를 간단하게 작성하기에 좋은 앱입니다. 리치 텍스트 문서(Rich Text Format, RTF)란, 글자 크기, 색상, 스타일 등의 여러 가지 서식이 적용된 문서를 말합니다. 서식이 복잡하지 않은 문서를 작성한다면 텍스트 편집기 앱으로도 충분합니다.

문서 형식 지정하기

command + spacebar 키를 누른 후 Spotlight에 '텍스트 편집기'를 검색해 텍스트 편집기를 실행합니다. 텍스트 편집기에서는 새로운 문서를 작성할 수도 있고, 저장된 문서를 불러올 수도 있습니다.

텍스트 편집기를 실행하는 여러 방법

- Spotlight에서 '텍스트 편집기' 검색하기
- Finder의 [응용 프로그램] – [텍스트 편집기] ╱ 선택하기
- Launchpad에서 [기타] – [텍스트 편집기] ╱ 선택하기

텍스트 편집기를 iCloud Drive와 동기화했다면 텍스트 편집기를 실행했을 때 Finder 윈도우가 나타나고, 아래의 [새로운 문서]를 클릭해야 새 문서 화면이 열립니다. iCloud Drive에 저장하지 않는다면 텍스트 편집기 앱을 실행하자마자 새 문서 화면이 열리죠.

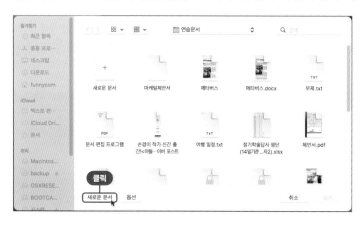

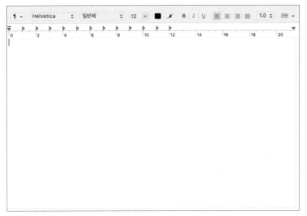

▲ 텍스트 편집기

텍스트 편집기는 서식이 있는 '리치 텍스트'와 서식이 없는 '일반 텍스트'로 구분됩니다. 리치 텍스트일 경우, 텍스트를 입력한 후 도구 막대를 이용해 글자 색, 글자 크기 등 원하는 스타일을 쉽게 적용할 수 있습니다. 반면 일반 텍스트는 서식이 없기 때문에 도구 막대가 나타나지 않습니다.

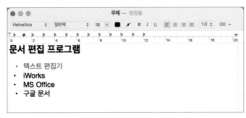

▲ 리치 텍스트

▲ 일반 텍스트

리치 텍스트를 서식이 없는 일반 텍스트로 바꾸거나 일반 텍스트에 서식을 적용하고 싶다면 텍스트 편집기 메뉴 막대의 [포맷] 메뉴를 클릭한 후 [일반 텍스트 만들기]나 [리치 텍스트 만들기]를 선택합니다.

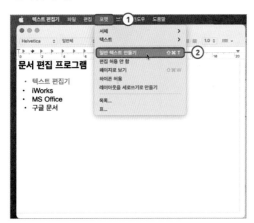

▲ 리치 텍스트를 일반 텍스트로 바꾸기

▲ 일반 텍스트를 리치 텍스트로 바꾸기

새 문서가 열릴 때마다 리치 텍스트나 일반 텍스트 중 특정 형식으로 열리도록 지정할 수 있습니다. 텍스트 편집기 메뉴 막대에서 [텍스트 편집기]−[환경설정]을 선택한 후 [새로운 문서] 탭에 있는 '포맷' 항목에서 원하는 포맷을 선택하고 윈도우를 닫으면 됩니다.

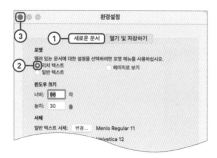

문서에 서식 지정하기

텍스트 편집기에서 리치 텍스트 형식을 사용할 경우, 도구 막대의 도구를 사용해 텍스트에 서식을 지정할 수 있습니다.

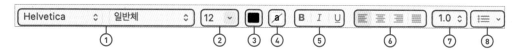

① **서체 목록 / 스타일:** 서체와 해당 서체의 스타일을 선택합니다.

② **서체 크기:** 텍스트 크기를 선택합니다.

③ **텍스트 색상:** 색상표에서 텍스트의 색을 선택합니다.

④ **텍스트 배경 색상:** 색상표에서 텍스트의 배경색을 선택합니다.

⑤ **텍스트 스타일:** 텍스트에 [볼드], [이탤릭체], [밑줄체]의 스타일을 적용합니다.

⑥ **정렬:** 선택한 텍스트가 있는 단락의 정렬 방법을 지정합니다. 순서대로 [왼쪽 정렬], [중앙 정렬], [오른쪽 정렬], [좌우 정렬]을 적용할 수 있습니다.

⑦ **줄 및 단락 간격:** 선택한 텍스트가 있는 단락의 줄 간격이나 단락과 단락 사이의 간격을 조절합니다.

⑧ **목록 구분점 및 번호:** 선택한 텍스트에 구분점이나 번호 등을 지정합니다.

문서에 파일, 폴더 첨부하기

Finder 윈도우에서 원하는 파일을 선택한 후 텍스트 편집기 윈도우로 드래그하면 텍스트 편집기에 파일을 간편하게 첨부할 수 있죠. 이미지 파일뿐 아니라 PDF 파일, 폴더, 압축 파일 등을 첨부할 수 있고, 첨부한 파일을 더블클릭하면 바로 확인할 수 있습니다.

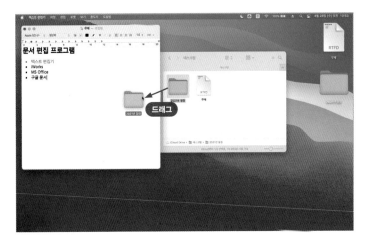

폴더를 첨부할 경우, 첨부할 폴더의 첨부 방법을 선택할 수 있습니다. [복사하기]를 선택하면 폴더를 복사해 첨부하고, [가상본]을 선택하면 폴더의 가상본을 첨부합니다.

잠 | 깐 | 만 | 요

텍스트 편집기 메뉴 막대에서 [편집] – [파일 첨부]를 선택한 후 필요한 파일을 첨부할 수도 있습니다.

다양한 형식으로 문서 저장하기

텍스트 편집기에서 작성한 문서를 저장하려면 텍스트 편집기 메뉴 막대에서 [파일]–[저장]을 선택하거나 command + S 키를 누릅니다. 별도의 저장 창이 표시된 후 '파일 포맷' 목록을 펼치면 저장할 파일 형식을 선택할 수 있습니다.

텍스트 편집기에서 사용하는 파일 형식과 확장자는 다음과 같습니다.

① **리치 텍스트 문서:** 서식이 있는 텍스트 문서로 저장합니다. 확장자는 .rtf이고 Windows와 macOS 모두에서 사용할 수 있습니다.

② **첨부 파일이 있는 리치 텍스트 문서:** 서식이 있는 텍스트 문서에 첨부 파일이 있을 경우, 이 형식으로 저장합니다. 확장자는 .rtfd이고, macOS에서만 사용할 수 있습니다.

③ **웹페이지(.html):** 텍스트 편집기에서 웹 문서 소스를 작성했을 때 저장하는 형식입니다.

④ **웹 아카이브 문서:** 웹 문서를 시스템에 저장했을 때 문서 내용을 하나의 문서에 저장한 형식입니다. 확장자는 .webarchive이고, macOS에서만 사용할 수 있습니다.

⑤ **OpenDocument 텍스트(.odt) 문서:** Google 문서나 MS Word를 비롯해 대부분 문서 편집 프로그램에서 사용할 수 있는 오픈 문서 형식입니다.

⑥ **Word 2007(.docx) 문서:** Micorosoft Word 2007 이상의 버전에서 지원하는 .docx 문서로 저장합니다.

⑦ **Word 2003(.xml) 문서:** Microsoft Word 2003 버전에서 볼 수 있도록 .xml 문서로 저장합니다.

⑧ **Word 97(.doc) 문서:** Microsoft Word 97 이하 버전에서 지원하는 .doc 문서로 저장합니다.

텍스트 편집기에서 작성한 문서를 PDF 파일로 저장하려면 텍스트 편집기 메뉴 막대에서 [파일]−[PDF로 내보내기]를 선택합니다. 파일 이름과 저장 위치를 지정한 후 [저장]을 클릭하면 텍스트 편집기로 작성한 문서가 PDF 파일로 저장됩니다.

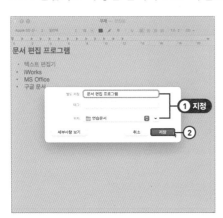

07 | 스크린샷 찍기

시스템 화면을 하나의 이미지로 저장하는 것을 '스크린샷'이라고 합니다. macOS의 스크린샷 앱을 사용하면 데스크탑 화면의 일부나 전체를 이미지로 저장할 수도 있고, 작업 내용을 동영상으로 기록할 수도 있습니다.

화면 캡처하기

Spotlight에서 '스크린샷'을 검색해 앱을 실행합니다. 만약 스크린샷 앱을 자주 사용한다면 Finder의 [응용 프로그램]–[유틸리티]에 있는 [스크린샷] █을 Dock에 추가해 Dock에서 한 번에 실행할 수도 있습니다.

스크린샷 앱을 실행하면 현재 화면의 아래쪽에 스크린샷 도구가 표시됩니다.

① **전체 화면 캡처**: 마우스 포인터가 █ 형태로 바뀐 상태에서 화면을 클릭하면 전체 화면이 캡처됩니다.

② **선택한 윈도우 캡처**: 마우스 포인터가 █ 형태로 바뀐 후 마우스 포인터를 캡처할 윈도우로 옮기면 해당 윈도우가 연한 파란색으로 선택됩니다. 선택한 윈도우를 클릭하면 캡처됩니다.

③ **선택 부분 캡처**: 캡처할 영역을 드래그해 선택하면 마우스 버튼에서 손을 떼는 순간 캡처됩니다.

④ **전체 화면 기록**: 전체 화면을 동영상으로 기록합니다.

⑤ **선택 부분 기록**: 화면 일부를 동영상으로 기록합니다. 이 항목을 선택하면 스크린샷 도구에 [기록]이 나타나는데, [기록]을 클릭하면 화면의 작업 내용이 기록됩니다.

잠 깐 만 요 —————
전체 화면 기록이나 선택 부분 기록을 선택하면 스크린샷 도구에 [기록]이라는 항목이 나타나는데, [기록]을 클릭하면 화면의 작업 내용이 기록됩니다.

⑥ **옵션**: 스크린샷으로 저장 시간을 지연하거나 마우스 포인터의 캡처 여부 등을 선택할 수 있습니다.

캡처한 이미지 파일은 '스크린샷 2021-02-18 오후 11.38.37', 동영상으로 저장한 기록 파일은 '화면 기록 2020-04-08 오후 3.11.24'와 같은 이름으로 저장됩니다. 2021년 2월 18일 오후 11시 38분 37초에 저장된 스크린샷이라는 의미죠. Finder 윈도우에서 스크린샷 파일 이름을 클릭하거나 파일을 선택한 후 [return] 키를 누르면 하면 원하는 이름으로 바꿀 수 있습니다.

원모어 딩 **스크린샷 앱을 실행하는 여러 가지 방법**

- Spotlight에서 '스크린샷' 검색하기
- Launchpad의 '기타' 폴더에서 [스크린샷] 실행하기
- [shift] + [command] + [5] 키 누르기

스크린샷 옵션 지정하기

스크린샷 도구에서 [옵션]을 클릭하면 스크린샷으로 캡처한 이미지를 저장할 폴더를 지정하거나 스크린샷 도구를 클릭한 후 캡처할 때까지의 지연 시간을 지정할 수도 있습니다.

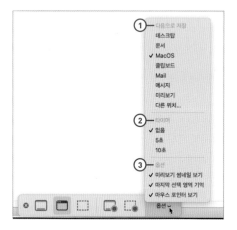

① **다음으로 저장**: 캡처한 이미지를 저장할 폴더나 공유할 앱을 선택합니다. [다른 위치]를 선택하면 폴더를 선택할 수 있습니다.

② **타이머**: 캡처 지연 시간을 선택합니다. 기본값은 [없음]이므로 캡처 영역을 클릭하자마자 캡처됩니다.

③ **옵션**: 필요한 옵션만 선택할 수 있습니다. 선택한 옵션을 한 번 더 선택하면 선택이 해제됩니다.

- **미리보기 썸네일 보기**: 캡처하자마자 캡처 이미지가 화면의 오른쪽 하단에 작게 표시됩니다.
- **마지막 선택 영역 기억**: 이전에 일부 화면만 캡처하거나 기록했다면 그 영역을 기억합니다. 일정한 크기로 캡처해야 할 때 편리합니다.
- **마우스 포인터 보기**: 캡처할 때 마우스 포인터도 함께 캡처합니다.

단축키로 빠르고 쉽게 화면 캡처하기

스크린샷 도구를 사용해 화면을 캡처할 수도 있지만, 단축키를 사용하는 것이 좀 더 빠르고 편리합니다. 화면을 캡처하기 위한 단축키는 Dock에서 [시스템 환경설정] ⚙️을 클릭한 후 [키보드]−[단축키]를 차례대로 선택하고, 왼쪽 목록에서 [스크린샷]을 선택하면 확인할 수 있습니다. '화면 그림을 파일로 저장'은 전체 화면을 캡처하는 단축키, '선택한 영역의 그림을 파일로 저장'은 원하는 영역을 선택해 캡처하는 단축키입니다. 전체 화면을 캡처하려면 shift + command + 3 키를 누르면 되겠죠?

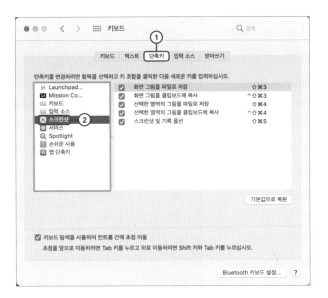

예를 들어 shift + command + 3 키를 눌러 전체 화면을 캡처하면 캡처한 이미지가 데스크탑 화면 오른쪽 아래에 표시되고, 지정한 폴더에 바로 파일로 저장됩니다.

무료지만 막강한 앱, iWork

컴퓨터를 사용하는 주요 목적 중 하나는 문서를 작성하고 편집하는 것이겠죠? MacOS에는 일반 문서나 스프레드시트, 프레젠테이션 파일을 작성하고 편집할 수 있는 앱이 있습니다. 이 앱을 iCloud Drive와 동기화해 Mac뿐 아니라 iPhone, iPad 더 나아가 Windows에서도 함께 사용하는 방법에 대해 알아보겠습니다.

01 | iWork와 iCloud Drive

Windows에 'Office'라는 제품군이 있는 것처럼 Mac에는 'iWork'라는 제품군이 있습니다. iWork에서 만든 문서를 iCloud Drive에 저장하면 Mac뿐 아니라 iPhone, iPad에서도 같은 문서를 편집할 수 있습니다.

iWork는 Pages, Keynote, Numbers 앱을 묶어 놓은 제품군을 가리킵니다. 일반 문서나 프레젠테이션, 스프레드시트와 같은 문서를 만들고 편집할 수 있는 앱이죠.

iWork는 무료입니다

iWork는 유료였지만, 지금은 Mac뿐 아니라 iPad, iPhone 등의 Apple 기기에서 누구나 무료로 사용할 수 있습니다. 무료지만 어떤 편집 프로그램보다 편리하고 막강한 기능을 갖추고 있죠.

iWork는 문서를 작성하는 Pages, 스프레드시트를 작성하는 Numbers, 프레젠테이션을 작성하는 Keynote로 구성돼 있습니다. Mac이나 기타 Apple 기기에 iWork가 설치돼 있지 않다면 언제든지 App Store에서 무료로 다운로드할 수 있습니다.

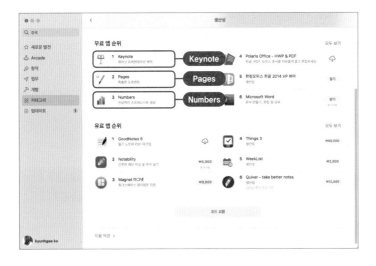

iWork는 다양한 템플릿과 툴을 제공합니다

iWork에서는 문서를 처음 작성할 때 도움이 되는 각종 템플릿과 디자인 툴이 이미 마련돼 있어 작업을 쉽게 시작할 수 있습니다. iPhone으로 사진을 찍어 Mac에서 작성 중인 문서에 바로 삽입할 수도 있고, 회의 내용을 기록하면서 동시에 녹음을 할 수도 있답니다.

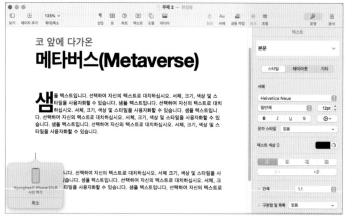

▲ iPhone으로 사진 찍기

iWork는 연결 작업 및 공동 작업이 편리합니다

iWork를 활용해 Mac에서 작성한 문서를 iCloud Drive에 저장하면 iPhone이나 iPad의 iWork에서 확인하고 편집할 수 있습니다. 또한 '공유' 기능을 사용해 다른 사람과 함께 작성 중인 문서를 공유하면서 수정할 수 있습니다. 팀 프로젝트를 진행 중이라면 만나지 않고도 공동 문서 작업을 할 수 있고, Windows에서도 iWork 문서를 확인하고 편집할 수 있습니다.

▲ iWork 문서 공유하기

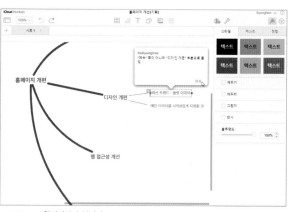

▲ Windows 환경에서 수정하기

iCloud Drive 동기화하기

Mac뿐 아니라 iPhone, iPad 등과 같은 Apple 기기와 연결해 작업하거나 다른 사람과 문서를 공유하면서 공동 작업을 하기 위해서는 문서를 iCloud Drive에 저장해야 합니다.

iWork 문서를 iCloud Drive에 저장하려면 Dock에서 [시스템 환경설정] ⚙️을 클릭한 후 [Apple ID] 🍎를 클릭합니다.

왼쪽 분류에서 [iCloud]를 선택한 후 'iCloud' 항목에 있는 [옵션]을 클릭합니다.

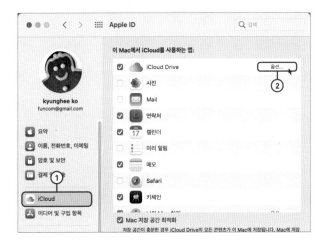

iCloud Drive와 동기화할 앱이 나타나는데, 그중에서 Keynote, Numbers, Pages를 선택한 후 [완료]를 클릭합니다. 이제부터 iWork 문서를 저장하면 iCloud Drive에 저장됩니다.

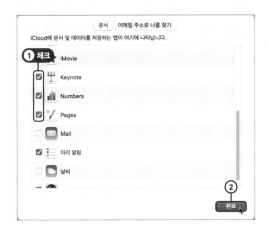

macOS와 Windows를 함께 사용하거나 공동 작업을 하는 팀원 중 Windows 사용자가 있더라도 걱정할 필요가 없습니다. Apple 계정만 있다면 Windows에서도 iWork 문서를 확인하고 편집할 수 있으니까요.

Windows의 웹 브라우저에서 iCloud 홈페이지(https://www.icloud.com)로 이동한 후 Apple 계정으로 로그인합니다.

잠 깐 만 요 ─────
Mac, iPhone, iPad 등의 Apple 기기를 사용하지 않아도 iCloud 홈페이지 아래의 [Apple ID 만들기]를 클릭하면 Apple ID를 무료로 만들 수 있습니다.

iCloud 홈페이지에서 로그인한 Apple 계정의 메일이나 연락처를 확인할 수 있을 뿐 아니라 Mac 없이도 Pages, Numbers, Keynote 등의 iWork 문서를 작성할 수 있습니다.

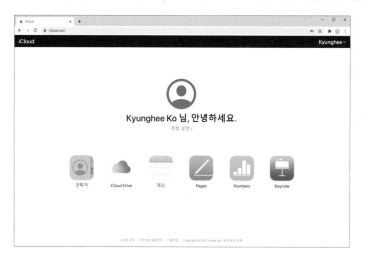

잠 깐 만 요 ─────────────────────────────────
iCloud 홈페이지에는 'iCloud Drive' 설정에서 선택한 동기화 항목이 표시됩니다.

iWork 문서를 처음 확인한다면 간단한 설명이 표시됩니다. iWork 문서를 사용하려면 [○○○ 사용]이나 [신규 생성]을 선택합니다.

이미 작성된 iWork 문서를 iCloud에 저장했다면 사이드바의 '최근 사용' 위에 있는 [+]를 클릭하거나 '둘러보기' 화면에서 [+]를 클릭해 새로운 문서를 만들 수 있습니다.

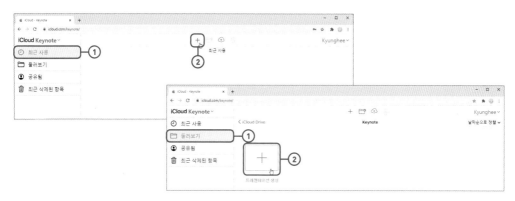

iCloud 홈페이지에서는 Mac이나 Apple 기기가 없이도 iWork 문서를 작성하고 공유할 수 있기 때문에 운영체제나 사용 기기에 구애받지 않고 얼마든지 iWork 문서를 사용해 공동 작업을 할 수 있습니다.

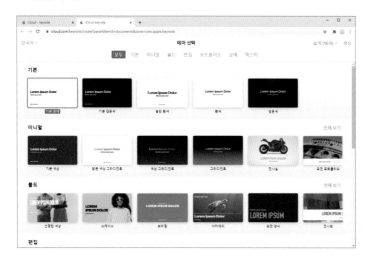

잠 깐 만 요
iWork 문서로 공동 작업하는 방법은 '06. iWork 문서 공동 작업하기'(405쪽)를 참고하세요.

03 | 강의 노트, 회의록 작성에는 Pages

macOS에서 MS Word와 같은 앱이 필요하다면 Pages를 사용해 보세요. Pages는 macOS 전용 앱이긴 하지만, Word 파일을 불러올 수도 있고, 편집한 문서를 PDF 파일이나 Word 파일로 내보낼 수도 있습니다.

템플릿으로 새 문서 만들기

Spotlight에서 'Pages'를 검색해 앱을 실행하거나 Launchpad에서 [Pages]를 클릭해 Pages 앱을 실행합니다.

iCloud Drive를 사용할 경우, Finder 윈도우가 표시됩니다. 새로운 문서를 작성하려면 [새로운 문서]를 클릭하고, 저장된 문서를 편집하려면 Finder 윈도우에서 편집할 파일을 선택한 후 [열기]를 클릭합니다. 여기서는 [새로운 문서]를 선택했습니다.

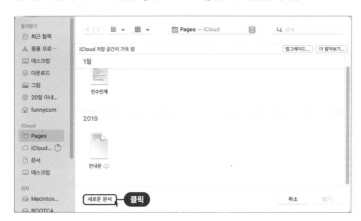

 전문가의 조언 **Finder 윈도우가 나타나지 않아요**

iWork를 실행했을 때 Finder 윈도우가 나타나지 않고 템플릿 선택 화면이 보이지 않는 이유는 iWork가 iCloud Drive에 동기화되지 않았기 때문입니다. iCloud Drive에 동기화하지 않아도 문서를 작성하고 저장할 수 있지만, 다른 플랫폼에서 문서를 이어서 작업하거나 다른 사람과 공동 작업을 하려면 '03. iCloud 환경설정하기'(120쪽)를 참고해 iCloud에 동기화하세요.

Pages에서는 리포트나 뉴스레터 등 주제별로 다양한 템플릿을 제공합니다. 이런 템플릿을 활용하면 문서를 편리하게 작성할 수 있죠. 템플릿 없이 빈 문서를 만들려면 [빈 페이지]를 더블클릭합니다.

▲ '리포트'와 관련된 템플릿

잠 깐 만 요
'책' 템플릿을 사용하면 Pages에서 문서를 만든 후 EPUB 형식의 전자책을 손쉽게 만들 수 있습니다.

잠 깐 만 요
템플릿 선택 화면이 보이지 않고 그냥 빈 화면만 나타난다면 Pages 메뉴 막대에서 [환경설정] – [일반]을 선택한 후 '새로운 문서' 항목에서 '템플릿 선택 화면 보기'를 선택합니다.

템플릿으로 만들어진 문서에는 레이아웃, 샘플 텍스트, 샘플 이미지가 포함돼 있습니다. 샘플 텍스트는 텍스트 부분을 클릭한 후 원하는 내용으로 수정할 수 있습니다. 텍스트를 클릭하면 오른쪽의 속성 사이드바에 텍스트와 관련된 여러 가지 속성이 나타나므로 여기에서 글자 색, 크기, 스타일 등을 조절할 수 있습니다.

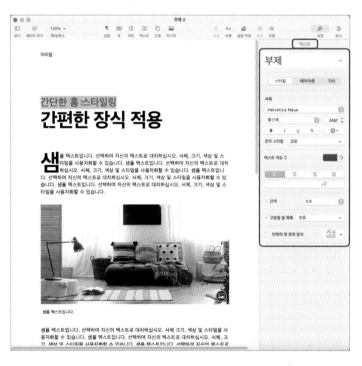

샘플 이미지의 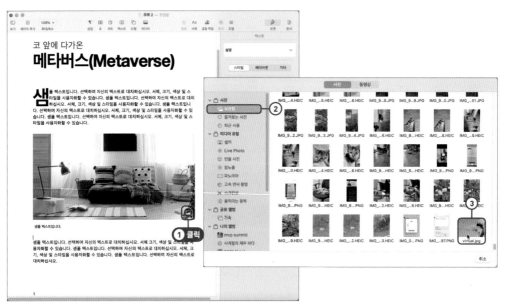를 클릭하면 원하는 이미지로 교체할 수 있습니다. 이때에는 사진 보관함에 있는 이미지만 가져올 수 있습니다.

잠 깐 만 요 ───
사진을 사진 보관함에 추가하려면 사진 앱의 메뉴 막대에서 [파일] – [가져오기]를 선택합니다.

Pages 화면 살펴보기

Pages 화면은 크게 4개 영역으로 구성돼 있습니다.

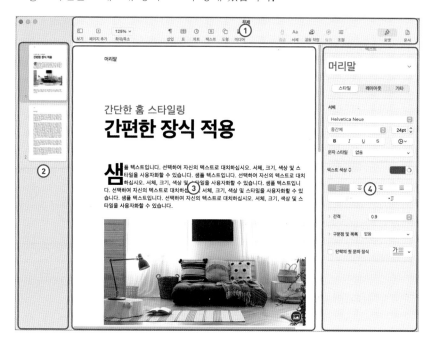

① **도구 막대**: 문서에 추가할 수 있는 다양한 요소가 나열됩니다. 도구 막대를 `control`+클릭하고 [도구 막대 사용자화]를 선택하면 사용자화할 수 있습니다.

② **사이드바**: 축소판 그림이나 목차를 표시합니다. 메뉴 막대에서 [보기]–[페이지 축소판]이나 [보기]–[목차]를 선택하면 사이드바가 나타납니다.

③ **문서 화면**: 문서를 작성하거나 편집하는 화면입니다.

④ **속성 사이드바**: 문서 화면에서 텍스트나 이미지 등 요소를 선택했을 때 해당 요소의 속성을 변경할 수 있고, 문서 전체 속성을 변경할 수도 있습니다.

Pages 보기 변경하기

Pages 윈도우의 도구 막대에서 [보기] ▦ 를 클릭하면 Pages 윈도우 사이드바의 보기 형식을 여러 가지 형태로 표시할 수 있습니다.

① **페이지 축소판:** 사이드바에 페이지 축소판 이미지를 표시합니다. 페이지 축소판을 클릭하면 해당 페이지로 바로 이동합니다.

▲ 페이지 축소판

② **목차:** 사이드바에 목차를 표시합니다. 목차 사이드바에서 목차를 클릭하면 해당 위치로 바로 이동합니다.

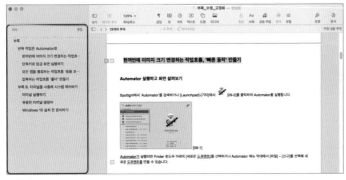

▲ 목차

잠 ┃ 깐 ┃ 만 ┃ 요
목차를 만들지 않았다면 사이드바의
[편집]을 클릭해 목차를 삽입할 수 있
습니다.

③ **문서 전용:** 사이드바를 감추고 문서 화면만 표시합니다.

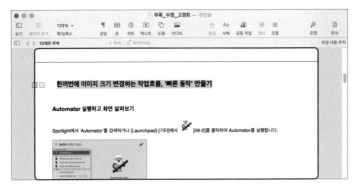

▲ 문서 전용

④ **주석 패널 보기/가리기**: 문서에 삽입한 주석이 있을 경우, 사이드바에 주석을 모아 표시합니다.

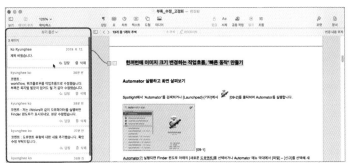

▲ 주석 패널 보기/가리기

⑤ **찾기 및 대치 보기**: 찾기 및 대치 상자에서 원하는 단어를 검색하거나 검색한 단어를 다른 단어로 대치할 수 있습니다.

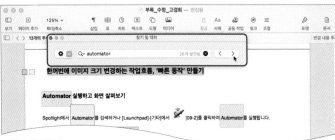

▲ 찾기 및 대치 보기

⑥ **눈금자 보기**: 문서 화면 위에 눈금자를 표시합니다.

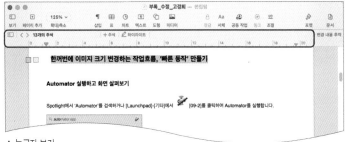

▲ 눈금자 보기

⑦ **주석 보기/가리기**: 문서 화면에 주석을 표시하거나 감춥니다.

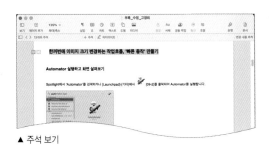

▲ 주석 보기

▲ 주석 가리기

⑧ **스마트 주석 보기/가리기:** iPhone이나 iPad의 Pages에서 추가한 스마트 주석을 표시하거나 감춥니다.

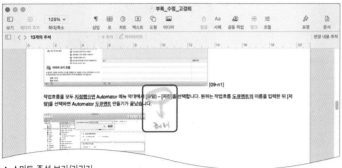

▲ 스마트 주석 보기/가리기

⑨ **단어 수 보기:** 현재 문서의 단어 수를 문서 화면 아래에 표시합니다.

⑩ **공동 작업 활동 가리기:** 현재 문서를 공유한 사람과의 공동 작업 내용을 화면에서 감춥니다.

속성 사이드바

Pages 윈도우 오른쪽에는 포맷이나 문서 속성 사이드바가 표시됩니다. 도구 막대의 [포맷] 📎 이 선택된 상태로 문서의 텍스트나 이미지를 선택하면 속성 사이드바에 텍스트나 이미지와 관련된 항목이 표시돼 원하는 텍스트나 이미지의 포맷(구성)을 수정할 수 있습니다.

▲ 텍스트 포맷   ▲ 이미지 포맷

도구 막대에서 [문서] 📄 를 클릭하면 속성 사이드바에 인쇄를 위한 설정이나 용지 방향 등 문서 전체와 관련된 속성이나 책갈피 속성이 표시됩니다.

▲ 문서 속성

이미지 위치만 정하고 나중에 삽입하기

보고서와 같은 문서를 작성하다 보면 텍스트와 이미지를 모두 작성할 때도 있지만, 일단 이미지가 들어갈 위치만 정해 놓고 실제 이미지는 나중에 삽입하는 경우가 있습니다. 이런 상황에서 편리한 기능이 '이미지 갤러리'입니다. 이미지 갤러리는 원래 EPUB 형식의 문서에 여러 이미지를 삽입해 이미지를 넘기면서 확인할 수 있는 도구지만, 문서에 이미지 위치를 표시할 때 유용하게 사용할 수 있습니다.

잠 깐 만 요

이미지나 음성 녹음 iPhone으로 찍은 사진을 삽입하는 방법은 Pages뿐 아니라 Numbers, Keynote에서도 똑같이 사용할 수 있습니다.

도구 막대에서 [미디어] 🖼 를 클릭한 후 [이미지 갤러리]를 선택하면 마우스 포인터가 있는 이미지 상자가 삽입됩니다. 이 상자의 테두리를 드래그하면 이미지 크기를 조절할 수도 있죠. 이런 식으로 이미지가 들어갈 위치만 정해 놓고, 나중에 🖼 를 클릭해 원하는 이미지를 삽입할 수 있습니다.

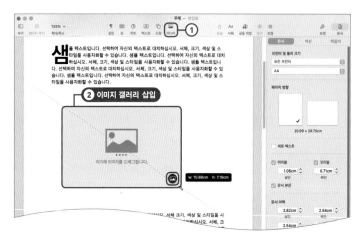

강의 내용이나 회의록 녹음하기

Mac이나 iPad에서 Pages를 사용해 강의 노트를 작성하거나 회의록을 작성할 때 편리한 것 중하나가 '녹음 기능'입니다. 강의 노트나 회의록을 작성하면서 동시에 녹음까지 해 둔다면 나중에 문서를 정리할 때 편리하겠죠?

도구 막대에서 [미디어] 🖼 를 클릭한 후 [오디오 녹음]을 선택하면 오디오 녹음 상자가 표시됩니다. [녹음] ● 을 클릭하면 녹음을 하고, [중단] ■ 을 클릭하면 녹음을 끝냅니다.

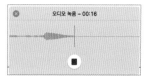

녹음이 끝난 후 [삽입]을 클릭하면 오디오 녹음이 문서에 삽입됩니다. 문서에 오디오 녹음이 삽입된 위치에는 🔊이 표시되는데, 🔊 아이콘은 드래그해서 문서 안의 어디로든 옮길 수 있고, 아이콘을 클릭하면 녹음한 오디오를 재생할 수 있습니다.

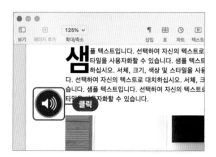

iPhone으로 사진을 찍어 삽입하기

강의나 회의 중 사진이 필요할 경우, Mac과 연결된 iPhone을 이용해 사진을 찍어 추가할 수 있습니다. Mac과 iPhone은 같은 WiFi 네트워크로 연결돼 있고, Bluetooth가 켜져 있어야 합니다. iPad와 iPhone과 같은 방법으로 사진을 찍어 Pages 문서에 삽입할 수 있습니다.

사진을 삽입할 위치에 마우스 포인터를 올려 놓은 상태에서 도구 막대의 [미디어] 📷 를 클릭한 후 iPhone의 [사진 찍기]를 선택합니다.

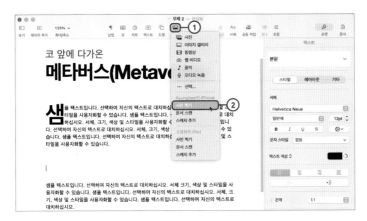

Pages 화면에는 iPhone으로 사진을 찍는 중이라는 메시지가 나타나면서 iPhone의 카메라 앱이 자동으로 실행됩니다.

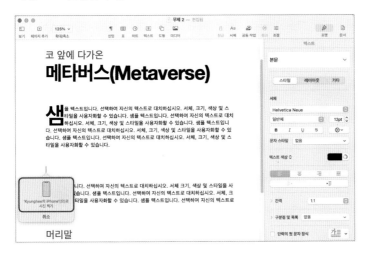

iPhone에서 사진을 찍은 후 마음에 든다면 [사진 사용]을 터치하고, 마음에 들지 않는다면 [다시 찍기]를 터치해 다시 찍으면 됩니다.

Mac과 iPhone 사이에 따로 파일을 주고받거나 사진을 가져와 삽입하는 과정 없이 iPhone에서 찍은 사진이 문서에 즉시 삽입됩니다.

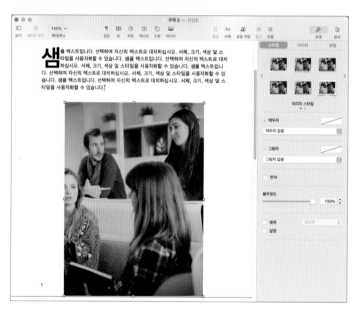

04 | 스프레드시트, 마인드맵도 척척! Numbers

Numbers는 macOS에서 데이터를 일목요연하게 정리하고 계산까지 자동으로 해 주는 스프레드시트 앱입니다. 하지만 Numbers를 좀 더 똑똑하게 사용할 수도 있습니다. 이번에는 무궁무진한 Numbers의 활용법에 대해 알아보겠습니다.

Numbers 기본 사용법

Spotlight에서 'Numbers'를 검색하거나 Launchpad에서 [Numbers] 📊를 클릭해 Numbers 앱을 실행합니다. 앱이 실행되면서 Finder 윈도우가 표시되는데, 미리 만들어 놓은 파일을 불러올 수도 있고, [새로운 문서]를 클릭해 새 문서를 만들 수도 있습니다.

> **잠깐만요** ─────────────
> Numbers를 실행한 후 Finder 윈도우가 나타나거나 빈 화면이 나타날 수 있습니다. 자세한 설명은 372쪽 전문가의 조언을 참고하세요.

Numbers에서도 Pages와 같이 다양한 템플릿을 제공하기 때문에 이미 만들어진 템플릿을 이용하면 편리합니다. 직접 스프레드시트를 만들려면 [빈 페이지]를 선택한 후 [생성]을 클릭합니다.

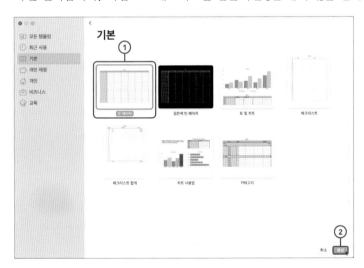

새 Numbers 문서를 만들면 아무 내용도 없는 기본 형태의 표가 나타납니다. 표 바깥의 빈 공간을 '시트(sheet)'라고 하는데, 시트에 표나 차트 외의 다양한 내용을 추가해 스프레드시트를 구성합니다.

'시트 1'이라는 시트 이름의 왼쪽에 있는 [+]를 클릭하면 하나의 Numbers 문서에 여러 개의 시트를 삽입할 수 있습니다.

> **잠깐만요** ─────────────
> 시트 이름 부분을 클릭하면 원하는 이름으로 바꿀 수 있습니다.

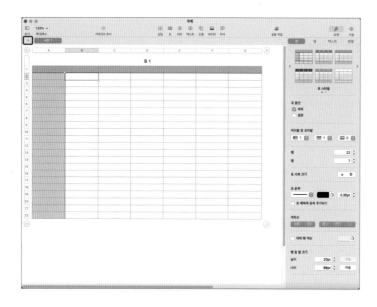

표 삽입하기 및 편집하기

새로운 표를 시트에 삽입하려면 도구 막대에 있는 [표] ⊞를 클릭한 후 원하는 형태의 표를 선택합니다.

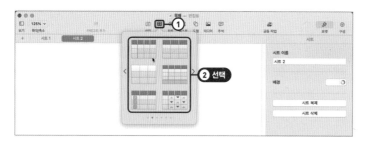

기존 표의 스타일을 바꿀 수도 있습니다. 표의 아무 셀이나 클릭한 후 오른쪽 사이드바에서 [표]를 클릭하면 표 스타일이 나타나는데, 만들려고 하는 스프레드시트에 어울리는 스타일을 클릭해 적용할 수 있습니다.

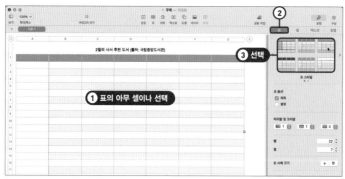

▲ 표 스타일 바꾸기

행, 열과 관련된 스타일은 속성 사이드바에서 [셀]을 클릭한 후에 조절합니다. 표의 왼쪽에 있는 1, 2, 3, … 숫자 부분을 클릭하면 '행', A, B, C, … 영문 부분을 클릭하면 '열'을 선택할 수 있습니다.

▲ 열/행 속성 바꾸기

열/행 추가하기 및 삭제하기

표의 왼쪽 위 모퉁이에 있는 ◎를 클릭하면 표 전체, 행이나 열 끝에 있는 ⑪나 ☰를 클릭하거나 드래그하면 열이나 행을 추가할 수 있습니다.
빈 열이나 행을 삭제하려면 열이나 행을 선택한 후 control +클릭하고 [선택한 열 삭제] 또는 [선택한 행 삭제]를 선택합니다.

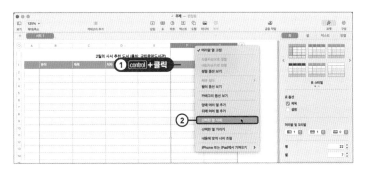

표의 오른쪽 끝에 있는 ⊖를 드래그해 빈 열이나 행을 삭제할 수도 있습니다.

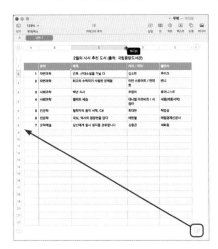

385

열의 너비에 비해 내용이 너무 길다면 열의 상단에 있는 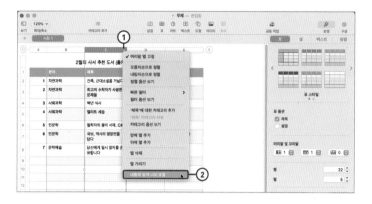를 클릭한 후 [내용에 맞게 너비 조절]을 선택합니다. 열 너비가 선택한 열에서 가장 긴 내용에 맞게 조절됩니다.

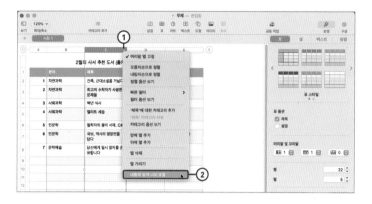

잠 깐 만 요

열의 오른쪽 테두리 부분을 드래그해 원하는 만큼 너비를 조절할 수도 있습니다.

함수 사용하기

Numbers는 스프레드시트 프로그램이기 때문에 계산을 위한 유용한 함수들이 많이 포함돼 있습니다. 표에서 계산할 여러 셀을 선택하면 Numbers 화면 아래에 합계(SUM)나 평균(AVERAGE), 최솟값(MIN), 최댓값(MAX), 비어 있지 않은 셀의 개수(COUNTA)가 자동으로 계산돼 표시됩니다.

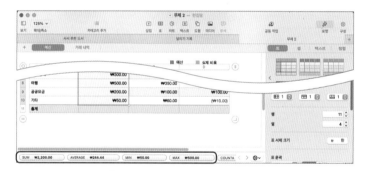

만일 선택한 셀들의 합계를 추가하고 싶다면 아래의 도구 막대에서 [SUM]을 원하는 셀로 드래그합니다. 합계가 삽입된 셀을 클릭하면 어떤 함수가 사용됐는지 확인할 수 있습니다. 평균이나 최댓값/최솟값도 이와 같은 방법으로 구할 수 있습니다.

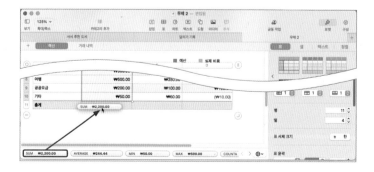

함수를 직접 입력하려면 함수를 사용할 셀을 선택한 후 ⁼키를 누릅니다. 오른쪽에 속성 사이드 바에 사용할 수 있는 함수들이 나타나는데, 왼쪽 열에서 분류를 선택하면 그 분류에 있는 함수들이 오른쪽에 나열됩니다. 예를 들어, '수학' 분류에 있는 'SUM' 함수를 선택한 후 [함수 삽입]을 클릭합니다.

함수가 삽입된 후에 그 함수를 적용할 셀을 선택하고 return키를 누르면 해당 셀들을 더한 값이 입력됩니다.

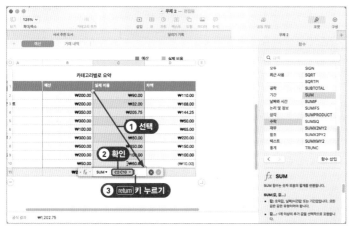

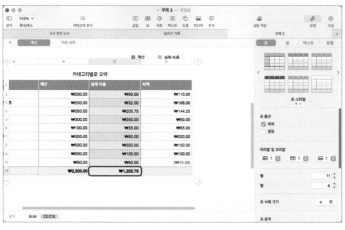

차트 삽입하기 및 편집하기

스프레드시트에는 차트도 많이 삽입하겠죠? 차트를 삽입하려면 표에서 차트로 표현할 열을 선택한 후 도구 막대에서 [차트] ◐ 를 클릭하고 삽입할 차트의 종류를 선택합니다.

차트를 삽입한 후에는 오른쪽의 속성 사이드바의 [차트] 탭에서 차트 스타일을 지정할 수 있습니다. 예를 들어 막대그래프의 경우, 막대의 모양을 둥글게 처리할 수도 있죠.

속성 사이드바에서 [시리즈] 탭을 클릭하면 추세선을 추가하거나 값 레이블을 붙이는 등 차트의 전반적인 형태를 조절할 수 있습니다. [스타일] 탭을 클릭하면 차트의 스타일도 바꿀 수 있습니다.

 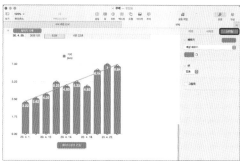

Numbers에서 마인드맵 그리기

Numbers 앱은 스프레드시트 용도 외에도 화이트보드처럼 사용할 수도 있습니다. 여기에서는 Numbers에서 '연결선'을 사용해 무한대로 생각을 연결할 수 있는 마인드맵을 만드는 방법에 대해 알아보겠습니다.

1 빈 문서를 만든 후 표의 왼쪽 위 귀퉁이에 있는 [◎]를 클릭해 기본 표를 선택합니다. backspace 키를 눌러 삭제하면 화이트보드처럼 텅 빈 시트만 남습니다.

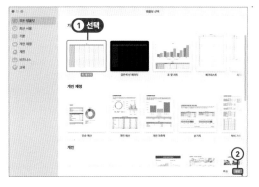 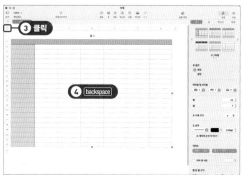

2 도구 막대에서 [텍스트] ⬚ 를 클릭한 마인드맵의 시작이 될 텍스트를 입력합니다. 오른쪽 사이드바에서 텍스트의 크기와 색상, 테두리 등과 같은 스타일을 지정할 수 있습니다. 또 다른 텍스트를 추가해 원하는 내용으로 수정합니다.

3 이제 2개의 텍스트 사이를 연결해 보겠습니다. 이제부터 사용할 '연결선' 도구가 마인드맵 그리기에서 핵심 역할을 하게 됩니다. 도구 막대에서 [도형] 🔲 을 클릭한 후 [연결선] 🗩 을 클릭합니다.

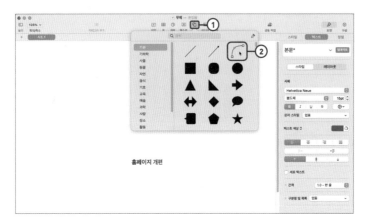

4 연결선은 기본 모양대로 문서에 삽입됩니다. 연결선이 선택된 상태에서 한쪽 끝에 마우스 포인터를 올려 놓고 ↔ 모양으로 바뀌었을 때 연결할 텍스트의 한쪽으로 가져갑니다. 연결선과 텍스트가 제대로 연결되면 텍스트 주변에 파란색 테두리가 생길 거예요. 이때 마우스 버튼에서 손을 떼면 됩니다. 반대쪽 텍스트도 이와 같은 방법으로 연결합니다.

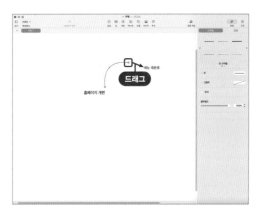

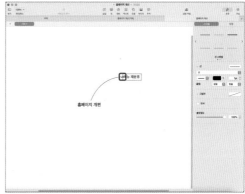

5 연결선이 선택된 상태에서 선 위에 있는 초록색 원 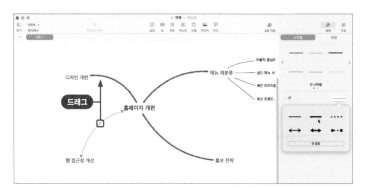 위로 마우스 포인터를 올려 놓고 ✛ 모양으로 바뀌었을 때 드래그하면 연결선의 모양을 자유롭게 바꿀 수 있습니다.

연결선을 선택한 상태에서 오른쪽 속성 사이드 바의 [스타일] 탭에서 선의 굵기나 스타일을 다양하게 바꿀 수 있습니다.

6 이렇게 텍스트나 도형들을 연결선으로 연결하면 이미 추가한 텍스트나 도형을 어디로 어떻게 옮기든 연결 상태가 그대로 유지됩니다.

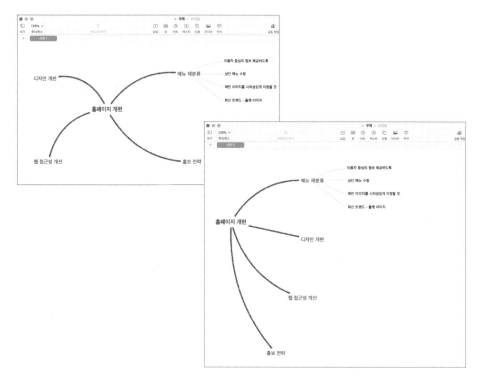

05 | 만능 프레젠테이션을 만드는 Keynote

macOS에서 프레젠테이션을 작성할 때는 Keynote 앱을 사용하세요. Keynote에서 제공하는 다양한 템플릿을 사용해 원하는 형태로 편집할 수도 있고, 여러 가지 애니메이션 효과를 추가할 수도 있습니다. Keynote에서 프레젠테이션을 만드는 방법을 간단히 살펴보겠습니다.

새 문서 만들기

Spotlight에서 'Keynote'를 검색해 앱을 실행하거나 Launchpad에서 [Keynote] 🏆 를 클릭해 Keynote를 실행합니다.

Keynote 앱이 실행되면 Finder 윈도우가 표시되는데, 미리 만들어 놓은 파일을 불러올 수도 있고, [새로운 문서]를 클릭해 새 문서를 만들 수도 있습니다. 메뉴 막대에서 [파일]-[열기]를 선택하면 Keynote 파일뿐 아니라 MS PowerPoint 문서도 불러올 수 있죠. Keynote도 다양한 템플릿을 제공하기 때문에 이미 만들어진 템플릿을 이용하면 편리합니다. 원하는 템플릿을 선택한 후 [생성]을 클릭합니다.

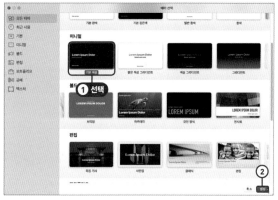

잠|깐|만|요

Keynote를 실행하면 Finder 윈도우가 나타나거나 빈 화면이 나타날 수 있습니다. 자세한 설명은 372쪽 전문가의 조언을 참고하세요.

슬라이드 추가하기

Keynote 윈도우 왼쪽의 슬라이드 목록에서 `return`키를 누르면 기본 슬라이드가 새로 추가됩니다.

▲ 새 슬라이드 추가하기

슬라이드를 추가하면서 레이아웃까지 지정하려면 도구 막대에서 [슬라이드 추가] ⊞를 클릭한 후 원하는 레이아웃의 슬라이드를 선택합니다.

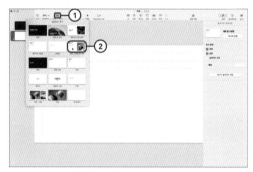

▲ 레이아웃을 선택해서 새 슬라이드 추가하기

마스터 슬라이드 편집하기

Keynote 템플릿을 선택하면 각 슬라이드에 적절한 레이아웃과 배경, 글자 스타일들이 적용돼 있습니다. 미리 레이아웃이 만들어져 있는 슬라이드를 '마스터 슬라이드'라고 하는데, 마스터 슬라이드는 얼마든지 원하는 형태로 수정할 수 있습니다.

슬라이드 화면의 빈 공간을 클릭해 텍스트나 이미지 같은 요소가 선택되지 않은 상태로 만듭니다. 이 상태에서 도구 막대의 끝부분에 있는 [포맷] ✎ 을 클릭한 후 [마스터 슬라이드 편집]을 클릭합니다.

잠 깐 만 요 ───

슬라이드 목록에서 아무 슬라이드나 control +클릭한 후 [마스터 슬라이드 편집]을 선택해도 됩니다.

마스터 슬라이드는 여러 개의 슬라이드로 구성돼 있습니다. 각 슬라이드를 선택한 후 오른쪽 사이드 바에서 슬라이드에 포함된 요소의 위치나 스타일을 수정할 수 있습니다. 슬라이드 편집이 끝나면 화면의 아래쪽에 있는 [완료]를 클릭해 편집을 마칩니다.

마스터 슬라이드를 사용해 프레젠테이션을 만들면 미리 만들어진 레이아웃에 내용만 입력하면 됩니다. 레이아웃이 없는 빈 문서를 만들었다면 여러 가지 내용을 입력하고, 원하는 레이아웃을 만들 수 있습니다.

내용 추가하기

텍스트 요소가 포함된 마스터 슬라이드에서 텍스트 부분을 클릭하면 원하는 내용을 입력할 수 있습니다. 텍스트를 입력하면 오른쪽 사이드바에 글자 색, 크기 등 여러 가지 텍스트 스타일이 표시되므로 원하는 형태로 조절하면 됩니다.

▲ 텍스트 추가 및 스타일 조절하기

이외에도 도구 막대의 도구를 사용하면 표, 텍스트, 차트 등 다양한 내용을 삽입할 수 있고, 오른쪽 사이드바에서는 삽입한 내용의 스타일이나 정렬 방법 등을 조절할 수 있습니다.

▲ 슬라이드에 이미지 추가 및 조절하기

애니메이션 추가하기

Keynote에서는 전환 효과나 애니메이션을 사용해 슬라이드에 동적인 효과를 줄 수 있습니다. 이 기능을 적절히 사용하면 프레젠테이션을 지루하지 않게 진행할 수 있겠죠? 슬라이드에 있는 텍스트, 이미지, 표 등 어떤 내용이든 애니메이션을 추가할 수 있으며 애니메이션을 만드는 것을 '빌드'라고 합니다. Keynote에서는 애니메이션을 크게 슬라이드 안으로 들어오는 '빌드인', 슬라이드 밖으로 나가는 '빌드아웃', 슬라이드 안에서 움직이는 '동작'으로 구분합니다.

애니메이션을 추가하려면 슬라이드에서 움직일 대상을 먼저 선택해야 합니다. 도구 막대의 끝부분에 있는 [애니메이션] ◇을 클릭하면 오른쪽 사이드바가 애니메이션 사이드바로 바뀌는데, 이때 애니메이션의 종류를 선택하고 [효과 추가]를 클릭합니다.

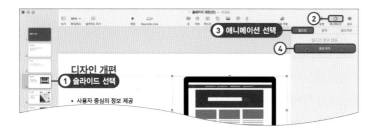

예를 들어, '빌드인' 애니메이션을 선택했다면 빌드인과 관련된 효과가 나타납니다. 애니메이션 효과 이름 위에 마우스 포인터를 올려 놓으면 '미리보기'가 나타나는데, '미리보기'를 클릭하면 적용하기 전에 어떤 애니메이션인지 살펴볼 수 있습니다.

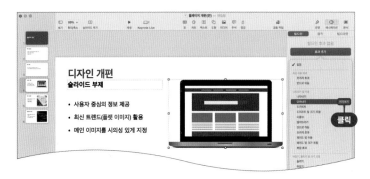

마음에 드는 효과를 찾았을 때 효과 이름을 클릭하면 즉시 적용됩니다. 그리고 애니메이션 사이드바에는 애니메이션의 방향, 진행 시간 등 효과를 좀 더 세밀하게 조절할 수 있는 속성들이 나타납니다.

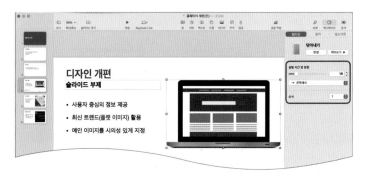

한 슬라이드에 여러 개의 애니메이션 효과를 추가했을 때는 애니메이션이 실행되는 순서가 중요합니다. 빌드 순서를 바꾸려면 애니메이션 사이드바의 가장 아래에 있는 [빌드 순서]를 클릭합니다.

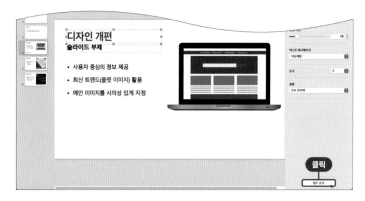

슬라이드에 적용된 애니메이션 효과들이 나열돼 있죠? 그중에서 순서를 바꾸고 싶은 빌드 항목을 원하는 위치로 드래그하면 빌드 순서가 바뀝니다. 예를 들어, 첫 번째에 있던 빌드를 맨 아래로 옮겨 마지막에 실행하도록 할 수 있습니다.

▲ 애니메이션 순서 바꾸기

애니메이션이 시작되는 시점을 조절하려면 빌드 목록에서 효과를 선택한 후 '시작' 목록을 펼쳐 시작 시점을 지정합니다. 첫 번째 빌드의 경우, '전환 효과 다음에' 항목은 슬라이드가 나타나자마자 효과가 실행되는 것을 말합니다.

잠 깐 만 요 ─────────────────────────────
필요할 경우, 각 빌드의 지연 시간도 지정할 수 있습니다.

▲ 애니메이션 시작 시점 조정하기

빌드 순서와 시작 시점을 모두 지정했다면 [미리보기]를 클릭해 애니메이션이 어떻게 진행되는지 확인해 보세요. 수정해야 할 부분이 있다면 '빌드 순서' 윈도우에서 다시 수정합니다.

슬라이드 전환 효과 추가하기

슬라이드 전환 효과는 슬라이드 사이를 이동할 때 적용되는 효과를 말합니다. 애니메이션 못지 않게 동적인 느낌을 줄 수 있어서 간단히 사용할 수 있죠. 슬라이드 목록에서 슬라이드를 선택한 후 원하는 진환 효과를 지정할 수 있습니다.

슬라이드 전환 효과를 적용하려면 슬라이드 목록에서 효과를 적용할 슬라이드를 선택합니다. 각 슬라이드마다 다른 전환 효과를 적용할 수 있습니다. 전체 슬라이드에 동일한 전환 효과를 적용 하려면 슬라이드 목록에서 command+A키를 눌러 전체 슬라이드를 선택했을 때 오른쪽에 나타나 는 애니메이션 사이드바에서 [효과 추가]를 클릭합니다.

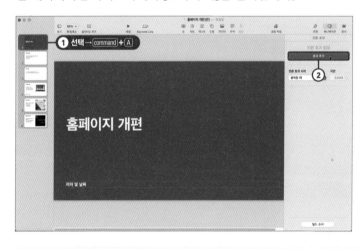

잠 | 깐 | 만 | 요
모든 슬라이드에 똑같은 효과를 적용한다면 슬라이드를 모두 선택합니다.

다양한 전환 효과 목록이 표시되죠? 전환 효과 이름의 오른쪽에 있는 [미리보기]를 클릭하면 어떤 효과인지 미리볼 수 있고, 전환 효과 이름을 선택하면 해당 효과가 슬라이드에 적용됩니다.

슬라이드 목록에서 전환 효과가 적용된 슬라이드는 다른 슬라이드와 구별할 수 있습니다. 전환 효과가 적용된 슬라이드를 클릭하면 오른쪽 사이드바에서 전환 효과의 방향이나 시간, 전환 방법을 설정할 수 있습니다. 전환 효과에서 변경할 수 있는 값은 선택한 전환 효과에 따라 다릅니다.

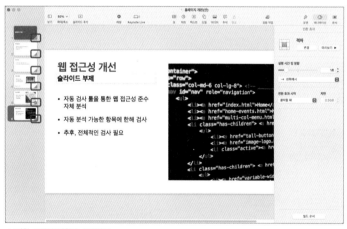

▲ 전환 효과가 적용된 슬라이드

도구 막대에 있는 [재생] ▶을 클릭하면 전체 화면에 슬라이드 쇼를 실행해 적용된 전환 효과나 애니메이션을 확인할 수 있습니다.

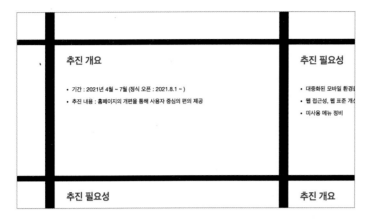

다른 기기에서 Keynote Live 진행하기

Keynote의 Live 기능을 사용하면 현재 Mac뿐 아니라 다른 Apple 기기, 웹 브라우저에서 실시간 슬라이드 쇼를 동시에 재생할 수 있습니다.

실시간 슬라이드 쇼를 실행하려면 Keynote의 도구 막대에서 [Keynote Live] 📭를 클릭합니다. Keynote Live에 대한 소개 화면이 나타나면 [계속]을 클릭합니다.

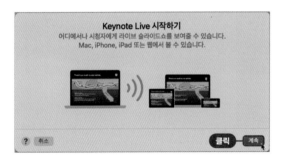

슬라이드 쇼를 함께 시청할 사람을 초대하기 위해 [시청자 초대...]를 클릭한 후 공유 방법을 선택합니다. 예를 들어 가까이에 있는 Apple 기기와 공유한다면 AirDrop이 편리하겠죠?

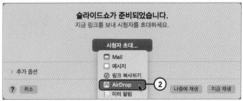

Windows 사용자와 슬라이드쇼를 공유하려면 공유 방법을 'Mail'로 선택하면 됩니다. Mail 앱이 실행되면 받을 사람의 메일 주소를 입력한 후 [보내기]를 클릭하면 되거든요.

슬라이드쇼를 공유하면 상대방 기기에서 Keynote를 실행한 후 슬라이드쇼 시작을 기다리면 됩니다. 다음은 iPad로 공유받은 Keynote Live의 시작을 기다리는 화면입니다.

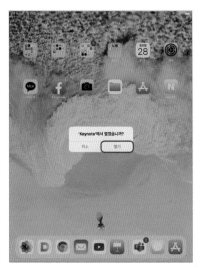

Windows 사용자라면 공유 링크를 클릭하자마자 웹 브라우저에서 Keynote Live를 시작할 준비가 끝납니다.

상대방이 준비됐다면 Mac의 Keynote에서 [지금 재생]을 클릭해 즉시 슬라이드쇼를 실행할 수 있습니다.

다음은 Mac과 iPad에서 슬라이드쇼를 공유하는 모습입니다.

▲ Mac의 슬라이드쇼

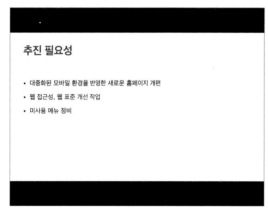

▲ iPad에 공유된 슬라이드쇼

Keynote Live를 공유할 때 [나중에 재생]을 클릭했다면 언제든지 필요한 시간에 실행할 수 있습니다.

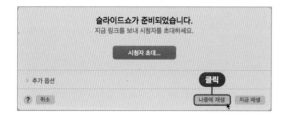

Keynote Live가 공유됐다면 도구 막대의 [재생] 버튼 ▶이 파란색 아이콘 ▶으로 바뀌고 연결된 사람이 몇 명인지 표시됩니다. [재생] ▶을 클릭한 후 [Keynote Live에서 재생]을 선택하면 슬라이드쇼를 공유한 다른 기기에서도 슬라이드쇼가 동시에 진행됩니다.

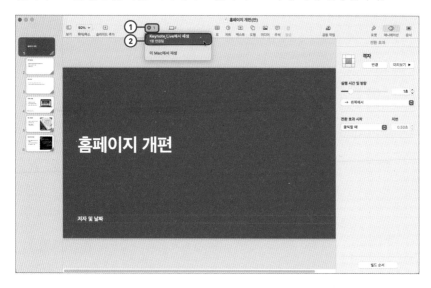

다음은 Mac 환경에서 재생하면서 동시에 Windows 환경의 웹 브라우저로 슬라이드쇼를 공유한 것입니다.

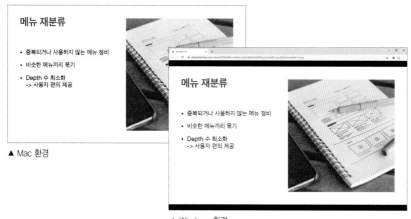

▲ Mac 환경

▲ Windows 환경

Keynote Live를 더 이상 사용하지 않겠다면 도구 막대에서 [Keynote Live] ▭를 클릭합니다. Keynote Live 설정 화면 아래쪽에 있는 [Keynote Live 끄기]를 누르면 Keynote Live가 종료됩니다. Keynote Live가 꺼지면 도구 막대의 [재생] 버튼도 원래대로 ▶으로 바뀝니다.

Keynote Live에 암호 지정하기

중요한 내용을 Keynote Live로 공유할 경우 암호를 만들 수도 있습니다. Keynote Live의 암호를 알고 있어야만 Keynote Live에 참여할 수 있죠. 암호가 지정된 Keynote Live를 공유할 때 암호는 함께 공유되지 않기 때문에 따로 전달해야 합니다.

Keynote Live 설정 화면에서 `> 추가 옵션`을 클릭한 후 '암호 필요' 항목을 클릭해 체크합니다. 암호를 입력한 후 [암호 설정]을 클릭하면 암호가 만들어집니다.

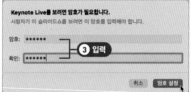

[암호 변경]을 클릭해 언제든지 바꿀 수 있습니다.

06 | iWork 문서 공동 작업하기

팀 프로젝트를 진행할 때 Pages나 Numbers를 사용해 기획안을 만들었거나 Keynote를 사용해 프레젠테이션을 만들었다면 다른 팀원과 공동 작업을 할 수 있습니다. 서로 떨어져 있더라도 같은 문서에 접속해 내용을 수정하거나 추가하는 방법에 대해 알아보겠습니다.

iWork 문서 공동 작업하기 전 알아 둬야 할 것은 여기에서는 Numbers 문서를 중심으로 설명하지만, Pages나 Keynote에서도 똑같이 사용할 수 있다는 것입니다.

공유 문서 자체를 주고받는 것이 아니라 온라인상의 iCloud Drive에 저장해 두고 공유 권한이 있는 사람들이 iCloud Drive에 접속해 문서를 보거나 수정하는 것입니다. 따라서 공유할 문서는 사용자의 컴퓨터가 아니라 iCloud Drive에 저장해야 합니다.

> **잠 깐 만 요**
> iWork 문서를 iCloud Drive에 저장하는 방법은 '01. iWork와 iCloud Drive'(367쪽)를 참고하세요.

공동 작업에 참여할 팀원은 Mac이나 Windows, 어떤 컴퓨터를 사용해도 되지만, 반드시 Apple 계정이 있어야 합니다. Apple 계정마다 무료로 1GB의 iCloud Drive 공간이 제공됩니다. 그리고 iWork 문서는 공동 작업에 참여할 팀원의 Apple 계정을 사용해 공유합니다. 따라서 문서를 공유하려면 상대방의 Apple 계정을 미리 확인해 알고 있어야 합니다.

iWork 문서 공유하기

iWrok로 작성한 문서를 다른 사람과 공동 작업하려고 할 때는 가장 먼저 상대방과 문서를 공유해야 합니다.
일단 작성한 문서를 저장한 후 iWork 문서를 공유하기 위해 iWork 앱의 도구 막대에서 [공동 작업] ⊛을 클릭하고 공유 방법을 선택합니다.

> **잠 깐 만 요**
> 이미 공유한 적이 있다면 [공동 작업] ⊛을 클릭한 후 [구성원 추가]를 선택합니다.

공유 방법과 권한을 선택합니다. 가장 많이 사용하는 [Mail]을 선택한 후 권한을 조절합니다. [변경 가능]은 상대방이 문서를 수정할 수 있도록 하는 것이고, [보기 전용]은 문서를 보기만 하고 수정은 할 수 없도록 하는 것입니다. 방법과 권한을 선택했다면 [공유]를 클릭합니다.

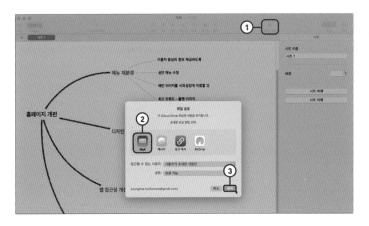

메일 작성 윈도우가 나타나면서 메일의 제목과 내용, 보내는 사람이 자동으로 입력돼 있습니다. '받는 사람'에 상대빙의 Apple 계정을 입력한 후 [보내기]를 클릭하면 공유가 끝납니다.

잠 깐 만 요
공유할 사람이 많을 때는 '받는 사람'에 여러 개의 메일 주소를 입력할 수 있습니다.

공유한 문서가 계속 화면에 열려 있다면 상대방이 문서를 수정할 때마다 "**님이 참여했습니다." 와 같은 알림 메시지가 나타나 누가 문서를 보고 있는지, 수정하는지를 확인할 수 있습니다.

공유받은 문서 수정하고 주석 달기

이번에는 공유받은 문서를 수정해 보겠습니다. 여기에서는 Windows에서 수정하지만, 공유 문서는 iCloud Drive에서 작업하기 때문에 Mac이나 iPad 등의 Apple 기기에서도 이와 똑같은 방법을 사용합니다.

다른 사람이 메일을 통해 나에게 공동 작업 문서를 공유하면 받는 편지함에 공유 메일이 도착해 있을 것입니다. 메일 내용에 포함된 링크를 클릭하면 iCloud Drive로 바로 연결됩니다.

공동 작업에 참여한 Apple 계정으로 로그인한 후 필요한 iWork 앱을 열면 됩니다. 여기에서는 [Numbers에서 열기]를 클릭했습니다.

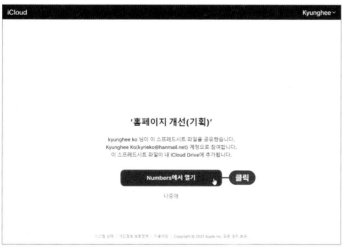

▲ Windows에서 공유된 iWork 문서 열기

Mac의 Numbers와 iCloud Drive의 Numbers 화면 구성은 거의 비슷합니다. 여기에서는 Windows 환경에서 작업하지만, Mac에서와 똑같이 내용을 추가하고 수정할 수 있습니다.

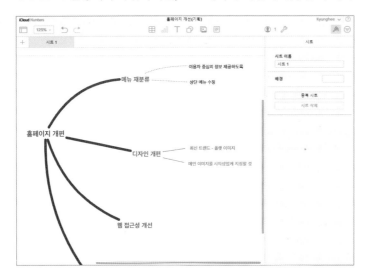

공동으로 작업하는 문서이기 때문에 그냥 수정만 하면 안 되겠죠? 수성한 부분을 실명하거나 의견을 남길 땐 '주석'을 사용합니다. 수정한 부분을 선택한 후 도구 막대에서 [주석] 📰 을 클릭하면 해당 부분에 대한 설명을 남길 수 있습니다.

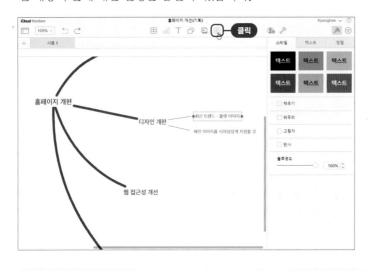

잠 깐 만 요 ————————————————————————————————
Mac의 Numbers 앱 도구 막대에서는 📰을 클릭합니다.

공동 작업자에게 남길 내용을 입력한 후 [완료]를 클릭합니다.

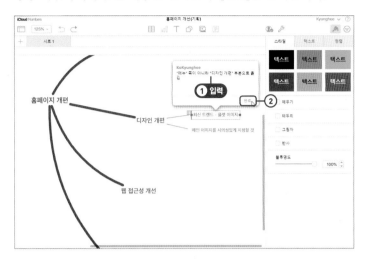

주석이 추가된 부분에는 ▥과 같은 표시가 돼 있으므로 쉽게 확인할 수 있습니다. 이런 식으로 '주석' 기능을 사용하면 공동 작업을 좀 더 효율적으로 진행할 수 있습니다.

iCloud Drive에서 작업했다면 따로 문서를 저장하지 않아도 작업 화면을 빠져나오면 자동으로 문서가 저장됩니다.

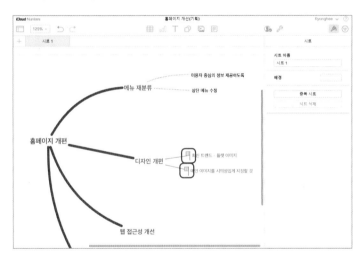

07 | MS Office 사용하기

iWork 문서를 MS Office에서도 사용하도록 저장할 수도 있고, PDF 파일로 저장할 수도 있습니다. 만일 Mac에서 MS Office 제품을 사용해야 한다면 Mac용 MS Office 제품을 설치하거나 Google 문서를 통해 간단하게 수정할 수 있습니다.

iWork 문서를 MS Office 형식으로 내보내기

iWork 문서를 MS Office에서도 확인할 수 있는 파일 형식으로 내보낼 수 있습니다. Pages는 MS Word 형식, Numbers는 MS Excel 형식, Keynote는 MS Power Point 형식으로 각각 내보낼 수 있습니다.

Pages 메뉴 막대에서 [파일]-[다음으로 내보내기]를 선택한 후 내보낼 수 있는 파일 종류를 선택할 수 있습니다. 여기서는 MS Word(*.docx) 형식으로 내보내기 위해 [Word]를 선택합니다.

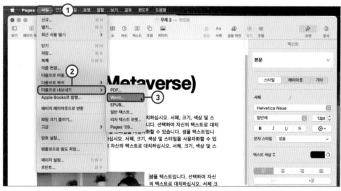

▲ Pages에서 Word 형식으로 저장하기

잠 깐 만 요

Pages의 경우, 일반 텍스트 파일이나 e-book 형태인 EPUB 형식으로도 내보낼 수 있습니다.

문서 내보내기 상자에서 [다음]을 클릭한 후 원하는 저장 위치와 이름을 지정하고 [내보내기]를 클릭해 저장합니다.

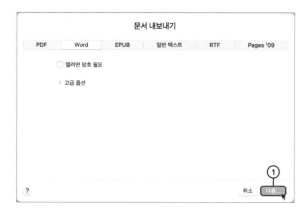

MS Office 형식으로 내보낸 파일은 Finder에 있는 다른 파일과 달리, .docx나 .xlsx, .pptx와 같은 확장자가 표시되기 때문에 쉽게 구별할 수 있습니다.

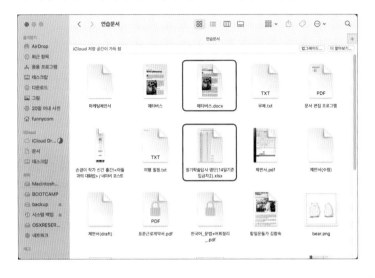

잠 깐 만 요

동영상 등의 미디어가 삽입된 Pages 문서를 Word 형식으로 내보내면 파일 이름과 같은 폴더가 생성되고, Pages 문서에 삽입한 미디어 파일이 따로 저장됩니다.

PDF 형식으로 내보내기

iWork에서 작성한 문서를 Windows에서 편집하지 않고 내용만 확인한다면 PDF 파일로 내보낼 수도 있습니다. Pages, Numbers, Keynote 모두에서 문서를 PDF로 내보낼 수 있습니다.

앱 메뉴 막대에서 [파일]–[다음으로 내보내기]를 선택한 후 필요한 옵션을 지정하고 [다음]을 클릭합니다.

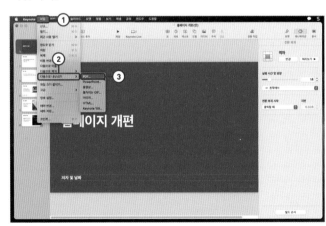

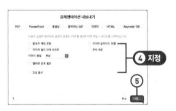

▲ 프레젠테이션을 PDF로 내보내기

잠 깐 만 요

Keynote 문서의 경우, 움직이는 이미지인 gif나 동영상 파일로도 내보낼 수 있습니다.

원하는 저장 위치와 이름을 지정한 후 [내보내기]를 클릭해 저장합니다.

잠깐만요 —————————————————————————————————

Finder에서 확인하면 PDF 파일에 .pdf 확장자가 함께 표시된 것을 볼 수 있습니다.

온라인에서 MS Office 문서 편집하기

iWork에서 MS Office 파일 형식으로 저장했는데 당장 사용할 수 있는 MS Office 제품이 없다면 온라인에서 문서를 편집할 수도 있습니다. Microsoft의 OneDrive에서는 온라인 Office 앱을 제공하고 있습니다. OneDrive(https://onedrive.live.com/)에 Microsoft 계정으로 로그인한 후 MS Office 형태로 내보내기한 파일을 OneDrive로 업로드합니다. 간단하게 Finder에서 파일을 선택해 OneDrive로 드래그하면 됩니다.

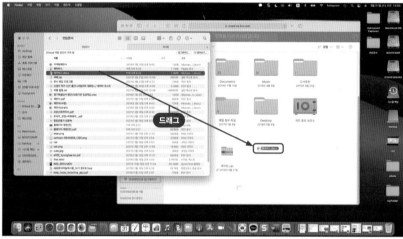

▲ MS Office 파일을 OneDrive로 업로드 하기

잠깐만요 —————————————————————————————————

Windows 로그인할 때 사용하는 Microsoft 계정을 사용해도 되고, 새로 계정을 만들어 사용해도 됩니다.

OneDrive에 업로드한 파일을 더블클릭하면 온라인 오피스 프로그램이 실행되면서 문서를 편집할 수 있습니다. 따로 저장하지 않아도 편집 창을 닫으면 수정된 문서가 OneDrive에 저장됩니다. 수정된 문서는 OneDrive에서 다운로드해 사용할 수 있습니다.

▲ OneDrive에서 Word 문서 편집하기

Google 문서

Google 문서는 MS Office 전용 편집 사이트는 아니지만, OneDrive처럼 MS Office 파일을 불러와 편집할 수 있습니다.

Google 계정으로 Google(www.google.co.kr)에 로그인한 후 Google 드라이브(https://drive.google.com)로 이동합니다. Finder에서 파일을 선택한 후 Google 드라이브 화면으로 드래그해 업로드합니다.

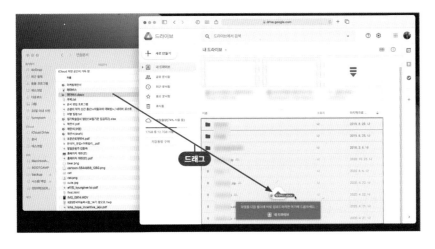

Google 드라이브 화면의 오른쪽 위에 있는 계정을 클릭한 후 [문서]를 선택하면 Google 문서로 이동할 수 있습니다.

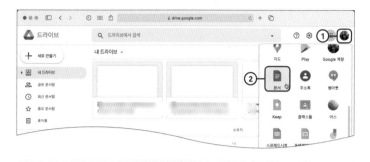

잠│깐│만│요

웹 브라우저 주소 표시줄에 https://docs.google.com을 입력해 이동할 수도 있습니다.

새 문서를 작성할 수도 있고, Google 드라이브에 있는 문서를 불러올 수도 있습니다. 업로드한 파일을 클릭해 보세요.

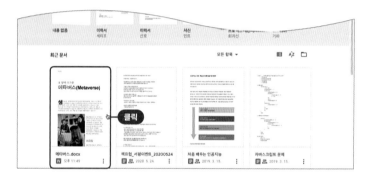

이제 필요한 부분을 수정하면 됩니다. Google 문서에서 작성한 내용은 따로 저장하지 않아도 자동으로 저장됩니다. 수정한 파일은 다운로드해 사용할 수 있습니다.

잠│깐│만│요

Google 문서에서 새로 작성한 문서, 스프레드시트, 프레젠테이션은 Google 드라이브에 저장되는데, 이때는 문서 제목(파일명)만 표시되고 확장자는 따로 표시되지 않습니다.

macOS용 MS Office

macOS를 사용하고 있지만, MS Office 문서를 작성하는 일이 많다면 macOS용 MS Office를 사용할 수도 있습니다. macOS용 MS Office의 사용법은 Windows에서 사용하는 MS Office와 비슷하고, MS Office의 주요 기능을 거의 모두 사용할 수 있다는 장점이 있습니다.

macOS용 MS Office는 Microsoft 365 버전으로, 유료로 제공됩니다. macOS용 MS Office 앱을 구입하기 전에 무료로 사용해 볼 수 있는 평가판을 사용하려면 App Store에 접속한 후 'ms'로 검색하고 검색 결과 중 'Microsoft 365'를 클릭해 보세요.

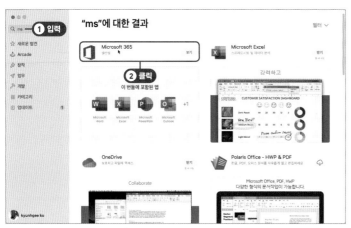

▲ App Store에서 Microsoft 365 다운로드하기

macOS용 MS Office 제품군에 포함된 여러 앱 중에서 필요한 앱의 [받기]를 클릭한 후 버튼이 [설치]로 바뀌면 다시 클릭해 선택한 앱을 macOS에 설치합니다.

평가판을 사용한 후 유료로 구입하려면 https://products.office.com/ko-kr/buy/에 접속한 후 [Mac]을 선택하세요. macOS에서 선택할 수 있는 여러 종류의 Office 365 앱이 표시되는데, 이 중에서 자신에게 맞는 제품을 구입합니다.

잠 깐 만 요

대학생이나 교직원은 Office 365를 무료로 사용할 수 있습니다.

 HWP 문서까지 모두 다뤄야 한다면

국내에는 HWP 한글 문서를 사용하는 경우가 많은데, macOS에서 HWP 문서를 읽거나 편집하려면 별도의 앱이 필요합니다. 다음 앱은 모두 App Store에서 다운로드할 수 있습니다.

• **한컴오피스 한글 2014 뷰어**: HWP 문서 내용을 살펴볼 수 있는 앱입니다. 단, 뷰어이기 때문에 내용을 수정할 수 없습니다.

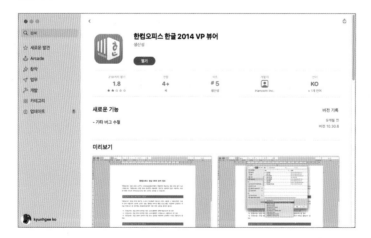

• **Polaris Office:** MS Office 문서뿐 아니라 HWP 문서를 만들거나 편집할 수 있습니다. 작성한 문서는 클라우드에 저장됩니다. 이 앱은 유료로, 다운로드한 후 30일간 무료로 사용할 수 있습니다.

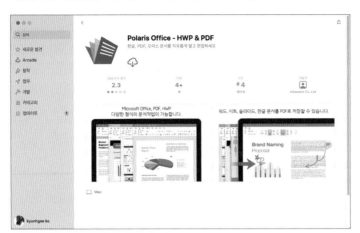

• **macOS용 한컴오피스 한글:** macOS용으로 제작된 한글 프로그램입니다. 이 제품은 App Store가 아닌 한글과 컴퓨터 사이트(https://www.hancom.com/goods/goodsChoice2.do)에서 구매한 후 다운로드할 수 있습니다.

PART 7

시스템을
안전하게 관리하기

macOS와 Windows의 파일 시스템은 다르기 때문에 Windows에서 사용했던 외장 하드 디
스크를 macOS에서는 사용할 수 없습니다. 이번에는 Apple의 파일 시스템과 포맷 그리고
중요한 자료를 간단한 방법으로 백업하고 복원할 수 있는 Time Machine, Mac 시스템을 안
전하게 관리하는 방법에 대해 알아보겠습니다.

macOS

디스크 관리하기

macOS 시스템의 시동 디스크를 기본으로 사용하더라도 자료의 백업이나 좀 더 많은 저장 공간을 확보하려면 외장 디스크를 연결해 사용해야 합니다. 외장 디스크를 사용하기 전에 디스크를 포맷하는 방법과 디스크 공간을 분할해 사용하는 방법에 대해 알아보겠습니다.

01 | 디스크 지우기

macOS의 디스크 지우기는 Windows의 포맷(format)과 같이 디스크의 모든 내용을 지우고 초기화하는 기능입니다. 기본 디스크 외에 새로운 디스크를 사용하려면 디스크를 용도에 맞게 지운 후에 사용하는 것이 좋습니다. 이번에는 Windows와 macOS의 파일 시스템은 어떻게 다른지, 디스크 지우기는 어떤 방법으로 사용하는지에 대해 알아보겠습니다.

디스크의 파일 시스템

디스크 지우기 기능을 사용하려면 사용할 포맷을 지정해야 합니다. 우선 macOS에서 사용하는 주요 파일 시스템 포맷에 대해 간단히 알아보겠습니다.

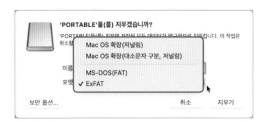

Mac OS 확장(저널링): Mac 포맷(HFS+)을 사용해 계층 구조 파일 시스템을 보호할 수 있습니다.
Mac OS 확장(대소문자 구분, 저널링): Mac 포맷을 사용하고 폴더 이름의 대소문자를 구분합니다.
MS-DOS(FAT): macOS와 Windows에서 함께 사용할 수 있지만, 32GB 미만의 디스크에서 사용합니다. 한 번에 4GB 이상의 파일은 쓸 수 없습니다.
ExFAT: macOS와 Windows에서 함께 사용할 수 있고, 32GB 이상의 디스크에서 사용합니다. 한 번에 4GB 이상의 파일도 쓸 수 있습니다.

잠깐만요
폴더 이름의 대소문자를 구분한다는 것은 'APPLE'이라는 폴더와 'apple'이라는 폴더를 서로 다른 폴더로 구분한다는 것을 의미합니다.

macOS의 버전과 관계없이 macOS에서만 사용할 경우, 'Mac OS 확장(저널링)', macOS와 Windows 양쪽에서 사용할 디스크라면 ExFAT 포맷을 사용하는 것이 좋습니다.

디스크 지우기

1 Spotlight에서 '디스크 유틸리티'를 검색해 디스크 유틸리티를 실행하세요.

2 디스크 유틸리티 윈도우 사이드바에서는 Mac에 연결돼 있는 모든 디스크를 확인할 수 있는데, 뭔가 복잡하지요? 디스크 유틸리티 도구 막대의 왼쪽에 있는 [보기] 🖿 ✓를 클릭한 후 [볼륨만 보기]를 선택하면 좀 더 간단한 형태로 볼 수 있습니다.

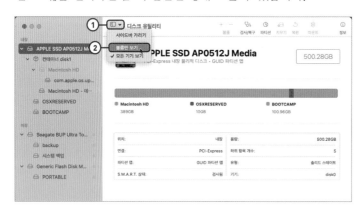

3 기본 내장 디스크 중에서 [Macintosh HD–데이터]를 클릭하면 APFS 포맷이 적용돼 있는 것을 볼 수 있습니다. 참고로 Mac 의 기본 디스크는 [Macintosh HD] 디스크와 [Macintosh HD – 데이터] 디스크로 나뉩니다. [Macintosh HD]] 디스크에는 시스템 파일이 저장되고, [Macintosh HD]–데이터]에는 앱과 데이터가 저장됩니다.

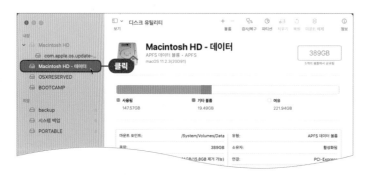

4 여기에서는 휴대용 USB 디스크를 지워 보겠습니다. Mac에 휴대용 USB 디스크를 연결한 후 잠시 기다리면 사이드바에 연결한 디스크가 표시됩니다. 사이드바에서 디스크를 선택한 후 도구 막대에서 [지우기] 🖴를 클릭합니다.

> **잠 깐 만 요** ──
> 디스크 지우기를 실행하기 전에 반드시 디스크 안의 자료를 지워도 되는지 다시 한번 확인하세요.

5 '이름' 항목에 원하는 디스크의 이름을 입력한 후 '포맷' 목록을 펼쳐 원하는 파일 형식을 선택하고 [지우기]를 클릭합니다.

6 잠시 기다리면 디스크 지우기가 끝납니다. [완료]를 클릭합니다.

> **잠 깐 만 요** ──
> 외장 디스크나 USB 메모리를 연결하면 macOS에서 자동으로 인식해 Time Machine으로 백업할 것인지 묻는 창이 표시됩니다. Time Machine은 '01.
> Time Machine으로 백업하기'(431쪽)에서 자세히 설명합니다.

지우기 보안 옵션

디스크 유틸리티에서 디스크를 복구할 수 없도록 확실하게 지우려면 보안 옵션을 사용해 보세요. 디스크 지우기 상자의 [보안 옵션]을 클릭하면 슬라이드 막대가 '가장 빠르게'로 선택돼 있습니다. 이 항목은 디스크에 있는 파일을 완벽하게 삭제하지 않은 상태로 디스크를 지우기 때문에 빠르게 지울 수 있고, 파일을 복구할 수도 있습니다.

디스크에 있는 파일을 완벽하게 삭제해 복구할 수 없도록 하려면 슬라이드 막대를 드래그해 '가장 안전하게'를 선택한 후 [확인]을 클릭합니다. 이 옵션은 디스크에 있던 파일을 완벽하게 삭제하기 때문에 시간은 좀 더 걸리지만, 디스크를 새것처럼 깨끗하게 지웁니다.

외장 하드 디스크의 용량이 크다면 용도에 따라 저장 공간을 2개 이상의 공간으로 나눌 수 있는데, 이렇게 디스크의 공간을 나누는 것을 '파티션(partition)'이라고 합니다. 이번에는 파티션을 추가하고 제거하는 방법과 디스크를 진단하는 방법에 대해 알아보겠습니다.

⊕ 디스크 관리

파티션 추가하기

1 디스크 유틸리티 사이드바의 기기 목록에서 파티션을 추가할 디스크를 선택한 후 [파티션] ⏱을 클릭합니다.

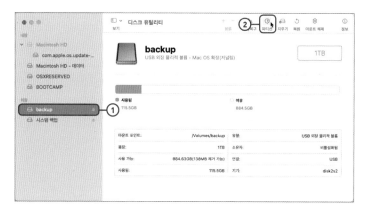

2 선택한 디스크가 어떻게 할당돼 있는지 그래프로 확인할 수 있으므로 알아보기 쉽습니다. 그래프에서 파티션할 영역을 선택한 후 그래프의 아래쪽에 있는 + 를 클릭합니다.

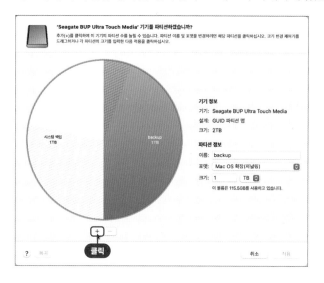

잠 깐 만 요 —

파티션하려는 디스크의 포맷에 따라 [+] 버튼이 활성화되지 않을 수도 있습니다. 이럴 때 APFS이나 MacOS 확장 포맷을 선택하면 [+] 버튼이 활성화됩니다.

3 '무제'라는 이름의 새로운 영역이 추가됩니다. 그래프에 표시된 조절점을 드래그해 새로운 영역의 크기를 지정하거나 '파티션 정보'의 '크기'에 직접 원하는 크기(용량)를 입력해도 됩니다. 그리고 '파티션 정보'의 '이름'에 원하는 이름을 입력한 후 [적용]을 클릭하세요.

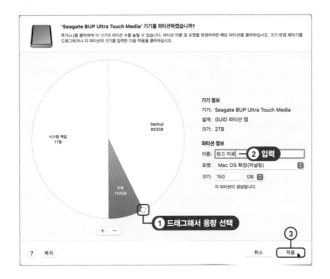

잠깐만요 ───────
용량 단위 목록을 펼쳐 TB(테라바이트), GB(기가바이트), MB(메가바이트)로 바꿀 수도 있습니다.

4 파티션한다는 메시지가 표시되면 [파티션]을 클릭합니다. 잠시 기다리면 파티션이 끝납니다. [완료]를 클릭합니다.

5 디스크 유틸리티 윈도우로 돌아오면 추가된 파티션을 확인할 수 있습니다.

파티션 제거하기

1 디스크 유틸리티 사이드바에서 파티션을 제거할 디스크를 선택한 후 [파티션]을 클릭합니다.

잠 깐 만 요 ─────
파티션을 제거하면 해당 파티션에 저
장된 자료가 삭제되므로 필요한 자료
가 있다면 미리 백업해 두세요.

2 디스크 그래프에서 삭제할 파티션을 선택한 후 ─ 를 클릭합니다.

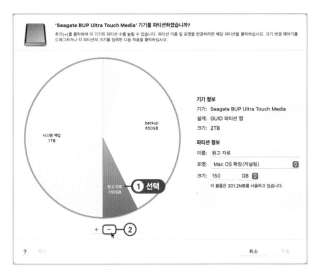

3 디스크 그래프에서 파티션의 영역이 바뀐 것을 확인한 후 [적용]을 클릭합니다.

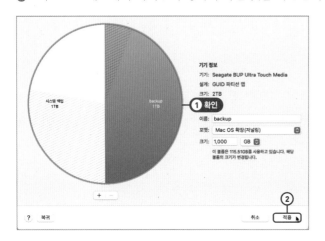

잠 | 깐 | 만 | 요
이 화면에서 [복귀]를 클릭하면 파티션 삭제를 취소
하고 원래 상태로 돌아갑니다.

4 파티션이 제거된다는 메시지가 나타나면 [파티션]을 클릭합니다. 파티션 제거가 끝나면 [완료]를 클릭합니다.

 전문가의 조언

APFS 포맷에서의 파티션과 볼륨

하드 디스크, USB 메모리 등과 같은 저장 매체를 논리적으로 분할하는 것을 '파티션', 파티션으로 분할된 각각의 영역을 '볼륨'이라고 합니다. 파티션, 볼륨이라는 용어는 Windows에서도 사용하기 때문에 낯설지 않지만, macOS의 APFS 파일 시스템에서는 Windows와 조금 다르게 표시합니다.

APFS 포맷으로 지운 디스크를 파티션하면 볼륨이 '컨테이너 disk #'이라는 파티션 안에 추가됩니다. 여기서 '#'은 자동으로 붙는 숫자입니다. 디스크 유틸리티 도구 막대에서 [보기] 📑 ✓ 를 클릭한 후 [모든 기기 보기]를 선택해 확인해 보세요. Windows에서는 1개의 파티션에 1개의 볼륨을 만들 수 있지만, APFS에서는 여러 개의 볼륨을 만들 수 있습니다.

디스크 검사하기

1 검사할 볼륨을 선택한 후 [검사/복구] 💊를 클릭합니다.

2 디스크 검사/복구 기능은 데이터를 검사하고, 문제점을 찾고, 복구가 가능할 경우에는 복구합니다. 검사를 진행하려면 [실행]을 클릭합니다.

3 [완료]를 클릭하면 '검사/복구'가 완료됩니다.

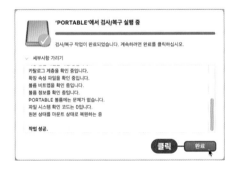

Time Machine으로 백업 및 복원하기

예상하지 못한 일로 중요한 자료를 잃는 경우에 대비해 중요한 자료를 따로 백업해 두곤 하죠. macOS의 Time Machine을 사용하면 중요한 자료나 시스템을 백업할 수도 있고, 문제가 생겼을 때 백업한 자료를 사용해 손쉽게 복원할 수도 있습니다.

macOS의 Time Machine을 사용하면 시스템 전체를 자동으로 백업할 수 있습니다. 단, Time Machine 기능을 사용하려면 시스템을 백업할 만큼 용량이 큰 디스크가 필요합니다. 충분한 용량의 외장 디스크를 준비하고 따라 해 보세요.

파일 히스토리-백업

1 Dock에서 [시스템 환경설정] 을 클릭한 후 [Time Machine]을 선택합니다.

2 Time Machine 백업을 처음 사용한다면 [백업 디스크 선택], 기존에 사용 중인 Time Machine 디스크를 다른 디스크로 교체한다면 [디스크 선택...]을 클릭합니다.

잠깐만요 ─────────────

'메뉴 막대에서 Time Machine 보기'에 체크하면 상태 메뉴 막대에 Time Machine 아이콘 을 표시할 수 있습니다.

3 백업 디스크 상자에서 Time Machine 백업에 사용할 디스크를 선택한 후 [디스크 사용]을 클릭합니다.

4 Time Machine 백업에 사용할 디스크가 선택되면 백업이 자동으로 시작됩니다. 백업이 처음이라면 시산이 오래 걸릴 수 있습니다.

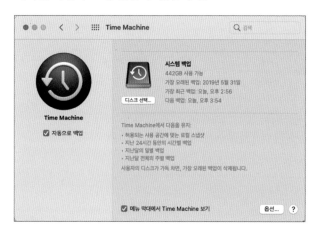

5 Time Machine 백업이 완료되면 백업 완료 메시지가 표시됩니다. 이후에는 다른 것을 하지 않아도 자동으로 백업합니다. 첫 번째 백업이 완료되면 데스크탑에서 '시스템 백업'이라는 드라이브가 생성됩니다.

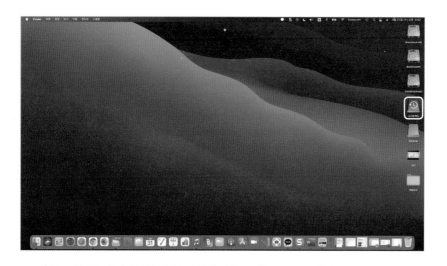

6 백업은 자동으로 실행되지만, 상태 메뉴에 표시된 Time Machine 아이콘 을 클릭한 후 [지금 백업]을 선택해 필요할 때마다 백업할 수도 있습니다.

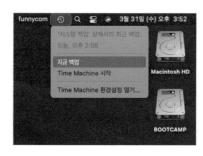

02 | 백업 제외 항목 지정하기

Time Machine 백업을 사용하면 시스템에 있는 모든 내용을 백업합니다. 만약 Time Machine 백업이 디스크 공간 용량을 많이 차지하는 것이 신경쓰인다면 굳이 백업하지 않아도 되는 항목은 제외 항목으로 지정할 수 있습니다.

1 상태 메뉴에 표시된 Time Machine 아이콘 🕐을 클릭한 후 [Time Machine 환경설정 열기]를 선택합니다.

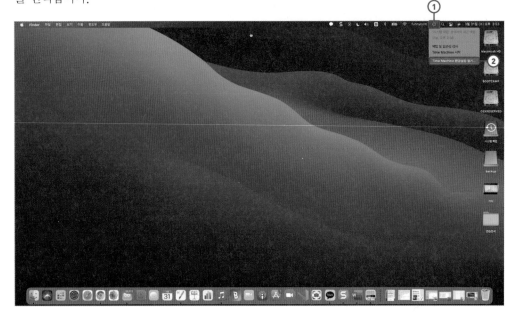

2 Time Machine 윈도우가 표시되면 [옵션...]을 클릭합니다.

3 '백업에서 다음 항목 제외' 목록 아래에 있는 ⊞ 를 클릭합니다.

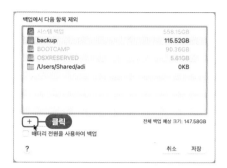

4 여기에서는 '다운로드' 폴더를 제외해 보려고 합니다. 사이드바에서 [다운로드]를 선택한 후 [제외]를 클릭합니다.

5 '백업에서 다음 항목 제외' 목록에 방금 선택한 '다운로드' 폴더가 추가된 것을 확인한 후 [저장]을 클릭하면 앞으로 '다운로드' 폴더는 백업하지 않습니다.

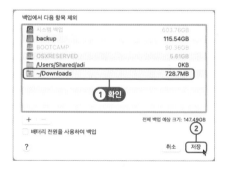

03 | Time Machine으로 복원하기

Time Machine을 사용하면 Finder나 Mail을 이전 상태로 복구해 실수로 삭제한 파일이나 메일을 복원할 수 있습니다. 그뿐 아니라 Time Machine을 이용해 시스템 전체를 복원할 수도 있죠. 강력한 Time Machine의 복원 기능에 대해 알아보겠습니다.

⊕ 파일 히스토리-복원

Time Machine으로 파일 복원하기

Time Machine은 시스템 전체를 백업하기 때문에 백업을 하는 데 많은 용량이 필요하지만, 실수로 삭제한 파일부터 메일 메시지까지 거의 모든 것을 복원할 수 있습니다. 여기서는 삭제한 파일을 복원하는 방법에 대해 알아보겠습니다.

1 Finder에서 삭제한 파일이 저장돼 있던 Finder 윈도우를 엽니다. 상태 메뉴에서 Time Machine 아이콘 🕐을 클릭한 후 [Time Machine 시작]을 선택합니다. 여기에서는 며칠 전에 삭제했던 압축 파일을 복원해 보겠습니다.

잠 깐 만 요 ──
삭제한 메일 메시지를 복원하려면 Mail 앱을 실행한 후 [Time Machine 시작]을 선택하면 됩니다.

436

2 Time Machine을 시작하면 시간 변화에 따른 스냅 화면이 나열됩니다. 오른쪽의 타임라인이나 스냅 화면 오른쪽의 위아래 화살표를 클릭해 복원할 시점을 선택할 수 있습니다.

3 선택한 날짜의 스냅 화면에 복원할 파일이 있는지 확인합니다. 복원할 파일을 찾았다면 파일을 선택한 후 아래에 있는 [복원]을 클릭합니다.

4 복원이 완료되면 Time Machine 스냅 화면에서 선택한 파일이 현재 폴더로 복원된 것을 확인할 수 있습니다.

Time Machine 백업으로 시스템 복원하기

파일이나 폴더뿐 아니라 시스템에 문제가 생겼을 때 전체 시스템을 문제 없이 동작했던 시점으로 복원할 수도 있습니다. 외장 디스크에 Time Machine 백업을 저장하고 있다면 해당 디스크를 연결한 후 시스템 복원을 시작해야 합니다.

단, Time Machine으로 시스템을 복원할 때 주의해야 할 점이 있습니다. 특정한 날짜나 시간으로 복원하면 시동 디스크에 있던 자료까지도 복원 시점으로 되돌립니다. 따라서 복원 지점 이후에 새로 만들어진 자료나 Time Machine 백업에 포함시키지 않았던 자료가 있다면 반드시 자료를 직접 백업해 놓은 후 시스템을 복원해야 합니다.

1 Spotlight에서 '마이그레이션 지원'을 검색해 실행합니다.

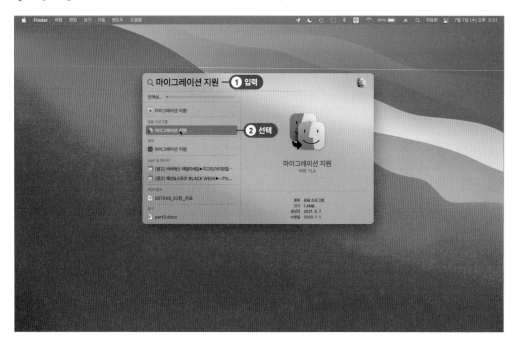

2 마이그레이션 지원을 사용하면 실행 중인 모든 앱이 종료됩니다. 저장해야 할 작업이 있다면 앱을 종료하고 [계속]을 클릭합니다.

3 관리자 로그인 암호를 입력한 후 [확인]을 클릭합니다.

4 Time Machine에서 백업하기 위해 'Mac, Time Machine 백업 또는 다른 시동 디스크로부터' 를 선택한 후 [계속]을 클릭합니다.

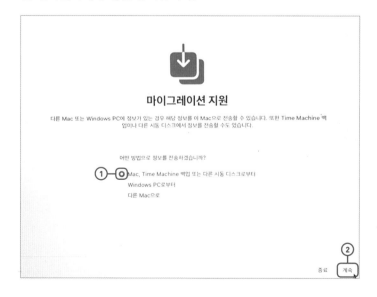

5 Time Machine이 백업된 시스템을 선택한 후 [계속]을 클릭합니다.

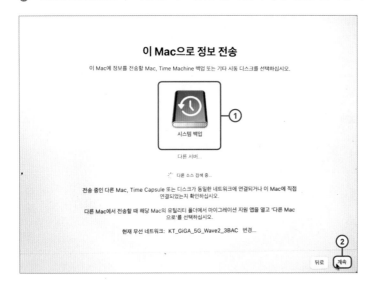

잠 깐 만 요

Time Machine을 외장 디스크에 저장했는데 이 화면에 나타나지 않는다면, USB 허브와 같은 중간 기기를 거치지 말고 직접 Mac 시스템에 연결해 다시 마이그레이션 지원을 시도해 보세요.

6 백업을 전송할 디스크를 선택한 후 [계속]을 클릭합니다.

7 백업할 정보를 선택한 후 [계속]을 클릭합니다. 이후 화면의 설명에 따라 마이그레이션을 진행하면 시스템을 최종 백업한 시점으로 복원할 수 있습니다.

시스템 관리하기

Mac을 사용하다 보면 저장 공간이 부족해지거나 갑자기 시스템이 느려질 때가 있습니다. 이때에는 macOS에서 시스템 정보를 확인하고 부족한 저장 공간을 확보해야겠죠. 이번에는 macOS에서 시스템을 관리하고 설정을 변경하는 방법에 대해 알아보겠습니다.

01 하드 디스크 정리하기

macOS는 사용했던 모든 파일을 시스템에 저장하기 때문에 하드 디스크가 Windows에 비해 더 빨리 채워집니다. 현재 하드 디스크를 얼마나 사용하고 있는지 확인하고, 불필요한 파일을 삭제해 하드 디스크 공간을 확보하는 방법에 대해 알아보겠습니다.

남은 저장 공간 확인하기

[🍎]-[이 Mac에 관하여]를 선택한 후 [저장 공간] 탭을 클릭합니다. 하드 디스크 전체 용량은 얼마인지, 얼마나 사용하고 있는지, 남은 용량이 얼마인지를 막대그래프로 확인할 수 있습니다.

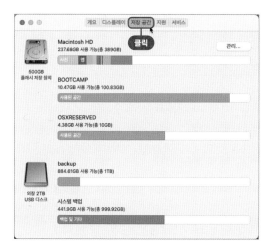

잠 깐 만 요

막대그래프의 각 항목 위에 마우스 포인터를 올려 놓으면 해당 항목이 얼마나 차지하고 있는지 알려 주는 말풍선이 표시됩니다.

저장 공간 최적화하기

Macintosh HD 막대그래프의 오른쪽 위에 있는 [관리...]를 클릭하면 하드 디스크에서 사용하고 있는 항목의 구체적인 내용을 확인할 수 있습니다.

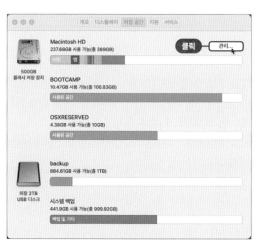

시스템 정보 윈도우 사이드바에서 [추천]을 클릭하면 하드 디스크 공간을 확보할 수 있는 추천 항목이 표시됩니다. 여기에서 추천하는 방법으로도 공간을 확보하기 어렵다면, 사이드바에 표시된 개별 항목을 선택해 확인해 보세요.

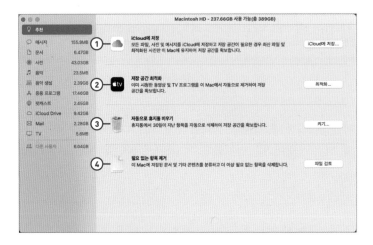

① **iCloud에 저장**: iCloud를 설정해 놓았다면 [iCloud에 저장]을 클릭해 iCloud에 자료를 저장할 수 있습니다. Mac에는 최신 파일과 최신 이미지만 저장하므로 공간을 확보할 수 있습니다.

② **저장 공간 최적화**: [최적화]를 클릭하면 Apple TV에서 시청한 동영상이나 최근에 발송한 이메일의 첨부 파일만 유지하고 삭제합니다.

③ **자동으로 휴지통 비우기**: [켜기]를 클릭하면 휴지통에 있는 파일이나 폴더 등의 항목 중 30일이 지난 항목을 자동으로 삭제합니다.

④ **필요 없는 항목 제거**: [파일 검토]를 클릭하면 하드 디스크에 저장된 항목을 검토해 불필요한 것을 삭제합니다.

이외에도 사이드바에서 [문서], [사진], [응용 프로그램] 등을 선택하면 각 항목을 정리해 저장 공간을 확보할 수도 있습니다.

• **문서**: 하드 디스크에 저장된 다양한 문서를 확인하고 삭제할 수 있습니다.

• **사진**: 사진 보관함을 외장 디스크로 백업하거나 외장 하드 디스크에 사진 보관함을 만들 수도 있습니다.

• **응용 프로그램**: macOS의 기본 앱을 비롯해 직접 설치한 앱 중 사용하지 않는 앱을 삭제해 공간을 확보할 수 있습니다.

> **잠깐만요** ──────────────────────────
> 직접 설치한 앱 중 일부는 언인스톨러(uninstaller)를 사용해야 앱과 관련된 파일을 완벽하게 삭제할 수 있습니다.

• **Mail**: Mail 앱에서 첨부 파일이 있는 메일을 확인하면 첨부 파일을 실행하지 않아도 기본적으로 첨부 파일이 다운로드되기 때문에 그만큼 공간을 차지하게 됩니다. 첨부 파일이 차지하는 공간이 많을 경우, 저장 공간 최적화를 실행할 때 [자동으로 첨부 파일 다운로드 안 함]을 클릭하면 첨부 파일이 차지하는 공간을 절약할 수 있습니다.

• **팟캐스트**: 팟캐스트를 들으면 하드 디스크에 팟캐스트 에피소드가 저장됩니다. 나중에 다시 다운로드할 수 있는 에피소드가 있다면 목록에서 삭제해야 하드 디스크 공간을 확보할 수 있습니다.

02 | 활성 상태 확인하기

macOS에서 다양한 앱을 실행해 작업하는 도중 갑자기 시스템이 느려진다면 활성 상태 보기를 확인해 보세요. 활성 상태 보기에서는 현재 시스템에서 어떤 앱이 실행돼 있고, CPU나 메모리를 어떻게 사용하고 있는지 확인할 수 있습니다.

 작업 관리자

활성 상태 보기

활성 상태 보기는 Launchpad의 [기타]-[활성 상태 보기]에서 실행할 수 있습니다.

활성 상태 보기 윈도우의 목록은 5초마다 자동으로 업데이트되고, 현재 실행 중인 앱의 상태가 나타납니다. 활성 상태 보기가 실행되면 윈도우의 '프로세스 이름' 열에 현재 실행 중인 앱 이름이 표시되고, 활성 상태 보기 윈도우 위의 탭을 선택하면 다양한 정보를 확인할 수 있습니다.

프로세스 이름	메모리	스레드	포트	PID	사용자
Snagit 2021	2.15GB	23	7,393	1331	funnycom
WindowServer	1.28GB	12	5,586	142	_windowserver
Finder	424.3MB	9	3,846	1337	funnycom
Microsoft Word	372.2MB	16	1,905	45022	funnycom
사진	350.5MB	8	410	47858	funnycom
Pages	246.5MB	4	412	36083	funnycom
Google Chrome Helper (GPU)	226.1MB	11	987	26054	funnycom
Google Chrome	196.7MB	30	2,164	26041	funnycom
카카오톡	178.8MB	5	1,027	1327	funnycom
Mail	165.9MB	8	2,371	16661	funnycom
installd	156.4MB	2	205	6334	root
시스템 정보	153.6MB	6	1,720	47785	funnycom
Google Chrome Helper (Renderer)	141.2MB	15	194	52090	funnycom
com.apple.siri.embeddedspeech	121.4MB	2	65	573	funnycom
미리보기	100.2MB	3	326	46038	funnycom
https://support.apple.com	97.4MB	4	104	53885	funnycom
https://sb.music.apple.com	95.2MB	5	325	34313	funnycom
systemmigrationd	85.4MB	5	123	47805	root

메모리 압박			
물리적 메모리:	16.00GB		
사용된 메모리:	11.48GB	앱 메모리:	6.94GB
캐시된 파일:	3.37GB	와이어드 메모리:	3.28GB
사용된 스왑 공간:	1.29GB	압축됨:	1.25GB

▲ 활성 상태 보기

CPU 사용량 보기

[CPU] 탭을 클릭하면 각각의 프로세스가 CPU를 얼마나 사용하고 있는지 확인할 수 있습니다. 표에서 '%CPU'를 클릭하면 CPU를 많이 차지하고 있는 프로세스가 순서대로 나열됩니다.

잠깐만요 ──────────────────────────────────
사용자가 '앱'이라 부르는 것은 시스템의 입장에서는 '프로세스'라고 합니다.

목록의 여러 열 중에서 마지막에 있는 '사용자' 열에는 사용자 이름이 표시된 것과 그렇지 않은 것들이 섞여 있죠? 여기에서 사용자 이름으로 표시된 것은 사용자가 실행한 프로세스, 이외의 항목은 macOS 시스템에서 실행한 프로세스입니다.

활성 상태 보기 윈도우 아래에서 '시스템'과 사용자 항목을 보면 실행 중인 앱들이 CPU를 얼마나 차지하고 있는지, 사용하지 않고 '대기' 중인 CPU가 얼마나 되는지를 확인할 수 있습니다.

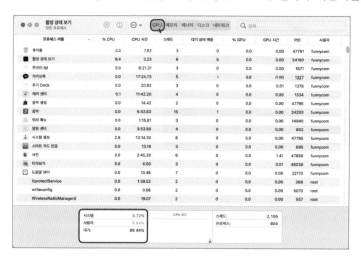

목록에서 프로세스 이름을 더블클릭하면 해당 프로세스에 대한 정보가 표시됩니다.

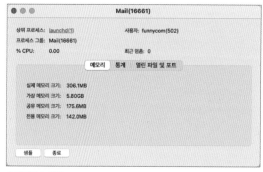

▲ 프로세스 정보

프로세스 종료하기

사용하지 않거나 CPU를 많이 차지하는 프로세스가 있다면 해당 프로세스를 종료할 수 있습니다. 프로세스를 종료하면 저장되지 않은 프로세스 자료는 삭제되므로 주의해야 합니다. 시스템에서 사용 중인 프로세스는 종료하지 마세요.

프로세스를 종료하려면 목록에서 프로세스 이름을 선택한 후 도구 막대에서 ⊗를 클릭합니다.

종료할 것인지 물어보는 상자가 나타나면 [종료]를 클릭합니다. 간혹 다른 프로세스와 연결돼 있어서 종료되지 않는 앱이 있는데, 이런 앱은 [강제 종료]를 클릭해 종료해야 합니다.

전문가의 조언 응답 없는 앱 강제 종료하기

앱을 사용하다 보면 가끔 앱이 더 이상 실행되지 않거나 정상적으로 앱을 종료할 수 없을 때가 있습니다. 이럴 때는 앱을 강제로 종료해야 하는데, option + command + esc 키를 누르면 강제 종료 윈도우가 나타납니다. Windows에서 ctrl + alt + del 키를 누르는 것과 같습니다.

현재 실행 중인 앱 중에서 종료할 앱을 선택한 후 [강제 종료]를 클릭하면 멈춰 있던 앱을 종료할 수 있습니다.

메모리 사용량 확인하기

[메모리] 탭을 클릭하면 각 프로세스가 사용하고 있는 메모리를 확인할 수 있습니다. 목록에는 메모리를 많이 차지하는 프로세스부터 순서대로 표시됩니다. 활성 상태 보기 윈도우 아래에는 메모리 사용량이 그래프로 표시되므로 쉽게 알아볼 수 있습니다. 그래프가 녹색이라면 메모리를 효율적으로 사용하고 있다는 것, 노란색이라면 메모리가 부족해질 수도 있다는 것, 빨간색이라면 메모리를 추가해야 한다는 것입니다.

메모리가 부족하면 프로세스 목록에 있는 프로세스를 종료해 메모리를 확보할 수 있습니다.

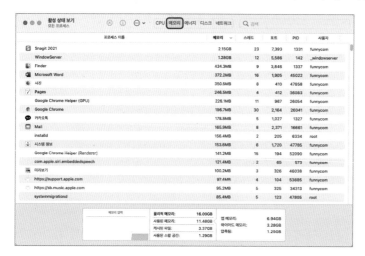

에너지 사용량 보기

[에너지] 탭을 클릭하면 전체 에너지 사용량과 각 앱에서 사용한 에너지를 표시합니다. MacBook에 전원이 연결돼 있지 않은 상태에서 에너지 사용량이 많은 앱을 실행하면 배터리 소모가 빨라집니다. 평균 에너지 사용량이 많거나 최근에 가장 많은 에너지를 사용하는 앱을 종료하면 배터리를 좀 더 오래 사용할 수 있습니다.

잠 깐 만 요
'App Nap'은 앱은 실행돼 있지만 사용하지 않을 경우, 잠자기 상태로 바꾸는 기능입니다.

디스크 활성 상태 보기

[디스크] 탭을 클릭하면 실행 중인 앱이 디스크에서 얼마만큼의 자료를 디스크에서 읽고 기록했는지 확인할 수 있습니다. 앱이 디스크에서 차지하는 크기를 보여 주는 탭은 아닙니다.

네트워크

[네트워크] 탭은 이름에서도 알 수 있는 것처럼 실행 중인 앱에서 네트워크와 주고받은 데이터의 양과 패킷을 보여 줍니다.

03 │ 암호 저장소, iCloud 키체인 사용하기

Mac에 로그인할 때, Wi-Fi에 연결할 때, 사이트에 로그인할 때 등 하루에도 몇 번씩 입력해야 하는 암호를 기억하기 어렵다면 macOS의 키체인을 사용해 보세요.

iCloud 키체인은 macOS와 iOS 및 iPadOS에서 사용하는 다양한 암호를 iCloud에 저장한 것입니다. 사용자의 암호가 iCloud에 저장되기 때문에 같은 Apple ID를 사용하는 Apple 기기에서 로그인할 때 편리하게 사용할 수 있습니다.

시스템 환경설정 윈도우에서 [AppleID]를 선택해 '키체인' 항목을 확인해 보세요. 기본적으로 체크돼 있을 것입니다. 만일 체크돼 있지 않다면 체크해 놓아야 암호를 자동으로 저장할 수 있습니다.

잠 | 깐 | 만 | 요 ──────────────────────────────────

iPhone이나 iPad에서 키체인을 사용하려면, 해당 기기의 설정에서 iCloud의 '키체인'을 '켬'으로 설정해야 합니다.

키체인을 사용할 경우, 사이트에 로그인할 때 입력한 로그인 정보와 암호가 iCloud 키체인에 저장됩니다. 사이트 로그인 정보를 입력한 후 🔑▾를 클릭하고 [이 암호 저장]을 선택하면 해당 로그인 정보가 iCloud 키체인에 저장돼 Apple ID를 사용하는 다른 기기에서 다시 로그인할 때 로그인 정보를 입력하지 않아도 저장된 로그인 정보를 불러와 로그인할 수 있습니다.

▲ macOS에서 암호 저장하기

▲ 저장된 정보 자동 입력하기

macOS 유지/관리

macOS 관리하기

04 | 서체 관리자

macOS는 Windows에 비해 기본으로 제공되는 한글 서체(폰트)가 많지 않지만, 언제든 사용자가 원하는 서체를 추가해 사용할 수 있습니다. 이번에는 macOS에 서체를 추가하는 방법에 대해 알아보겠습니다.

⊕ 제어판–글꼴

서체 정보 살펴보기

지금 사용하고 있는 macOS의 서체 정보는 서체 관리자에서 확인할 수 있습니다. 서체 관리자를 실행하려면 Launchpad의 '기타' 폴더에서 [서체 관리자]를 클릭합니다.

서체 관리자 윈도우의 왼쪽 사이드바에는 분류, 가운데에는 서체 목록, 오른쪽에는 서체 미리보기가 표시됩니다. 서체 목록에는 macOS에서 사용할 수 있는 서체 목록이 표시되는데, 서체 목록의 서체 이름 앞에 있는 [〉]를 클릭하면 서체에 포함된 여러 스타일을 볼 수 있습니다. 각 서체를 클릭하면 오른쪽에 해당 서체에 대한 미리보기가 표시됩니다.

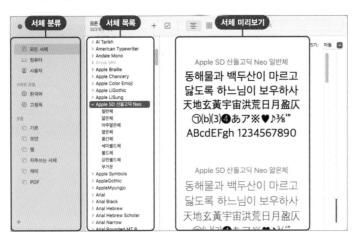

서체 관리자의 다양한 미리보기

서체 관리자에서 서체를 선택하면 어떤 형태인지 미리 살펴볼 수 있는 미리보기 기능을 제공하는데, 여러 형태로 미리 살펴볼 수 있습니다.

샘플 ☰ : 선택한 서체의 한글, 한자, 영어의 미리보기 샘플을 표시합니다.

문자 목록 🞿 : 선택한 서체로 사용할 수 있는 문자와 기호를 표시합니다. 오른쪽에 있는 슬라이드 막대를 움직이면 글자 크기를 조절할 수 있습니다.

사용자화 한I : 미리보기 영역에 원하는 텍스트를 입력해 선택한 서체를 미리 확인할 수 있습니다.

정보 ⓘ : 서체의 종류, 지원 언어, 저작권 등 서체 관련 정보를 확인할 수 있습니다.

▲ 샘플   ▲ 문자 목록

▲ 사용자화   ▲ 정보

서체 설치 및 추가하기

서체 관리자 사이드바의 [한국어]를 클릭하면 현재 사용할 수 있는 모든 한글 서체가 표시됩니다. 현재 서체 외에 새로운 서체를 추가하려면 인터넷에서 제공되는 서체를 유/무료로 다운로드해 설치하면 사용할 수 있습니다.

macOS 유지/관리

macOS 관리하기

1 네이버 소프트웨어(https://software.naver.com/) 사이트에 접속한 후 [카테고리]-[폰트]를 차례대로 선택하면 여러 가지 폰트를 무료로 다운로드할 수 있습니다. 목록 위의 🍎를 클릭하면 Mac용 폰트만 확인할 수 있습니다.

2 폰트 목록에서 마음에 드는 폰트를 찾았다면 해당 폰트를 클릭한 후 [다운로드]를 클릭합니다. 사용 범위와 OS를 확인하라는 알림 창이 나타나면 [확인 후 다운로드]를 한 번 더 클릭합니다.

잠 깐 만 요
[사용범위 자세히 보기]를 클릭해 사용 범위를 확인하거나 반드시 사용 권한에 맞게 사용해야 합니다.

3 웹사이트에서 파일을 다운로드할 수 있도록 [허용]을 클릭합니다.

4 다운로드한 폰트는 Finder의 '다운로드' 폴더에서 확인할 수 있습니다. 다운로드한 서체 파일을 더블클릭해 서체 정보 윈도우가 표시되면 [서체 설치]를 클릭합니다.

5 서체 관리자가 실행되면서 서체가 자동으로 설치됩니다. 서체 관리자 윈도우의 사이드바에서 [사용자]를 선택하면 사용자가 추가한 서체만 골라 볼 수 있습니다.

> **잠 깐 만 요**
> 서체 관리자 윈도우의 도구 막대에서 [+]를 클릭해 설치할 서체를 선택한 후 [열기]를 선택해도 됩니다.

서체 활성화/비활성화하기

필요할 때마다 서체를 추가하다 보면 서체가 점점 늘어납니다. 그 결과 서체를 바꿀 때 서체 목록이 꽤 길어지는데, 이 경우에 좀 더 편리하게 사용할 수 있도록 사용하지 않는 서체를 비활성화할 수 있습니다.

> **잠 깐 만 요**
> macOS의 기본 서체는 비활성화할 수 없도록 보호돼 있습니다.

1 서체 관리자 윈도우의 서체 목록에서 비활성화할 서체를 선택한 후 도구 막대에서 ☑를 클릭합니다.

2 비활성화할 것인지 묻는 상자가 나타나면 [비활성화]를 클릭합니다.

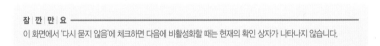

잠 | 깐 | 만 | 요 ―――――
이 화면에서 '다시 묻지 않음'에 체크하면 다음에 비활성화할 때는 현재의 확인 상자가 나타나지 않습니다.

3 서체가 비활성화되면 서체 목록에서 서체가 회색으로 표시되고, 서체 이름 옆에 '끔'이라고 표시됩니다.

4 비활성화했던 서체를 다시 활성화하려면 비활성화된 서체를 선택한 후 서체 목록 위에 있는 ☑을 클릭합니다.

잠 | 깐 | 만 | 요 ―――――
아예 서체를 시스템에서 삭제하려면 서체 관리자에서 삭제할 서체를 [control]+클릭한 후 ['###' 서체 목록 제거]를 선택합니다. 여기에서 '###', 는 선택한 서체 이름입니다.

무료 한글 폰트 제공 사이트 – 공유마당

네이버 자료실 외에도 무료로 한글 폰트를 제공하는 곳이 많습니다. 지방 자치 단체, 공공 기관뿐 아니라 일부 사이트에서도 무료로 한글 폰트를 제공하죠. 이런 폰트를 한 곳에 모아 놓은 '공유마당' 사이트에서 특색 있는 한글 폰트를 찾아보세요.

공유마당(https://gongu.copyright.or.kr/) 사이트에 접속한 후 '무료폰트' 메뉴를 선택하면 무료 한글 폰트들을 볼수 있습니다. 원하는 폰트의 [바로가기]를 클릭하면 압축 파일이 다운로드됩니다.

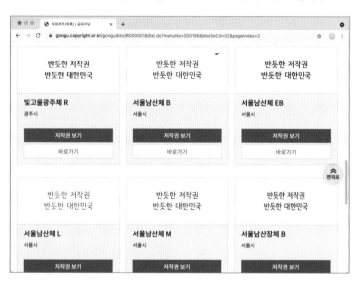

압축 파일 안에 들어 있는 ttf 파일을 더블클릭한 후 [서체 설치]를 클릭하면 서체 관리자 윈도우에서 새로 추가한 서체를 확인할 수 있습니다.

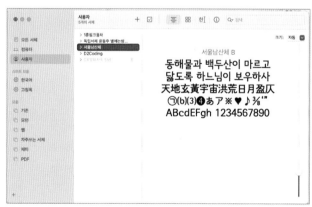

4

사용자 계정 관리하기

macOS에는 처음 등록한 사용자 계정 외에도 새로운 사용자 계정을 추가할 수 있고, 필요할 때마다 사용자를 전환해 사용할 수도 있습니다. 이번에는 사용자 계정을 추가하거나 전환하는 방법, 함께 자동으로 로그인하는 방법 등을 알아보겠습니다.

01 | 사용자 계정 추가하기

1대의 Mac을 여러 사람이 사용하거나 Mac에서 다양한 작업을 한다면 Mac을 처음 시작할 때 등록한 사용자 계정 외에도 사용자 계정을 추가할 수 있습니다. 이번에는 Mac에 사용자 계정을 추가하는 방법에 대해 알아보겠습니다.

⊕ 사용자 계정-추가

1 Mac의 상태 메뉴에서 사용자 계정을 클릭하면 현재 시스템의 사용자가 나열됩니다. 새로운 사용자를 추가하려면 [사용자 및 그룹 환경설정⋯]을 선택합니다.

잠 깐 만 요
[시스템 환경설정] 윈도우에서 [사용자 및 그룹]을 선택해도 됩니다.

2 중요한 설정 정보는 자물쇠로 잠겨 있기 때문에 설정을 변경하려면 왼쪽 아래에 있는 🔒를 클릭한 후 현재 사용자 계정의 암호를 입력하고 [잠금 해제]를 클릭합니다.

3 잠금을 해제한 후 사용자 계정 목록 아래에 있는 ⊞를 클릭합니다.

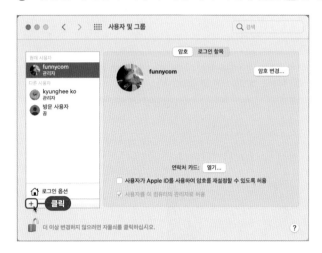

4 새로운 계정에서 원하는 유형을 선택한 후 사용자 이름, 암호 등을 입력하고 [사용자 생성]을 클릭합니다. 사용자 계정의 유형별 특징은 다음과 같습니다.

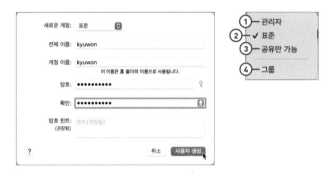

① **관리자:** 다른 사용자를 추가하거나 관리할 수 있고, 앱 설치와 설치한 앱의 설정, 시스템 설정을 변경할 수도 있습니다.

② **표준:** 새로운 계정의 기본값으로 앱 설치와 설치한 앱의 설정을 변경할 수 있지만, 다른 사용자를 추가하거나 변경할 수는 없습니다.

③ **공유만 가능:** 공유 파일에 접근할 수 있지만, 컴퓨터에 로그인하거나 설정을 변경할 수는 없습니다.

④ **그룹:** 여러 사용자를 하나의 그룹으로 추가한 후 해당 그룹 안의 모든 사용자를 같은 사용자 계정 유형으로 설정할 수 있습니다.

5 추가한 사용자 계정이 사용자 계정 목록에 표시됩니다.

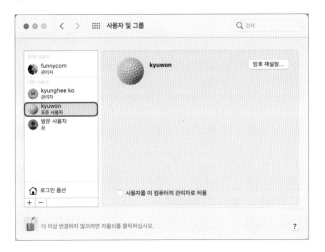

 표준 사용자를 관리자로 허용하기

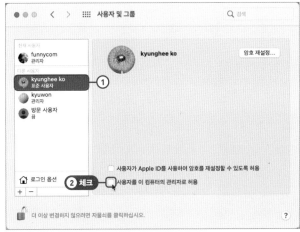

사용자 계정을 추가할 때 표준 사용자로 지정했더라도 나중에 관리자로 변경할 수 있습니다. 먼저 사용자 및 그룹
윈도우에서 🔒를 클릭해 잠금을 해제하세요.

사용자 계정 목록에서 관리자로 변경할 표준 사용자 계정을 선택한 후 '사용자를 이 컴퓨터의 관리자로 허용'에 체
크합니다. 컴퓨터를 재시동해야 변경 사항이 적용된다는 알림 상자가 나타나면 [확인]을 클릭합니다. 변경한 후
Mac을 재시동하면 표준 유형이었던 사용자 계정이 관리자로 변경됩니다.

사용자 계정을 추가하면 Mac에 로그인할 때 원하는 사용자 계정을 선택할 수 있습니다. 이번에는 이미 Mac에 로그인한 상태에서 다른 사용자 계정으로 쉽게 전환하는 방법에 대해 알아보겠습니다.

⊕ 사용자 계정

Mac의 메뉴 막대에는 지금 Mac에 로그인한 사용자 계정 이름이나 [빠른 사용자 전환] 아이콘 ⓔ이 표시됩니다. 다른 사용자 계정으로 전환하려면 상태 메뉴에서 사용자 계정을 클릭한 후 전환하려는 사용자 계정을 선택합니다.

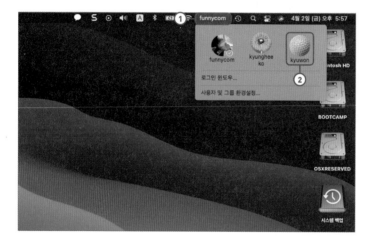

선택한 사용자 계정의 암호를 입력한 후 return 키를 누르면 전환한 사용자 계정으로 로그인할 수 있습니다.

잠 깐 만 요 ───

추가한 사용자 계정으로 처음 로그인할 경우, Mac 설정이 진행된 후에 새로운 작업 화면이 나타납니다.

상태 메뉴에 있는 사용자 계정을 클릭해 보세요. 사용자 계정 앞에 체크가 돼 현재 로그인돼 있는 사용자 계정을 확인할 수 있습니다. 로그인한 다른 사용자 계정을 클릭하면 선택한 사용자 계정으로 전환할 수 있습니다.

 메뉴 막대에 사용자 이름이 없을 때

메뉴 막대에 사용자 이름이나 [빠른 사용자 전환] 아이콘 이 나타나지 않는다면, 시스템 환경설정에서 추가할 수 있습니다.

[시스템 환경설정] – [Dock 및 메뉴 막대]를 선택한 후 사이드바에서 '빠른 사용자 전환'을 클릭합니다. '메뉴 막대에서 보기'에 체크하면 Mac의 기본 메뉴 막대에 사용자 이름이나 빠른 사용자 아이콘을 표시할 수 있습니다.

03 | 사용자 계정 사진 변경하기

여러 사용자 계정을 사용할 경우, 사용자 계정 사진을 변경해서 각각의 사용자를 계정 사진으로 쉽게 구분할 수 있습니다.

⊕ 사용자 계정 설정

1 사용자 및 그룹 윈도우의 사이드바에서 사진을 변경할 계정을 선택합니다. [암호] 탭에서 사용자 계정 사진 위에 마우스 포인터를 올려 놓으면 표시되는 [편집]을 클릭합니다.

2 사이드바에서 [기본]을 선택하면 Mac에서 제공하는 이미지, [사진]을 선택하면 사진 앱에 있는 사진들 중에서 선택할 수 있습니다. 원하는 이미지를 선택한 후 [다음]을 클릭합니다.

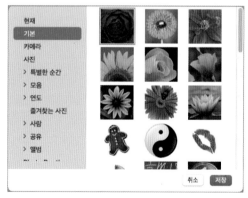
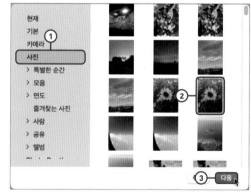

잠 깐 만 요

사이드바에서 [카메라]나 [Photo Booth]를 클릭하면 직접 사진을 찍어 사용자 계정의 사진에 추가할 수 있습니다.

3 선택한 사진의 아래쪽에 있는 슬라이드 막대를 움직여 축소/확대하거나 원 안에서 위치를 조절한 후 [저장]을 클릭합니다. 사용자 계정 사진이 바로 변경되는 것을 볼 수 있습니다.

macOS에 로그인하려면 매번 사용자 계정의 암호를 입력해야 합니다. macOS에 로그인할 때마다 암호를 입력하는 것이 번거롭다면 자동으로 로그인되도록 설정할 수 있습니다.

1 사용자 및 그룹 윈도우에서 🔒를 클릭해 현재 사용자 암호를 입력한 후 [잠금 해제]를 클릭합니다.

2 사용자 목록의 아래에 있는 [로그인 옵션]을 클릭하면 로그인 관련 설정 항목이 표시됩니다. '자동 로그인' 목록을 펼쳐 자동 로그인을 설정할 사용자 계정을 선택합니다.

3 자동 로그인을 설정할 사용자 계정의 암호를 입력한 후 [확인]을 클릭합니다. 이제부터 자동 로그인을 설정한 계정으로 로그인할 때는 암호를 입력하지 않아도 자동으로 로그인됩니다.

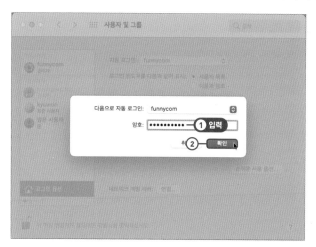

잠 깐 만 요

Touch ID 기능이 있는 MacBook의 경우, 자동 로그인을 설정하면 Touch ID가 비활성화됩니다.

4 더 이상 변경 사항이 없다면 사용자 및 그룹 윈도우에서 🔓를 클릭해 해당 항목을 잠급니다.

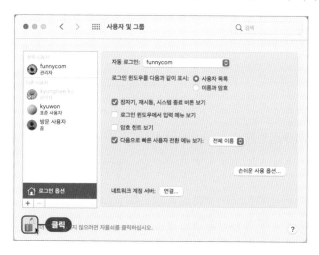

05 | 로그인할 때 자동으로 실행할 앱 설정하기

Mac에서 매일 사용하는 앱은 Mac에 로그인할 때마다 자동 실행하도록 설정할 수 있습니다.

⊕ 작업관리자-시작 프로그램

1 [시스템 환경설정]-[사용자 및 그룹]에서 현재 사용자 계정을 선택한 후 [로그인 항목] 탭을 클릭합니다. 선택한 사용자 계정으로 로그인할 때 자동으로 실행할 앱을 지정하기 위해 목록의 아래에 있는 ⊞를 클릭합니다.

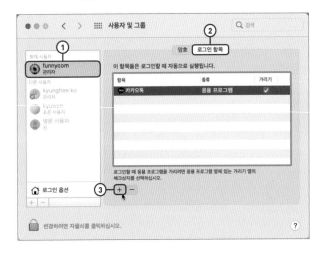

2 여기에서는 Mac을 시작하자마자 메일 내용을 확인할 수 있도록 Mail 앱을 추가해 보겠습니다. Finder 사이드바에서 [응용 프로그램]을 클릭한 후 Mail 앱을 선택하고 [추가]를 클릭합니다.

잠 깐 만 요 ─────────────────────────────────

'응용 프로그램' 폴더에 없는 앱을 추가하려면, 앱이 있는 폴더를 찾은 후 실행 파일을 선택하면 됩니다.

468

3 로그인 항목 목록에 방금 추가한 Mail 앱이 표시됩니다. 추가한 Mail 앱에서 '가리기' 열에 체크하면 Mac에 로그인할 때 Mail 앱이 백그라운드에서만 자동 실행됩니다.

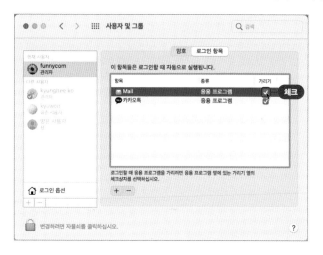

잠 깐 만 요 ───

'가리기' 열에 체크하지 않은 앱은 Mac에 로그인할 때 데스크탑 화면에 앱 윈도우가 표시됩니다.

4 추가했던 앱의 자동 실행을 중단하려면 해당 앱을 선택한 후 목록 아래에 있는 ▬를 클릭합니다.

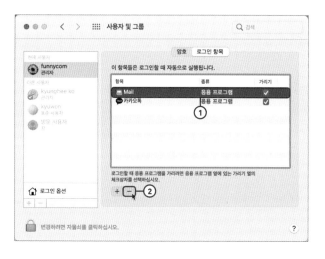

macOS에 로그인할 때는 암호를 입력해야 하는데, 사용하던 암호를 변경하는 방법에 대해 알아보겠습니다. 그리고 오랫동안 Mac을 사용하지 않아 로그인 암호를 잊었거나 새로 변경한 암호가 기억나지 않을 때 새로운 암호를 지정하는 방법에 대해서도 알아보겠습니다.

⊕ 사용자 계정 설정

로그인 암호 변경하기

1 사용자 계정 목록에서 로그인 암호를 변경할 사용자 계정을 선택한 후 사용자 계정 이미지의 오른쪽에 있는 [암호 변경...]을 클릭합니다.

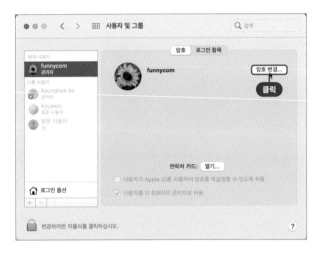

2 '이전 암호'에 기존의 암호를 입력한 후 '새로운 암호'와 '확인'에 변경하려는 암호를 각각 입력하고 [암호 변경]을 클릭합니다. 암호를 잊어버렸을 경우에 대비해 '암호 힌트' 항목에 암호를 떠올릴 수 있는 힌트를 적어 두는 것이 좋습니다. 암호를 변경하면 Mac에 로그인할 때 새 암호를 사용합니다.

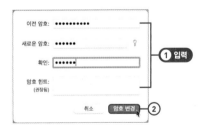

암호를 잃어버렸을 때 ❶ 다른 사용자 계정에서 암호 재설정하기

Mac에서 여러 사용자 계정을 사용하고 있다면 다른 계정으로 로그인한 후 암호를 잃어버린 계정의 암호를 새로 만들 수 있습니다. 단, 로그인할 수 있는 사용자 계정이 '관리자' 계정이어야 합니다.

1 로그인할 수 있는 다른 관리자 계정으로 로그인한 후 시스템 환경설정 윈도우에서 [사용자 및 그룹]을 선택합니다. 🔒를 클릭한 후 사용자 계정의 암호를 입력하고 [잠금 해제]를 클릭합니다.

2 사용자 목록에서 암호를 바꿀 계정을 선택한 후 [암호 재설정...]을 클릭합니다.

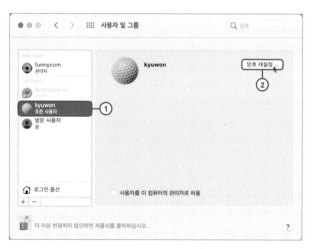

3 새로운 암호를 입력한 후 [암호 변경]을 클릭합니다. 이제부터 변경한 암호를 사용해 로그인 할 수 있습니다.

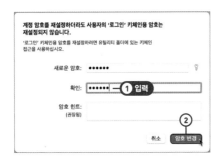

암호를 잃어버렸을 때 ❷ Apple ID 암호 재설정하기

다른 사용자 계정이 없거나 모든 사용자 계정의 로그인 암호를 잊어버렸다면 Apple 사이트에서 새로운 암호를 만들 수 있습니다. https://iforgot.apple.com 사이트에 접속한 후 Apple ID를 입력하고 [계속]을 클릭합니다.

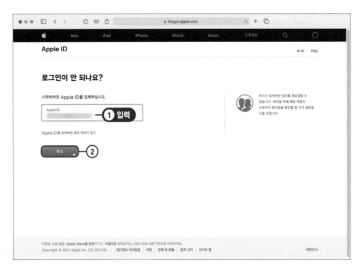

사용자가 설정한 Apple ID의 보안 단계를 따라 본인 확인 과정이 달라집니다. 화면의 안내에 따라 인증을 거친 후 새로운 암호를 지정합니다. 암호를 새로 만든 후에는 Mac에 새 암호로 로그인할 수 있습니다.

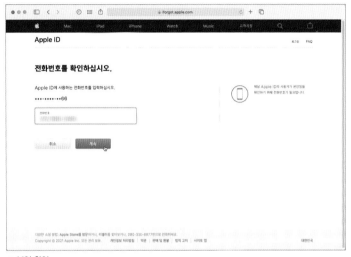

▲ 본인 확인

 Apple ID가 아닐 경우 암호 재설정하기

Mac에 로그인할 때 Apple 계정이 아닌 다른 계정을 사용한다면, 복구 모드에서만 암호를 재설정할 수 있습니다. Mac을 재시작하면서 Apple 로고가 표시될 때까지 command + R 키를 누르고 있으면 복구 모드로 재시작됩니다. 복구 모드의 메뉴 막대에서 [유틸리티] – [터미널]을 선택하면 터미널 앱이 실행되는데, 터미널 윈도우에 'resetpassword'라고 입력한 후 return 키를 누릅니다.

[모든 암호를 잊어버렸습니까?]를 클릭한 후 모든 사용자 계정의 암호를 변경합니다. 암호를 모두 변경한 후 [끝내기]를 클릭하면 Mac을 다시 시작하면서 새로운 암호로 로그인할 수 있습니다.

시스템 환경설정, 더 쉽고 편리하게

macOS는 사용자가 자주 사용하는 앱이나 자주 사용하는 기능, 시스템에 연결한 장치에 따라 다양하게 시스템을 설정할 수 있습니다. 앞에서 Mac의 기본적인 사용법을 살펴보면서 설명했던 설정들 외에 Mac을 좀 더 편리하게 사용할 수 있게 해 주는 여러 환경설정 기능에 대해 알아보겠습니다.

01 | 시스템 환경설정 윈도우 살펴보기

Mac의 모든 환경은 시스템 환경설정 윈도우에서 확인하거나 변경할 수 있습니다. 환경설정을 자신에 맞게 조절하면 Mac을 좀 더 편리하게 사용할 수 있습니다.

시스템 환경설정 윈도우

메뉴 막대에서 [🍎]를 클릭한 후 [시스템 환경설정]을 선택하거나 Dock이나 Launchpad에서 [시스템 환경설정] 을 클릭하면 시스템 환경설정 윈도우가 표시됩니다.

① **로그인 계정**: 현재 Mac에 로그인한 사용자 계정 이름이 표시됩니다.

② **Apple ID** : 현재 계정에 연결된 Apple ID를 설정할 수 있습니다. 자세한 설명은 '01. Apple ID 설정하기'(115쪽)를 참고하세요.

③ **가족 공유** : 현재 Apple ID에 가족 계정을 연결해 iCloud 공간이나 App Store 등을 공유할 수 있습니다.

④ **일반** : 일반 시스템 환경설정에서는 macOS의 전체적인 모습이나 작업 환경에 대한 설정을 변경할 수 있습니다. 자세한 설명은 '02. 시스템 환경설정 입맛대로 변경하기'(478쪽)를 참고하세요.

⑤ **데스크탑 및 화면 보호기** : 데스크탑 배경 이미지나 화면 보호기에 대한 설정을 변경할 수 있습니다. 자세한 설명은 479쪽을 참고하세요.

⑥ **Dock 및 메뉴 막대** : Dock의 아이콘 크기나 최소화 효과 등 Dock의 외형적 모습에 대한 설정을 변경할 수 있습니다. 자세한 설명은 482쪽을 참고하세요.

⑦ **Mission Control** : Mission Control을 사용해 표시한 Spaces의 표시, 전환 방법 등과 같은 설정을 변경할 수 있습니다. 자세한 설명은 '01. Mission Control로 새 데스크탑 만들기'(95쪽)와 485쪽을 참고하세요.

⑧ Siri 🟠 : macOS의 음성 비서인 Siri를 사용해 음성으로 macOS에 작업을 요청할 수 있습니다. Siri가 활성화되면 메뉴 막대와 단축키를 사용해 실행할 수 있습니다.

⑨ Spotlight 🔍 : Spotlight를 사용해 Mac을 검색할 때 검색해야 할 대상과 검색에서 제외할 대상에 대한 설정을 변경할 수 있습니다. 자세한 설명은 '06. 무엇이든 척척 찾아 주는 Spotlight'(89쪽)와 485쪽을 참고하세요.

⑩ 언어 및 지역 🖼 : 사용 언어와 지역에 대한 날짜나 시간, 온도 등의 설정을 변경할 수 있습니다. 자세한 설명은 487쪽을 참고하세요.

⑪ 알림 🔔 : 알림 센터에서 사용할 앱과 알림 표시 방법에 대한 설정을 변경할 수 있습니다. 자세한 설명은 487쪽을 참고하세요.

⑫ 인터넷 계정 @ : 메일이나 연락처, 캘린더, 메모 등의 앱에서 사용할 인터넷 계정을 추가하거나 삭제합니다.

⑬ 사용자 및 그룹 👥 : macOS에 새로운 사용자를 추가하거나 기존 사용자의 권한 등에 대한 설정을 변경합니다.

⑭ 손쉬운 사용 🧑 : 장애인이나 컴퓨터 조작이 불편한 사용자를 위한 다양한 설정을 변경할 수 있습니다.

⑮ 스크린 타임 ⌛ : 사용자가 Mac을 사용하면서 다양한 앱에서 보낸 시간을 기록합니다. 또한 사용을 제한하는 차단 기능이 포함돼 있습니다. 자세한 설명은 489쪽을 참고하세요.

⑯ 확장 프로그램 🧩 : Mac에 설치된 Apple의 확장 프로그램이나 앱의 확장 프로그램에 대한 설정을 변경할 수 있습니다. 자세한 설명은 493쪽을 참고하세요.

⑰ 보안 및 개인 정보 보호 🏠 : 사용자의 시스템을 안전하게 유지할 수 있도록 보안이나 개인 정보 보호와 관련된 설정을 변경할 수 있습니다. 자세한 설명은 494쪽을 참고하세요.

⑱ 소프트웨어 업데이트 ⚙ : Mac에 설치된 macOS의 업데이트를 확인할 수 있습니다. 자세한 설명은 497쪽을 참고하세요.

⑲ 네트워크 🌐 : 인터넷 연결을 위한 Wi-Fi 등의 네트워크 환경에 대한 설정을 변경할 수 있습니다. 자세한 설명은 497쪽을 참고하세요.

⑳ Bluetooth 🟦 : 휴대폰이나 기기가 가까운 거리에 있을 경우, 케이블을 사용하지 않고 무선으로 연결할 수 있습니다. 자세한 설명은 498쪽을 참고하세요.

㉑ 사운드 🔈 : Mac에서 사용할 사운드 효과나 사운드 입/출력 장치에 대한 설정을 변경할 수 있습니다.

㉒ 프린터 및 스캐너 🖨 : Mac에 프린터나 스캐너를 연결하거나 연결된 프린터나 스캐너의 설정을 변경할 수 있습니다. 자세한 설명은 499쪽을 참고하세요.

㉓ 키보드 ⌨ : Mac의 키보드 밝기나 기능 키 등 키보드에 관련된 설정을 변경할 수 있습니다. 자세한 설명은 499쪽을 참고하세요.

㉔ 트랙패드 ▭ : 트랙패드의 사용 방법을 확인한 후 설정을 변경하거나 지정할 수 있습니다.

㉕ 마우스 🖱 : Bluetooth 마우스나 USB 마우스를 사용할 경우, 마우스의 스크롤 방향, 더블클릭 속도 등에 대한 설정을 변경할 수 있습니다. 자세한 설명은 503쪽을 참고하세요.

㉖ 디스플레이 🖥 : Mac의 해상도나 밝기 조절, 디스플레이 색상 등에 대한 설정을 변경할 수 있습니다. 자세한 설명은 504쪽을 참고하세요.

㉗ Sidecar 🖥 : iPad를 Mac의 보조 모니터로 사용하는 Sidecar 기능에 대한 설정을 변경할 수 있습니다.

㉘ 배터리 🔋 : Mac을 일정 시간 동안 사용하지 않을 때 잠자기 상태로 전환하거나 배터리 절약하기 등 Mac의 에너지 사용에 대한 설정을 변경할 수 있습니다. 자세한 설명은 505쪽을 참고하세요.

㉙ 날짜 및 시간 🕐 : 사용자의 지역을 인식해 자동으로 시간대를 지정하거나 날짜 및 시간을 수동으로 설정할 수 있습니다. 자세한 설명은 508쪽을 참고하세요.

㉚ 공유 📁 : 같은 네트워크에 있는 컴퓨터 사용자와 화면이나 파일, 폴더 등의 항목이나 미디어, 프린터 등을 공유할 수 있습니다.

㉛ Time Machine ⊙ : Mac을 백업합니다.

㉜ 시동 디스크 ▥ : Mac을 시작할 때 부팅에 사용할 디스크를 선택하거나 시동 디스크에 대한 설정을 변경할 수 있습니다. 자세한 설명은 509쪽을 참고하세요.

㉝ 프로파일 ✿ : 컴퓨터가 학교나 직장 네트워크에 연결돼 있을 경우, 서버 관리자에게서 받은 프로파일을 추가합니다.

시스템 환경설정 검색하기

시스템 환경설정 윈도우에 표시되는 항목 외에 세부 설정 윈도우에서 설정할 수 있는 항목이 많기 때문에 원하는 항목을 찾는 것이 쉽지 않습니다. 이때 시스템 환경설정 윈도우에서 원하는 항목을 검색할 수도 있습니다.

만약 배터리 관련 설정을 변경하고 싶다면 시스템 환경설정 검색 상자에 '배터리'라고 입력합니다. 그러면 배터리와 관련된 설정 항목이 있는 아이콘이 밝게 표시됩니다. 검색 결과에서 밝게 표시되는 아이콘이나 검색 상자의 검색 결과를 클릭하면 원하는 설정 윈도우로 바로 이동할 수 있습니다.

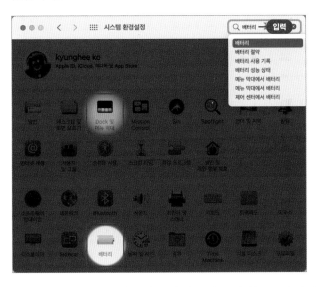

잠 깐 만 요 ──

시스템 환경설정 윈도우에서 command + F 키를 눌러도 검색 상자로 이동할 수 있습니다.

시스템 환경설정에서 설정할 수 있는 각각의 항목과 설정 변경 방법에 대해 알아보겠습니다. 설정을 변경할 수 있는 항목이 다양하기 때문에 여기서는 중요하거나 자주 변경하는 설정에 대한 내용만 설명합니다.

일반

일반 시스템 환경설정에서는 macOS의 전체적인 모습이나 작업 환경에 대한 설정을 변경할 수 있습니다. 또한 iPhone, iPad 등과 같은 다른 Apple 기기에 대한 연속성 기능 설정을 변경할 수도 있습니다.

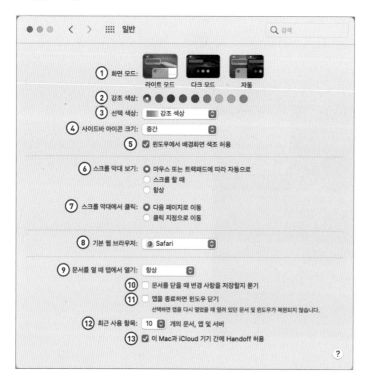

잠 깐 만 요
▦ 를 클릭하면 시스템 환경설정 윈도우로 돌아갈 수 있습니다.

① **화면 모드:** 메뉴 막대나 앱 윈도우 등의 표시 방법을 선택합니다. 자세한 설명은 '01. 데스크탑 배경 화면 바꾸기'(57쪽)를 참고하세요.

② **강조 색상:** 메뉴 버튼이나 팝업 메뉴 등의 UI 제어 부분의 색상을 선택합니다.

③ **선택 색상:** 텍스트나 아이콘 등을 선택했을 때 표시되는 색상을 선택합니다.

④ **사이드바 아이콘 크기:** 앱 윈도우 사이드바의 아이콘 크기를 선택합니다.

⑤ **윈도우에서 배경 화면 색조 허용:** 앱 윈도우 화면에 배경 화면이 반투명하게 드러납니다.

⑥ **스크롤 막대 보기:** 스크롤이 있는 윈도우에 스크롤 막대를 표시하거나 감춥니다.

⑦ **스크롤 막대에서 클릭:** 스크롤 막대를 클릭했을 때 실행할 동작을 선택합니다.

⑧ **기본 웹 브라우저:** 기본 웹 브라우저는 Safari지만, 원하는 웹 브라우저를 기본 웹 브라우저로 선택할 수 있습니다.

> 잠 깐 만 요 ─────────────────────────────
> Safari 외에 다른 웹 브라우저가 설치돼 있을 때만 '기본 웹 브라우저' 팝업 목록에 다른 웹 브라우저가 표시됩니다.

⑨ **문서를 열 때 탭에서 열기:** 문서를 열 때 기존 윈도우에 탭으로 열 것인지('항상'), 전체 화면 상태일 때만 탭으로 열 것인지('전체 화면일 때'), 새 윈도우로 열 것인지('안 함') 선택할 수 있습니다.

⑩ **문서를 닫을 때 변경 사항을 저장할지 묻기:** 변경 사항이 있는 문서를 닫을 때 '변경 사항을 저장하시겠습니까?'라는 메시지를 표시합니다. 메시지를 표시하지 않으려면 체크를 해제하면 됩니다.

⑪ **앱을 종료하면 윈도우 닫기:** 앱을 실행하면 가장 최근의 문서나 앱 윈도우가 그대로 표시됩니다. 앱을 실행했을 때 새 앱 윈도우를 표시하려면 체크를 해제하면 됩니다.

⑫ **최근 사용 항목:** [] – [최근 사용 항목]을 선택했을 때 표시할 앱과 도큐먼트의 개수를 지정할 수 있습니다.

⑬ **이 Mac과 iCloud 기기 간에 Handoff 허용:** 같은 iCloud 계정으로 연결된 Apple 기기 간의 Handoff(연속성 기능)를 사용합니다.

데스크탑 및 화면 보호기 🖥

데스크탑 및 화면 보호기 환경설정 윈도우에서 [화면 보호기] 탭을 클릭하면 화면 보호기 설정을 변경할 수 있습니다. 왼쪽 창에서 원하는 화면 보호기를 선택하면 오른쪽 미리보기 창에 선택한 화면 보호기의 미리보기가 표시됩니다.

설정한 화면 보호기에 따라 '소스' 목록에서 특정 폴더에 있는 사진이나 사진 보관함에 있는 사진을 화면 보호기 소스로 선택할 수 있습니다.

▲ '소스' 목록이 있는 화면 보호기

[화면 보호기 옵션]이 있는 화면 보호기의 경우, [화면 보호기 옵션]을 클릭해 화면 보호기를 원하는 형태로 설정할 수 있습니다.

 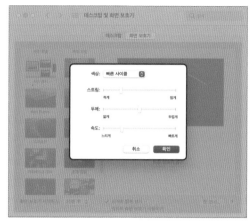

▲ '화면 보호기 옵션'이 있는 화면 보호기

잠 깐 만 요
오른쪽 미리보기 창의 미리보기 위로 마우스 포인터를 올려 놓았을 때 표시되는 [미리보기]를 클릭하면 설정한 화면 보호기를 전체 화면으로 확인할 수 있습니다.

화면 보호기를 실행하기 위한 기본 옵션은 다음과 같습니다.

① **화면 보호기 시작하기:** 화면 보호기가 시작하는 데 걸리는 시간을 선택합니다. 화면 보호기를 사용하지 않으려면 [안 함]을 선택하면 됩니다.

② **시계와 함께 보기:** 화면 보호기와 함께 시계를 표시합니다.

③ **임의의 화면 보호기 사용하기:** 화면 보호기 종류를 지정하지 않고 임의로 실행합니다.

핫 코너 활용하기

[화면 보호기] 탭의 [핫 코너]를 클릭하면 데스크탑 화면의 모서리에 마우스 포인터를 올려 놓았을 때 자주 사용하는 기능이 실행되도록 지정할 수 있습니다. [핫 코너]를 클릭하면 다음과 같이 데스크탑 화면의 왼쪽 위, 오른쪽 위, 왼쪽 아래, 오른쪽 아래 모서리에서 실행할 기능을 선택할 수 있습니다.

예를 들어, 화면 왼쪽 위 모서리에 마우스 포인터를 올려 놓았을 때 Mission Control이 실행되도록 하려면 왼쪽 위에 있는 목록을 펼친 후 'Mission Control'을 선택합니다. 실수로 핫 코너 기능이 실행되는 것을 방지하기 위해 command, shift, option, control 키와 같은 보조키를 함께 사용할 수도 있습니다. 팝업 메뉴를 펼친 상태에서 command 키를 누르면 각 항목 앞에 ⌘ 가 표시됩니다. 보조키와 함께 핫 코너 기능을 설정하면 보조키를 누른 상태에서 마우스 포인터를 왼쪽 위 모서리에 올려 있을 때 Mission Control이 바로 시작됩니다.

Dock 및 메뉴 막대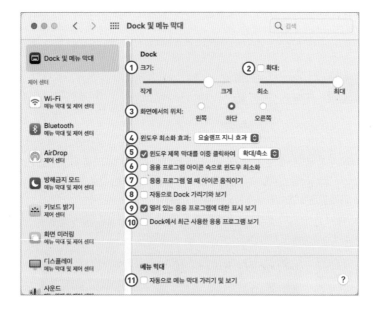

Dock 및 메뉴 막대 환경설정 윈도우에서는 Dock에 있는 아이콘 크기나 효과 등을 조절할 수 있고, 메뉴 막대와 제어 센터에 항목을 추가/제거할 수도 있습니다.

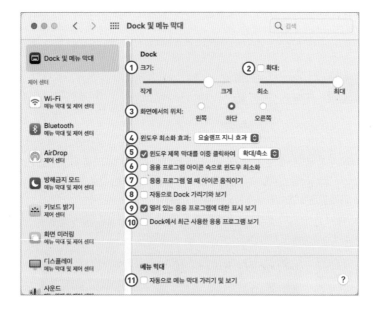

① **크기:** 슬라이드 막대를 움직여 Dock 아이콘의 크기를 조절할 수 있습니다.

② **확대:** Dock 아이콘 위에 마우스 포인터를 올려 놓았을 때 아이콘을 확대합니다. 확대 크기는 슬라이드 막대를 움직여 조절할 수 있습니다.

③ **화면에서의 위치:** Dock의 위치를 지정합니다. 기본 위치인 화면 '하단' 외에 '왼쪽'이나 '오른쪽'으로 변경할 수 있습니다.

④ **윈도우 최소화 효과:** 윈도우를 최소화했을 때 사용할 효과를 지정합니다. [요술램프 지니 효과]를 선택하면 윈도우가 Dock으로 빨려 들어가는 효과, [크기 효과]를 선택하면 윈도우가 점점 작아지면서 Dock으로 사라지는 효과를 사용합니다.

⑤ **윈도우 제목 막대를 이중 클릭해 확대/축소:** 윈도우의 제목 막대를 더블클릭했을 때 실행할 동작을 선택합니다.

⑥ **응용 프로그램 아이콘 속으로 윈도우 최소화:** 윈도우를 최소화하면 Dock에 표시된 아이콘으로 최소화됩니다. 체크를 해제하면 Dock의 오른쪽 끝에 최소화된 윈도우가 표시돼 Dock의 공간을 차지합니다.

⑦ **응용 프로그램 열 때 아이콘 움직이기:** Dock에서 앱을 실행하면 해당 앱 아이콘이 위아래로 움직이는 효과로 표시됩니다.

⑧ **자동으로 Dock 가리기와 보기:** Dock을 사용하지 않을 때는 화면에서 가려지고, Dock이 있던 위치에 마우스 포인터를 올려 놓으면 Dock이 표시됩니다.

⑨ **열려 있는 응용 프로그램에 대한 표시 보기:** 실행된 앱이 Dock의 아이콘 아래에 점으로 표시됩니다.

⑩ **Dock에서 최근 사용한 응용 프로그램 보기:** Dock에 추가하지 않은 앱 아이콘 중 최근 사용한 앱 아이콘을 Dock의 오른쪽 끝에 아이콘으로 표시합니다.

⑪ **자동으로 메뉴 막대 가리기 및 보기:** 화면 맨 위에 마우스 포인터를 올려 놓으면 메뉴 막대가 나타납니다.

Dock 및 메뉴 막대 환경설정 윈도우의 왼쪽 사이드바에는 '제어 센터', '기타 모듈', '메뉴 막대만' 등 주제별로 여러 항목이 나열돼 있습니다.

제어 센터: 기본적으로 제어 센터에 나타나는 항목들입니다. 필요에 따라 각 항목을 표시하거나 감출 수 있습니다. 이때 '메뉴 막대에서 보기'에 체크하면 제어 센터와 메뉴 막대, 양쪽에서 볼 수 있습니다.

기타 모듈: 제어 센터나 메뉴 막대에 표시하거나 감출 수 있는 항목들이 있습니다.

메뉴 막대만: 메뉴 막대에만 표시하거나 감출 수 있는 항목들이 있고, 각 항목에서 필요한 설정을 바꿀 수 있습니다.

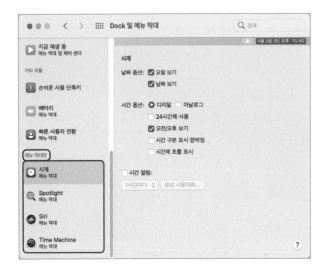

 메뉴 막대에 배터리 상태 표시하기

MacBook을 사용할 경우, 제어 센터에 표시되는 배터리 상태를 메뉴 막대에서 쉽게 확인할 수 있도록 설정할 수 있습니다. 남은 잔량을 %로 표시할 수도 있고요. 사이드바 기타 모듈 항목에서 배터리를 선택한 후 '메뉴 막대에서 보기'와 '퍼센트 보기'에 체크합니다.

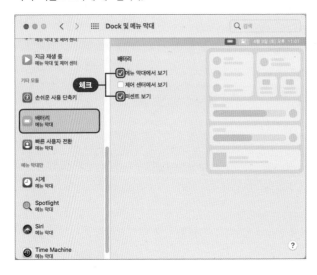

메뉴 막대에 46% 처럼 배터리가 얼마나 남았는지 표시됩니다. 만일 전원 어댑터에 연결돼 있다면 44% 처럼 나타납니다.

Mission Control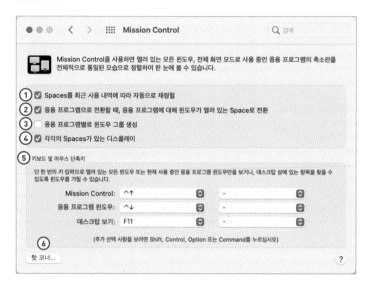

Mission Control을 사용해 표시한 Spaces의 표시, 전환 방법 등의 설정을 변경하고 지정할 수 있습니다.

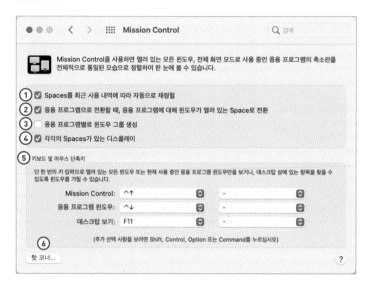

① **Spaces를 최근 사용 내역에 따라 자동으로 재정렬:** 여러 개의 Spaces를 만들었을 경우, 가장 최근에 사용한 Spaces부터 정렬합니다.

② **응용 프로그램으로 전환할 때, 응용 프로그램에 대해 윈도우가 열려 있는 Space로 전환:** Mission Control에서 앱 윈도우를 선택하면 해당 앱이 있는 Spaces로 이동합니다.

③ **응용 프로그램별로 윈도우 그룹 생성:** 1개의 Spaces에 같은 앱의 윈도우가 여러 개 열려 있다면 같은 앱끼리 그룹화해 표시합니다.

④ **각각의 Spaces가 있는 디스플레이:** 둘 이상의 디스플레이(모니터)를 사용할 경우, 각 디스플레이마다 서로 다른 Spaces를 만들 수 있습니다.

⑤ **키보드 및 마우스 단축키:** Mission Control에 사용할 단축키를 지정할 수 있습니다. 왼쪽 열에서는 단축키, 오른쪽 열에서는 마우스 단축 버튼을 지정합니다.

⑥ **핫 코너:** 화면의 네 모서리에서 실행할 동작을 지정합니다. 자세한 방법은 481쪽 전문가의 조언을 참고하세요.

Spotlight

Spotlight에서 검색해야 할 대상과 검색 결과에서 제외할 대상을 지정할 수 있습니다.

검색 결과: Spotlight 검색 결과에 포함할 카테고리를 선택할 수 있습니다. 검색에 포함시킬 항목에는 체크하고, 검색 결과에 포함시키지 않을 카테고리는 체크 해제하면 됩니다. '찾아보기에서 Spotlight 제안 허용'에 체크하면 사용자의 시스템 사용을 분석해 개인에게 맞춘 Spotlight 검색 결과를 제안합니다.

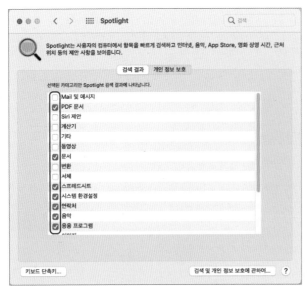

▲ 검색 결과 탭

개인 정보 보호: ➕나 ➖를 클릭해 Spotlight 검색에서 제외할 폴더나 디스크를 추가하거나 추가한 폴더, 디스크를 제거할 수 있습니다.

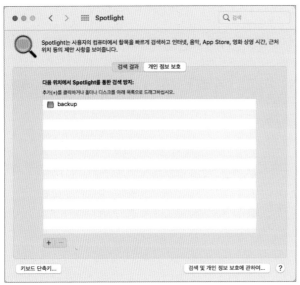

▲ 개인 정보 보호 탭

언어 및 지역

한글 macOS를 사용하고 있다면 기본적으로 언어와 지역이 '대한민국'으로 선택돼 있습니다. 날짜나 시간, 온도 등의 설정은 언어 및 지역에서 변경할 수 있습니다.

① **선호하는 언어:** macOS에서 사용하는 기본 언어가 표시됩니다. 언어를 추가하고 싶다면 목록 아래의 [+]를 클릭한 후 언어를 선택합니다.

② **지역:** 선택된 지역을 기준으로 기본 날짜나 시간, 통화 등이 선택돼 있습니다. 변경한 지역을 기준으로 날짜, 시간, 통화 등이 변경됩니다. 이외에 macOS에서 표시하는 여러 단위를 지정하거나 변경할 수 있습니다.

③ **주의 첫 날:** 캘린더 앱에서 사용할 한 주의 시작 요일을 선택합니다.

④ **캘린더:** 캘린더에서 사용할 날짜 형식을 선택합니다.

⑤ **시간 포맷:** 시간의 표시 형식을 선택합니다. 체크를 해제하면 12시간제를 사용합니다.

⑥ **온도:** 섭씨나 화씨 중 사용할 온도 형식을 선택합니다.

⑦ **목록 정렬 순서:** Finder에서 이름순으로 파일이나 폴더 등의 항목을 정렬할 때 기준이 되는 언어를 선택합니다.

⑧ **키보드 환경설정:** 키보드의 세부 설정을 변경합니다. 자세한 방법은 499쪽을 참고하세요.

⑨ **고급:** 통화나 측정 단위, 날짜 표시 방법 등 세부 항목에 대한 표시 방법을 지정할 수 있습니다.

알림 🔔

알림 센터에서 사용할 앱과 알림 표시 방법 등을 지정하거나 변경할 수 있습니다. 목록에서 [방해금지 모드]를 선택하면 알림 메시지를 받지 않는 방해금지 모드에 대한 설정을 변경할 수 있습니다.

① **시작 시간, 종료 시간:** 방해금지 모드의 시작 시간과 종료 시간을 지정합니다.

② **디스플레이가 잠자기 상태일 때:** Mac이 잠자기 상태일 때 알림을 받지 않습니다.

③ **화면이 잠겨 있을 때:** 화면이 잠겨 있을 때 알림을 받지 않습니다.

④ **TV 및 프로젝터에 미러링할 때:** TV나 프로젝터에 연결된 상태에서 알림을 받지 않습니다.

⑤ **모든 사람에게 걸려온 전화 허용:** 방해금지 모드일 때 걸려온 모든 전화에 대한 알림을 허용합니다.

⑥ **반복적으로 걸려온 전화 허용:** 방해금지 모드일 때 여러 번 걸려온 전화에 대해서만 알림을 받습니다.

앱 목록에서 알림 설정을 변경할 앱을 선택하면 해당 앱에서 알림을 표시하는 방법을 지정할 수 있습니다.

① **알림 허용:** 해당 앱의 알림을 허용합니다.

② **FaceTime 알림 스타일:** 알림 스타일을 지정합니다.

- **없음:** 알림을 표시하지 않습니다.
- **배너:** 알림 메시지가 오른쪽 위에 잠시 나타났다가 사라집니다.
- **알림:** 알림 메시지가 사용자가 알림을 없앨 때까지 계속 표시됩니다.

③ **잠금 화면에서 알림 보기:** 잠금 화면에서도 알림이 표시됩니다.

④ **알림 센터에서 보기:** 알림에서 미리 보여 줍니다.

⑤ **앱 아이콘에 배지 표시:** Dock에 있는 앱 아이콘에 알림 개수를 표시합니다.

⑥ **알림 사운드 재생:** 알림과 함께 알림 사운드를 재생하도록 합니다.

스크린 타임 🖴

스크린 타임 윈도우에서 앱 사용 시간을 확인하거나 앱이나 Mac 사용을 제한할 수 있습니다.

앱 사용 내용: 사용한 앱의 사용 시간이 그래프로 표시됩니다. 그래프 위의 날짜를 클릭해 목록을 펼치면 사용 내용을 주 단위로 확인할 수 있습니다. 다른 날짜의 사용 시간을 확인하려면 그래프 위의 좌우 화살표를 클릭하면 됩니다. 그래프 아래의 보기 항목에서 앱이나 카테고리를 선택하면 앱 사용 시간을 앱이나 카테고리별로 확인할 수도 있습니다.

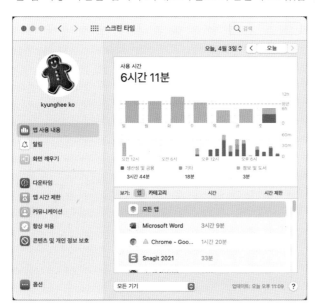

잠 깐 만 요

사용 시간이 표시되지 않을 경우, 스크린 타임 윈도우 아래의 [옵션]을 선택한 후 [켜기]를 클릭하면 스크린 타임을 활성화할 수 있습니다.

알림: Mac에서 표시된 알림이 앱별로 표시됩니다. 앱 사용 내용과 같이 주 단위로 알림 내역을 확인하거나 다른 날짜에 표시된 알림을 확인할 수도 있습니다.

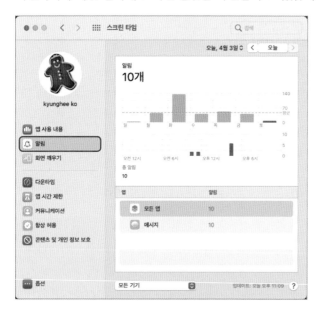

화면 깨우기: macOS가 잠자는 상태에서 깨어난 시간이 표시됩니다.

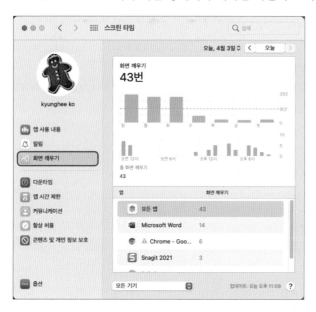

다운타임: Mac의 화면을 잠가 두는 시간을 '다운타임'이라고 합니다. 기본적으로 이 기능이 꺼져 있으므로 [켜기] 사용을 제한할 수 있습니다. 다운타임의 [켜기]를 클릭한 후 원하는 시간을 설정 합니다. 지정한 시간이 되면 Mac의 화면 사용이 중단되고 알림 메시지가 표시됩니다.

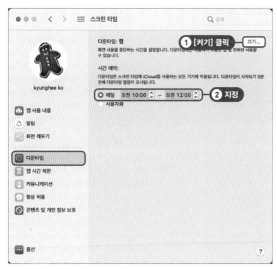

▲ 다운타임 지정하기　　　　　　　　　　　　　　　　　▲ 알림 메시지

잠 깐 만 요 ―――――――――――――――――――――――――――――――
다운타임, 앱 시간 제한, 항상 허용, 콘텐츠 및 개인 정보 보호는 관리자인 사용자만 설정을 변경할 수 있습니다.

앱 시간 제한: 지정한 앱의 사용 시간을 제한할 수 있습니다. 앱 시간 제한 기능은 기본적으로 켜져 있습니다. 목록 아래의 [+]를 클릭하면 사용을 제한할 앱과 사용 시간을 설정할 수 있습니다.

잠 깐 만 요 ―――――――――――――――――――――――――――――――
앱 시간 제한 기능을 사용하고 싶지 않다면 [끄기] 버튼을 클릭해 [켜기] 상태로 만들면 됩니다.

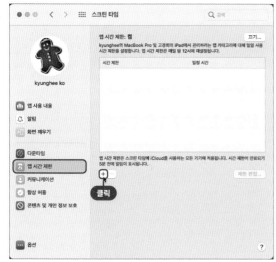

▲ 게임 앱 사용시간 30분으로 제한하기

커뮤니케이션: 스크린 타임 상태일 때와 다운타임 상태일 때도 FaceTime이나 전화, 메시지 등을 주고받을 대상을 지정합니다.

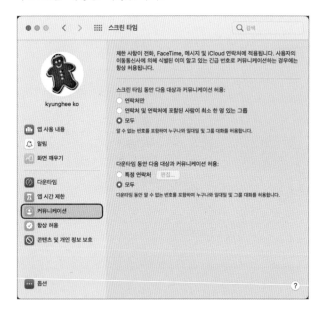

항상 허용: 다운타임을 지정한 시간이 되면 해당 앱의 화면이 잠깁니다. 하지만 다운타임 상태에서도 사용할 수 있는 앱을 선택할 수 있습니다. 목록의 앱 아이콘 앞의 체크 상자를 클릭하면 해당 앱을 항상 사용할 수 있습니다.

콘텐츠 및 개인 정보 보호: 무삭제판 콘텐츠, 앱 구입 등 콘텐츠 및 개인 정보의 사용을 제한하거나 허용할 수 있습니다. 설정을 변경하려면 [켜기]를 선택한 후 원하는 항목을 체크해 설정하면 됩니다.

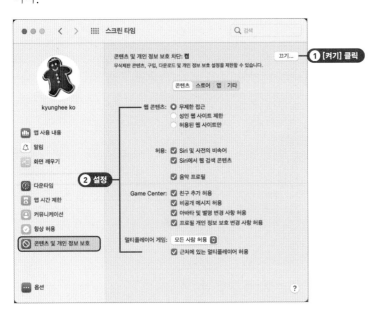

확장 프로그램

확장 프로그램을 사용하면 macOS나 앱 등에 새로운 기능을 추가할 수 있습니다. 확장 프로그램 윈도우의 왼쪽에는 다양한 확장 기능이 나열돼 있고, 확장 기능을 클릭하면 그 기능을 사용하는 앱들이 오른쪽에 나타납니다. 앱 목록에서 사용할 확장 프로그램을 체크하거나 체크 해제하면 됩니다.

보안 및 개인 정보 보호 🔒

사용자의 시스템을 안전하게 유지할 수 있도록 보안이나 개인 정보 보호와 관련된 설정을 지정하거나 변경할 수 있습니다. 여기에 있는 설정들은 윈도우 아래에 있는 🔒를 클릭해 잠금을 해제해야 변경할 수 있습니다.

일반: 보안을 위해 기본적으로 설정할 수 있는 로그인과 다운로드 관련 항목을 설정합니다.

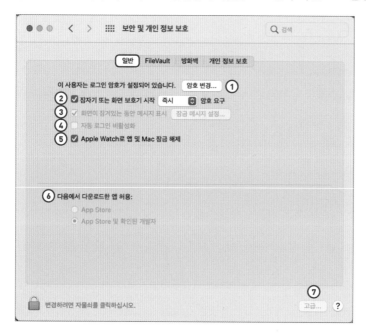

잠 깐 만 요

FileVault 항목이 켜져 있다면 '자동 로그인 비활성화' 항목이 표시되지 않습니다.

---

① **암호 변경:** 로그인 암호를 변경할 수 있습니다. 자세한 내용은 '05. 로그인할 때 자동으로 앱 설정하기'(468쪽)를 참고하세요.

② **잠자기 또는 화면 보호기 시작 암호 요구:** 잠자기 상태나 화면 보호기에서 시스템을 깨울 때 로그인 암호를 요구하는 시간을 선택합니다. 예를 들어, [1시간 후]을 선택할 경우 1시간이 지나기 전까지는 잠자기나 화면 보호기 상태에서 로그인 암호를 입력하지 않고도 바로 시스템을 깨울 수 있습니다.

③ **화면이 잠겨 있는 동안 메시지 표시:** 잠금 화면에서의 메시지 표시 여부와 메시지를 설정합니다.

④ **자동 로그인 비활성화:** 로그인할 때 암호를 입력해야 합니다.

⑤ **Apple Watch로 앱 및 Mac 잠금 해제:** Apple Watch를 사용해서 앱이나 Mac의 잠금을 해제하려면 선택합니다.

⑥ **다음에서 다운로드한 앱 허용:** 다운로드를 허용할 경로를 선택합니다. 자세한 설명은 86쪽을 참고하세요.

⑦ **고급:** 일정 시간 동안 Mac을 사용하지 않을 경우 로그아웃하거나 시스템에 영향을 미치는 설정을 변경할 때 관리자 암호를 입력해야 설정을 변경할 수 있도록 지정합니다.

FileVault: [FileVault 켜기]를 클릭하면 현재 시동 디스크의 모든 정보를 안전하게 암호화하고, 이후에 저장 공간에서 저장하는 새로운 정보를 암호화할 수 있습니다. FileVault를 켜면 Mac에 로그인할 때 항상 암호를 입력해야 합니다.

방화벽: 방화벽을 켜면 원하지 않는 네트워크나 인터넷 연결을 막을 수 있습니다. [방화벽 켜기]를 클릭하면 방화벽이 켜지면서 [방화벽 옵션]이 활성화됩니다. [방화벽 옵션]을 클릭하면 차단할 네트워크 등을 지정할 수 있습니다.

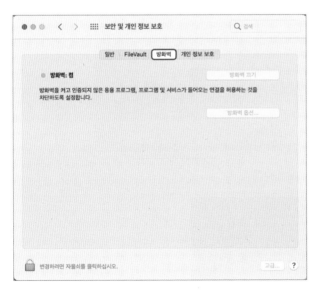

개인 정보 보호: 각 앱의 개인 정보 사용 권한을 지정할 수 있습니다.

 잠금 화면에 메시지 표시하기

잠금 화면에 메시지를 표시하면 Mac이 잠긴 상태에서 원하는 메시지를 표시할 수 있습니다. 만약, Mac 분실한 경우, 사용자의 연락처를 남기려고 할 때 유용합니다.

보안 및 개인 정보 보호 환경설정의 [일반] 탭에서 '화면이 잠겨 있는 동안 메시지 표시'에 체크합니다. 그리고 [잠금 메시지 설정]을 클릭하면 잠금 화면에 표시할 메시지 내용을 입력할 수 있습니다.

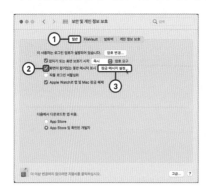 

이제부터는 잠금 화면 아래쪽에 항상 메시지가 표시됩니다.

소프트웨어 업데이트

macOS를 최신으로 유지하기 위한 업데이트 정보를 표시합니다. [지금 업데이트]를 클릭하면 소프트웨어 업데이트 윈도우에 표시된 모든 앱의 업데이트를 한꺼번에 진행할 수 있습니다.

잠 깐 만 요 ───────
'자동으로 Mac 최신으로 유지하기'
에 체크하면 새로운 업데이트를 자동
으로 설치할 수 있습니다.

[고급]을 클릭하면 업데이트에 관한 여러 가지 옵션을 선택할 수 있습니다.

네트워크

인터넷 연결을 위한 Wi-Fi 등의 네트워크 환경에 대한 설정을 변경할 수 있습니다. [고급]을 클릭하면 TCP/IP, DNS와 같은 추가 설정 항목이 표시됩니다.

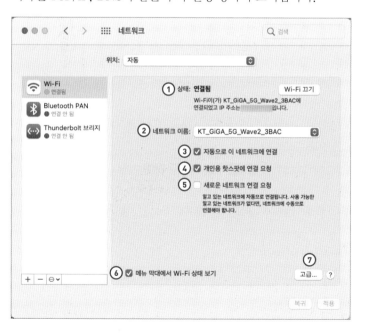

① **상태:** Wi-Fi 네트워크 연결 여부를 표시하고, Wi-Fi를 켜거나 끌 수 있습니다.

② **네트워크 이름:** 연결할 수 있는 Wi-Fi 네트워크가 표시됩니다. 목록을 펼쳐 연결할 네트워크 이름과 암호를 입력하면 선택한 Wi-Fi에 연결할 수 있습니다.

③ **자동으로 이 네트워크에 연결:** 연결한 적이 있는 Wi-Fi 네트워크에 자동으로 연결합니다.

④ **개인용 핫스팟에 연결 요청:** 주변에 개인용 핫스팟이 있을 경우, 알림을 표시합니다.

⑤ **새로운 네트워크 연결 요청:** 연결하지 않은 네트워크가 있을 때 알림을 표시합니다.

⑥ **메뉴 막대에서 Wi-Fi 상태 보기:** 메뉴 막대에 Wi-Fi 아이콘 📶을 표시해 Wi-Fi를 쉽게 켜거나 끌 수 있습니다.

⑦ **고급:** TCP/IP, DNS, WINS 및 프록시 서버 설정 등과 같은 네트워크 옵션을 설정할 수 있습니다.

Bluetooth 🔵

Bluetooth를 사용하면 Mac과 스마트폰, 마우스, 키보드, 음향 장치 등과 같은 주변 기기를 케이블 없이 연결할 수 있습니다. Bluetooth 환경설정 윈도우에서는 Mac과 연결된 주변 장치를 확인할 수 있습니다.

① **Bluetooth 끄기/켜기:** Bluetooth 기능을 켜거나 끌 수 있습니다.

② **기기:** Bluetooth 기능이 있는 기기가 Mac 근처에 있을 때 '기기' 목록에 표시됩니다. 표시된 기기의 Bluetooth가 켜져 있으면 자동으로 Mac과 연결되고, '연결됨'으로 표시됩니다.

③ **메뉴 막대에서 Bluetooth 보기:** 메뉴 막대에 Bluetooth 아이콘 🔵이 표시돼 메뉴 막대에서 Bluetooth 기기를 연결하거나 연결을 끊을 수 있습니다.

④ **고급:** 무선 키보드나 마우스, 트랙패드와 관련된 Bluetooth 설정이 표시됩니다.

프린터 및 스캐너 🖨

Mac에 프린터, 스캐너를 연결하거나 설정을 변경할 수 있습니다. 프린터, 스캐너를 연결하거나 제거하려면 목록에서 장치를 선택한 후 [+]/[−]를 클릭하면 됩니다.

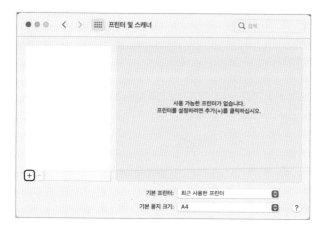

키보드 ⌨

Mac의 키보드 밝기나 기능 키 등 키보드에 관련된 설정을 지정하거나 변경할 수 있습니다.

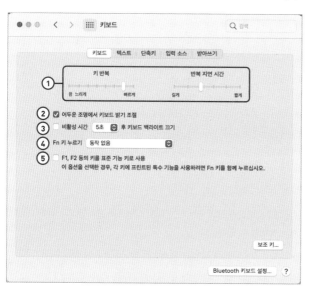

잠 깐 만 요 ─────────────────────────

무선 키보드를 사용할 경우 화면 아래에 키보드 잔량이 표시됩니다.

① **키 반복, 반복 지연 시간:** 키보드의 키를 계속 누르고 있을 때 문자가 반복해서 입력되는 빠르기와 입력까지 기다려야 하는 시간을 조절합니다.

② **어두운 조명에서 키보드 밝기 조절**: 백라이트가 있는 키보드의 밝기를 조절합니다.

③ **비활성 시간 후 키보드 백라이트 끄기**: Mac을 사용하지 않을 경우, 키보드의 백라이트를 끄기까지 기다려야 하는 시간을 지정합니다.

④ fn **키 누르기**: 키보드의 fn 키에 기능을 지정할 수 있습니다.

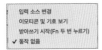

⑤ F1 , F2 **등의 키를 표준 기능 키로 사용**: 키보드에서 fn 키를 누르지 않고 기능 키를 사용합니다.

텍스트

① **입력 항목, 대치 항목**: 약어를 지원하는 앱에서 약어를 입력하면 그에 해당하는 대치 항목으로 표시합니다. 목록 아래에 있는 [+]나 [−]를 클릭해 원하는 문구를 추가하거나 삭제할 수 있습니다.

② **맞춤법 자동 수정**: 맞춤법 자동 수정을 지원하는 앱에서 맞춤법에 맞지 않는 텍스트를 입력하면 자동으로 수정합니다.

③ **자동으로 문장을 대문자로 시작**: 영어로 된 문장이나 고유 명사를 입력할 때 첫 글자를 대문자로 수정합니다.

④ **스페이스키를 두 번 눌러 마침표 추가**: 텍스트를 입력한 후 spacebar 키를 두 번 누르면 마침표가 추가됩니다.

⑤ **맞춤법**: 목록을 펼쳐 [한국어]를 선택하면 한국어 맞춤법을 적용할 수 있습니다.

⑥ **스마트 인용 부호 및 대시 사용**: 스마트 인용 및 대시를 지원하는 앱에서 프린트할 수 있는 인용 부호와 대시를 사용합니다.

단축키: macOS의 단축키를 확인하거나 기존의 단축키를 다른 키 조합으로 수정할 수도 있습니다. 수정한 단축키를 기본값으로 되돌리려면 [기본값으로 복원]을 클릭하면 됩니다. 단축키를 지정하는 방법은 502쪽 전문가의 조언을 참고하세요.

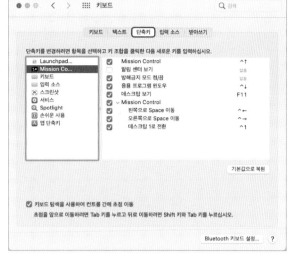

입력 소스: 영어나 한국어 외에 다른 언어를 사용하려면 언어 목록 아래에 있는 [+]를 클릭해 해당 언어의 키보드를 추가합니다.

받아쓰기: 받아쓰기 기능을 사용하면 마이크를 사용해 텍스트를 입력할 수 있습니다. 이 기능은 기본적으로 꺼져 있으므로 '켬'을 선택해야 합니다. 왼쪽의 [내장 마이크]를 클릭해 사용할 마이크를 선택하면 마이크를 테스트할 수 있습니다.

원하는 명령을 단축키로 만들기

앱별로 자주 사용하는 기능은 기본적인 단축키가 지정돼 있지만, 자신이 자주 사용하는 기능에 지정된 단축키가 없다면 언제든지 자신만의 단축키를 만들 수 있습니다. 예를 들어, Pages 앱의 '다른 사람과 공동으로 작업하기'와 같은 기능은 지정된 단축키가 없지만, 원하는 단축키를 지정할 수 있는 것이죠.

원하는 명령에 단축키를 만들려면 키보드 환경설정 윈도우의 [단축키] 탭을 클릭한 후 왼쪽 목록에서 [앱 단축키]를 선택합니다. 그리고 새로운 단축키를 추가하기 위해 [+]를 클릭합니다. '응용 프로그램' 목록을 펼쳐 Pages를 선택한 후 '메뉴 제목'에 단축키로 사용할 메뉴를 정확하게 입력합니다. 이때 상위 메뉴와 하위 메뉴는 '->'로 구분하고 메뉴 이름을 정확하게 입력해야 합니다. Pages의 '다른 사람과 공동으로 작업하기'는 Pages 메뉴 막대에서 [공유]-[다른 사람과 공동으로 작업하기...]를 차례대로 선택해야 하므로 이미지와 같이 메뉴 이름에 포함된 '...'까지 있다면 정확하게 마침표 3개를 입력해야 합니다. '키보드 단축키'에는 사용할 단축키를 입력한 후 [추가]를 클릭합니다. 여기에서는 shift + command + S 키를 단축키로 지정했습니다.

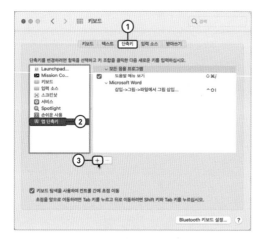

단축키 설정 윈도우로 돌아오면 방금 추가한 단축키가 등록된 것을 확인할 수 있습니다. 이제 Pages 앱에서 shift + command + S 키를 누르면 파일 공유 윈도우가 바로 열리고, 공동 작업을 편리하게 시작할 수 있습니다.

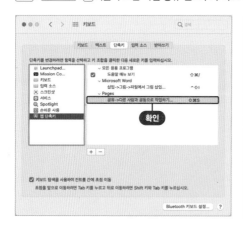

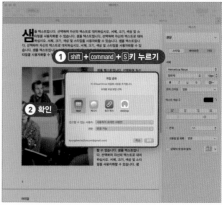

마우스

Bluetooth 마우스나 USB 유선 사용할 경우, 마우스의 스크롤 방향, 더블클릭 속도 등의 설정을 지정하거나 변경할 수 있습니다.

일반 마우스일 때의 설정 화면

Magic Mouse일 때의 설정 화면

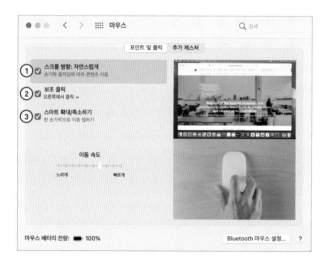

잠 깐 만 요

Mac에 연결된 마우스의 종류에 따라 표시되는 설정 항목이 다를 수 있습니다.

① **스크롤 방향: 자연스럽게**: 마우스의 휠을 스크롤할 때 화면의 방향을 선택할 수 있습니다.

② **보조 클릭**: 마우스 포인터의 이동 속도나 더블클릭 속도, 스크롤 속도를 조절합니다.

③ **스마트 확대/축소하기**: 제스처를 활용한 스마트 확대/축소하기를 사용합니다.

디스플레이

디스플레이 환경설정에서는 Mac의 해상도, 밝기를 조절하거나 디스플레이 색상 등의 옵션을 설정합니다. 디스플레이 환경설정에 표시되는 항목은 사용자의 작업 환경에 따라 조금씩 다르게 표시됩니다.

디스플레이: 기본적으로 해상도는 '디스플레이에 최적화'가 선택돼 있지만, 필요에 따라 '해상도 조절'을 선택하고 원하는 해상도로 바꿀 수도 있습니다. Mac에 측광 센서가 있을 경우, '자동으로 밝기 조절'에 체크하면 주변의 밝기에 따라 디스플레이 밝기가 자동으로 조정됩니다. '밝기'의 슬라이드 막대를 움직여 화면의 밝기를 조절할 수도 있습니다.

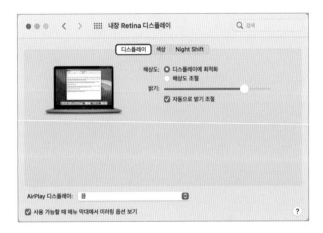

잠깐만요

외부 모니터를 연결해 사용할 경우, 디스플레이 윈도우가 모니터의 개수만큼 나타나고, 각 모니터별로 디스플레이 설정을 변경할 수 있습니다.

색상: 디스플레이 프로파일에서 색상 프로파일을 선택할 수 있습니다. [보정]을 클릭하면 디스플레이 보정기 지원 윈도우가 표시돼 원하는 색상으로 디스플레이를 보정할 수 있습니다.

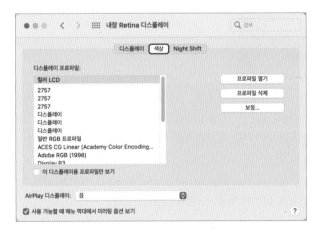

Night shift: 청색광(블루나이트)을 줄여 눈이 편안할 수 있도록 화면 색상을 따뜻한 색으로 변경할 수 있습니다. 자세한 설명은 '03. 블루 라이트를 줄이는 Night shift 설정하기'(65쪽)를 참고하세요.

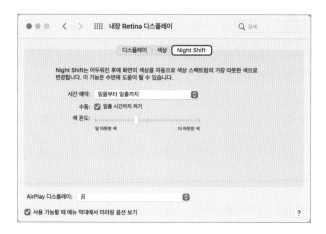

배터리

Mac을 일정 시간 동안 사용하지 않을 때 잠자기 상태로 전환하거나 배터리 절약하기 등 Mac의 에너지 사용에 대한 설정을 지정하거나 변경할 수 있습니다.

사용 기록: '지난 24시간'과 '지난 10일' 동안의 배터리 사용량과 화면 사용 시간을 확인할 수 있습니다.

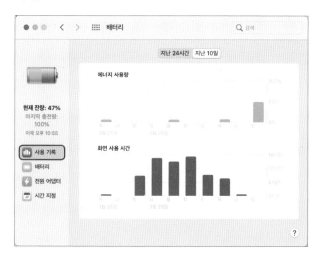

배터리: 배터리가 장착된 휴대용 Mac에서만 확인할 수 있는 항목입니다.

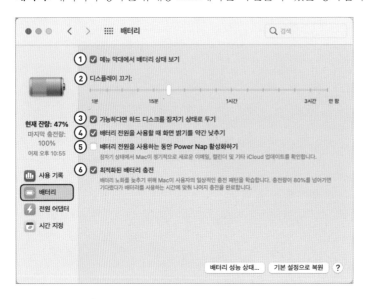

① **메뉴 막대에서 배터리 상태 보기:** 메뉴 막대에 배터리 아이콘을 표시합니다.

② **디스플레이 끄기:** 슬라이드 막대를 움직여 디스플레이가 잠자기 상태가 되기 전에 대기해야 하는 시간을 지정합니다.

③ **가능하다면 하드 디스크를 잠자기 상태로 두기:** Mac을 사용하지 않으면 하드 디스크를 잠자기 상태로 둡니다.

④ **배터리 전원을 사용할 때 화면 밝기를 약간 낮추기:** 배터리를 사용하는 동안 디스플레이 밝기를 낮춰 배터리를 절약합니다.

⑤ **배터리 전원을 사용하는 동안 Power Nap 활성화하기:** 배터리를 사용하는 동안 잠자기 상태에서 이메일이나 캘린더, iCloud 업데이트를 확인하도록 허용합니다.

⑥ **최적화된 배터리 충전:** 사용자의 충전 패턴을 학습해 배터리를 충전합니다. 충전량이 80%가 넘으면 기다렸다가 사용자의 배터리를 사용하는 시간에 맞춰 나머지를 충전합니다.

전원 어댑터: [전원 어댑터] 탭의 설정 항목은 'Wi-Fi 네트워크 연결 시 깨우기' 항목 외에는 [배터리] 탭의 설정 항목과 같습니다. 배터리를 사용할 때와 전원 어댑터를 연결할 때를 구분해 설정을 지정하거나 변경할 수 있습니다.

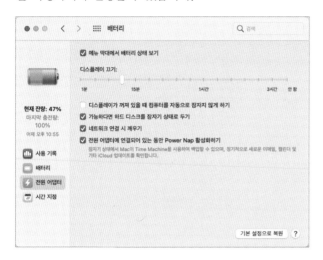

시간 지정: 전원 어댑터에 연결한 상태일 때 '시작 또는 깨우기'에 체크한 후 Mac이 자동으로 켜지도록 지정할 수 있습니다.

'잠자기' 항목에 체크한 후 목록을 펼쳐 '잠자기'나 '재시동', '시스템 종료' 시간을 지정할 수 있습니다.

날짜 및 시간 ⏱

macOS에서는 사용자가 있는 지역을 자동으로 인식해 시간대를 지정하고, 현재 시간을 메뉴 막대의 오른쪽 끝에 표시합니다.

① **날짜 및 시간**: 현재 시간대에서 날짜와 시간을 수정할 수 있습니다.

② **시간대**: 자동으로 설정된 기본 시간대가 아닌 다른 시간대로 바꾸려면 지도상에서 원하는 지역을 선택합니다.

시동 디스크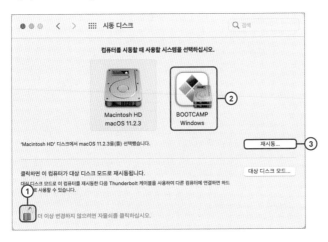

Mac을 시작할 때 부팅에 사용할 디스크를 선택합니다. 기본적으로 Mac에 있는 시동 디스크에서 macOS로 부팅합니다.

Mac에 Boot Camp를 설치하고, macOS 대신 Boot Camp의 Windows로 부팅하려면 🔒를 클릭해 잠금을 해제한 후 'BOOTCAMP'를 선택하고 [재시동...]을 클릭합니다. 단, 이렇게 지정하면 계속 Boot Camp로 시작합니다.

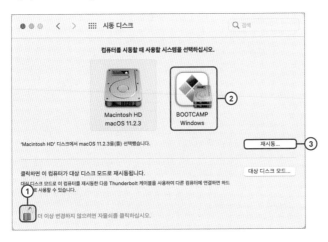

잠 깐 만 요 ──────────

가끔 Boot Camp를 사용해 Windows로 부팅한다면 [option] 키를 누른 상태로 Mac을 부팅한 후 Boot Camp가 설치된 디스크를 선택하는 방법을 사용하세요.

One More Thing!

macOS에는 책에서 다루지 못한 기능들이 많은데, 그중에서 알아 두면 좀 더 편리한 Automator와 터미널에 대해 알아보겠습니다. 또한 아직까지 Windows를 사용해야 하는 상황이 종종 있기 때문에 macOS에서 Windows를 함께 사용할 수 있는 Boot Camp에 대해서도 알아보겠습니다.

macOS

Automator

복잡한 프로그래밍 언어나 스크립트 언어를 몰라도 Automator
를 사용하면 파일명 한꺼번에 바꾸기처럼 반복해야 하는 작업을
자동화할 수 있습니다.

01 │ Automator 작업흐름 만들기

Automator를 사용하면 단순 반복해야 하는 작업을 간단하게 자동화할 수 있습니다. 이렇게 Automator에서 만든 동작을 작업흐름 (Workflow)이라고 합니다.

Automator 시작하기

Spotlight에서 'automator'를 검색하거나 [Launchpad]-[기타]에서 [Automator] 📝를 클릭해 Automator를 실행합니다.

Automator가 실행되면 Finder 윈도우 아래의 [새로운 문서]를 클릭하거나 Automator 메뉴 막대에서 [파일]-[신규]를 선택해 새로운 문서를 만들 수 있습니다.

잠|깐|만|요 ───
Spotlight로 실행하려면 새로운 문서를 선택하는 화면, Launchpad에서 실행하면 Automator 화면이 나타납니다.

새로운 문서에서 만들 수 있는 문서 유형은 8가지입니다.

① **작업흐름**: 반복되는 과정을 자동화한 후 Automator에서 실행합니다.

② **응용 프로그램**: Automator에서 만든 작업흐름을 응용 프로그램으로 만듭니다.

③ **빠른 동작**: Finder 윈도우의 [동작] 도구나 빠른 메뉴에 작업흐름을 추가합니나.

④ **프린트 플러그인**: 프린트 대화상자에 사용자가 만든 작업흐름을 추가합니다.

⑤ **폴더 적용 스크립트**: 사용자가 만든 작업흐름이 실행되는 폴더를 만듭니다.

⑥ **캘린더 알람**: 캘린더 알림이 실행될 때 실행되는 작업흐름을 만듭니다.

⑦ **이미지 캡처 플러그인**: 이미지 캡처 윈도우에 작업흐름을 추가합니다.

⑧ **받아쓰기 명령**: 받아쓰기가 실행될 때 실행되는 작업흐름을 추가합니다.

02 | 연속된 파일 이름으로 변경하기

Mac에서 스크린샷을 찍으면 '스크린샷'이라는 이름 뒤에 날짜와 시간 등을 붙어 파일 이름이 자동으로 만들어집니다. 여기에서는 스크린샷으로 만들어진 복잡한 파일 이름을 한꺼번에 변경하면서 연속된 파일 이름을 붙이는 작업흐름을 만들어 보겠습니다.

1 파일 이름 변경 동작을 반복할 것이므로 Automator 화면에서 [작업흐름]을 선택한 후 [선택]을 클릭합니다.

2 Automator 윈도우의 '보관함' 목록에 특정 앱이나 파일 또는 데이터 유형에 따라 카테고리 항목이 표시됩니다. 여기서는 파일 이름을 변경할 것이므로 '파일 및 폴더'를 선택하면 오른쪽에 파일과 폴더와 관련된 항목이 나타납니다. 파일 이름을 변경하기 위해서는 Finder에서 파일을 선택하는 것이 먼저이므로 [Finder 항목 요청]을 더블클릭하거나 오른쪽 작업 화면으로 드래그합니다.

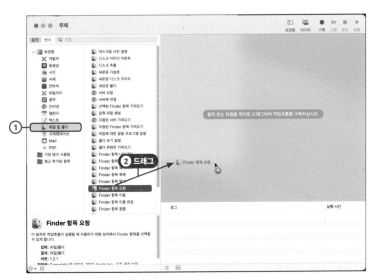

3 '시작' 항목에서 이름을 바꿀 파일들이 있는 위치를 지정한 후 여러 파일을 선택해 이름을 바꿀 수 있도록 '다중 선택 허용'에 체크합니다.

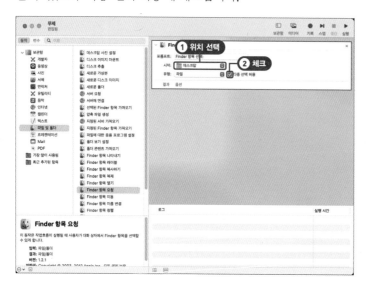

4 지금 만드는 작업흐름은 파일 이름을 연속하도록 변경하기 때문에 선택한 파일들을 생성 날짜에 따라, 파일 이름에 따라 먼저 정렬해야 합니다. 왼쪽 보관함에서 'Finder 항목 정렬'을 오른쪽 작업 화면으로 드래그한 후 '별' 항목에서 정렬 기준을 선택합니다. 여기에서는 '생성일'로 지정했습니다.

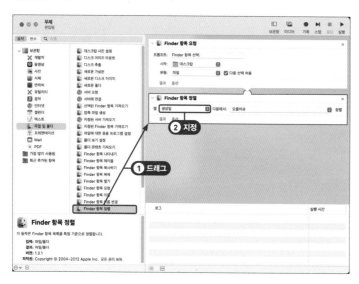

5 이제 파일 이름을 바꾸는 동작을 추가해 볼까요? 왼쪽 보관함 목록에서 'Finder 항목 이름 변경'을 오른쪽 화면으로 드래그합니다.

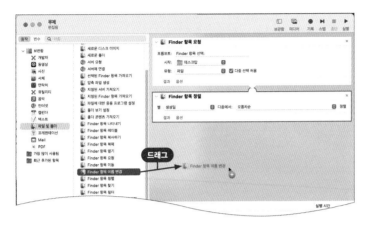

6 'Finder 파일 항목 변경'을 드래그하면 원본 파일을 그대로 두고 복사해 변경할 것인지, 원본 항목을 덮어쓸 것인지 선택해야 합니다. 원본을 그대로 보존하려면 '추가', 원본을 변경하려면 '추 가하지 않음'을 클릭합니다.

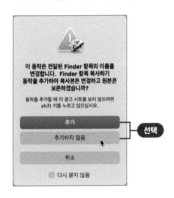

7 먼저 이름을 어떤 방식으로 변경할 것인지 선택해야 합니다. '날짜 또는 시간 추가' 항목을 클 릭한 후 [연속된 이름 만들기]를 선택합니다.

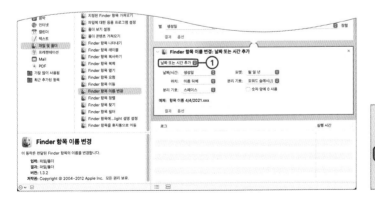

8 '새로운 이름'을 선택한 후 파일 이름을 입력합니다. 여기에서는 'mac'를 입력했습니다. 그리고 이름 뒤에 1부터 번호를 붙이기 위해 다음과 같이 설정합니다. 두 자리 숫자를 사용하려면 '모든 숫자를'에 체크한 후 뒤에 자릿수를 입력합니다. 바로 아래에 'mac-01.xxx'처럼 예제 파일 이름이 나오기 때문에 그것을 보면서 필요한 설정을 지정하면 됩니다.

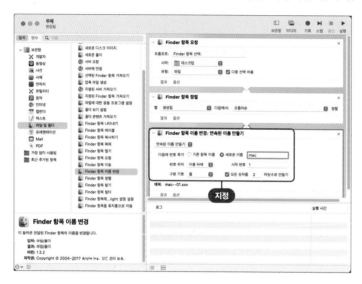

9 지금까지 만든 작업흐름을 실행해 볼까요? Automator 도구 막대 끝에 있는 [실행] ▶을 클릭합니다.

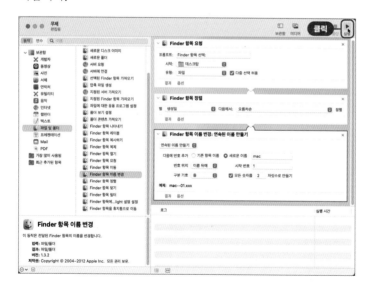

10 작업흐름에서 지정했던 폴더가 열리면 이름을 변경할 파일들을 선택한 후 [선택]을 클릭합니다.

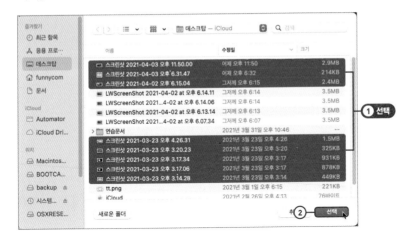

11 Automator의 화면 아래의 '로그' 창을 보면 지정한 동작이 실행되는 것을 확인할 수 있습니다.

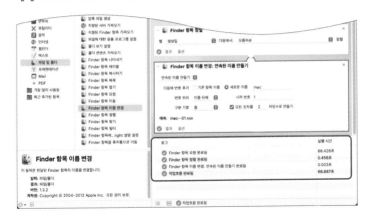

12 Finder에서 파일들이 있던 위치로 가 보면 Automator에서 지정했던 대로 선택한 파일들의 이름이 'mac-01', 'mac-02'처럼 바뀐 것을 볼 수 있습니다.

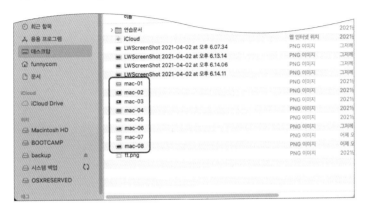

13 지금 만든 파일 이름 변경 작업을 나중에 사용하려면 작업흐름을 저장하면 됩니다. command+S를 누르거나 Automator 메뉴 막대에서 [파일]-[저장]을 선택한 후 원하는 폴더에 기억하기 쉬운 이름을 입력하고 [저장]을 클릭합니다.

14 이제 스크린샷을 만든 후 '캡처 후 이름 변경'이라는 작업흐름을 사용하면 언제든지 파일 이름을 연속으로 변경할 수 있습니다. 저장된 작업흐름을 더블클릭하면 Automator 앱이 실행되고, Automator 앱 안에서 '캡처 후 이름 변경.workflow'를 실행하면 됩니다.

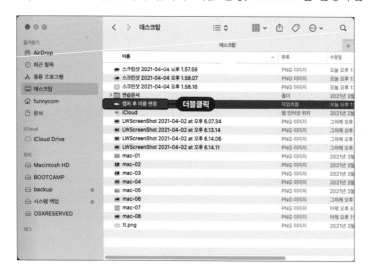

03 | 단축키로 화면 모드 변경하기

Automator로 만든 빠른 동작에 단축키를 지정하면 여러 단계를 거치는 작업을 단축키만으로 빠르게 실행할 수 있습니다. 이번에는 화면 모드를 변경하는 작업흐름을 만들어 단축키를 지정하는 방법에 대해 알아보겠습니다.

1 Automator를 실행한 후 문서 유형 선택에서 [빠른 동작]을 선택하고, [선택]을 클릭합니다.

2 보관함에서 [유틸리티]-[시스템 모드 변경]을 선택한 후 작업흐름 영역으로 드래그합니다.

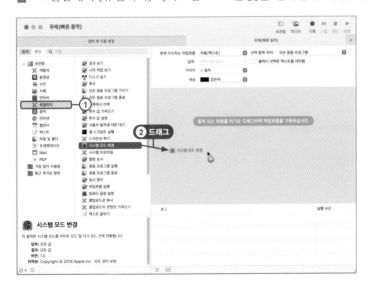

잠 깐 만 요

보관함 목록에서 [시스템 모드 변경] 항목을 더블클릭해도 작업흐름 영역에 추가할 수 있습니다.

3 '모드 변경' 항목에는 [라이트/다크 토글]이 기본적으로 선택돼 있습니다. command+S 키를 눌러 현재 작업흐름에 이름을 지정한 후 [저장]을 클릭합니다.

4 추가한 빠른 동작을 단축키로 등록해 보겠습니다. Spotlight에서 '키보드'를 입력한 후 검색 결과에서 [키보드]를 선택하면 시스템 환경설정 윈도우의 '키보드' 항목으로 바로 이동할 수 있습니다.

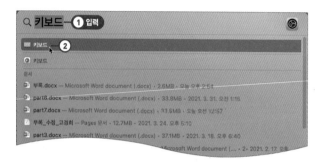

5 [단축키] 탭에서 [서비스]를 선택하면 오른쪽 목록의 '일반' 카테고리에 Automator에서 만든 '모드 변경'을 확인할 수 있습니다. [모드 변경]을 선택해 오른쪽에 [단축키 추가]가 나타나면 [단축키 추가]를 클릭합니다.

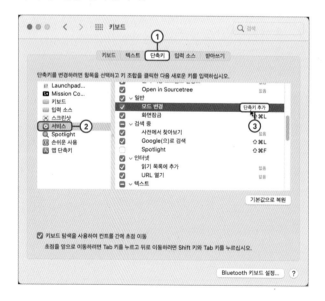

6 원하는 키조합을 누르세요. 여기에서는 [shift]+[command]+[M]키를 지정했습니다.

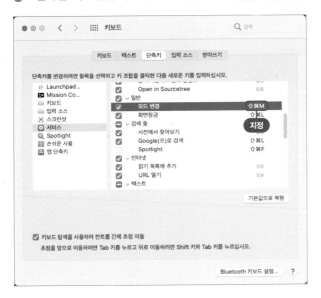

7 제대로 동작하는지 확인해 볼까요? 키보드에서 [shift]+[command]+[M]키를 눌러 보세요. 시스템 환경설정에서 시스템을 변경한다는 경고 창이 나타났을 때 [확인]을 클릭해야 빠른 동작이 실행됩니다. 이제부터 시스템 환경설정 윈도우를 찾아가지 않아도 단축키만으로 간단히 화면 모드를 바꿀 수 있습니다.

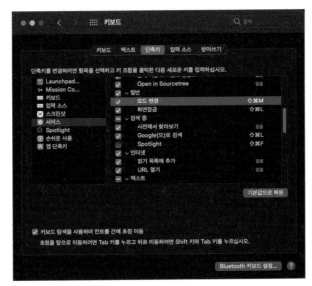

▲ 지정한 단축키로 라이트/다크 모드 변경

터미널

macOS에서 명령을 실행할 때는 마우스로 아이콘이나 메뉴를 선택하는 그래픽 방식의 인터페이스(GUI)를 사용합니다. 터미널을 사용하면 직접 명령어를 입력해 시스템을 제어하기 때문에 환경설정에는 없는 항목도 조정할 수 있고, 실행 속도도 빠릅니다. 터미널은 프로그램을 개발하면서 서버와 직접 연결해 명령해야 할 때 많이 사용하는데, 일반 사용자도 간단한 터미널 명령을 사용해 시스템 정보를 확인하거나 변경할 수 있습니다.

단, 터미널은 시스템을 직접 영향을 미치기 때문에 일부 명령을 잘못 입력했을 경우, 부팅되지 않는 상황이 생길 수도 있으므로 주의해야 합니다.

01 | 터미널 실행하기

터미널을 사용하면 기본 앱으로 실행할 수 없는 작업을 실행할 수 있습니다. 명령어를 알아보기 전에 터미널을 실행하는 방법과 기본적인 명령어에 대해 알아보겠습니다.

터미널 시작하기

Spotlight에서 '터미널'을 검색해 터미널을 실행합니다.

잠 깐 만 요

Launchpad에서 [기타]–[터미널]을 선택하거나 Finder에서 [응용 프로그램]–[유틸리티]–[터미널]을 선택해도 됩니다.

터미널 윈도우가 열리면 기본적으로 사용자 폴더가 표시되고, 문자열 커서 위치에 직접 명령어를 입력해 원하는 명령을 실행할 수 있습니다.

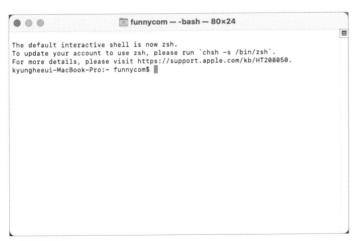

▲ 터미널 윈도우

간단히 'say 안녕하세요?'라고 입력해 보세요. 'say' 다음에 있는 문장을 소리 내어 읽어 줍니다. 터미널에서는 이런 식으로 명령어를 사용해 시스템을 제어할 수 있습니다.

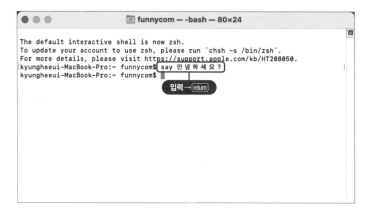

터미널을 종료하려면 'exit'를 입력한 후 [return]키를 누릅니다. 터미널 윈도우에 '프로세스 완료됨'이라는 메시지가 표시되면 터미널을 종료할 수 있는 상태가 된 것입니다. 이제 터미널 윈도우를 닫으면 됩니다.

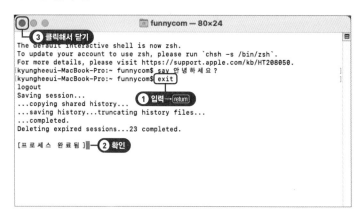

터미널 기본 명령어

터미널에서 사용할 수 있는 명령어에는 여러 가지가 있는데, 이 중 가장 많이 사용하는 명령은 다음과 같습니다. mkdir이나 cd 명령에서 사용하는 directory는 폴더와 같은 의미입니다.

mkdir 폴더명	현재 폴더 하위에 폴더를 만듭니다(make directory).
cd 폴더명	지정한 하위 폴더로 이동합니다(change directory).
cd ..	현재 폴더의 상위 폴더로 이동합니다.
cd ~	홈 폴더로 이동합니다.
ls	현재 폴더의 내용을 표시합니다(list).
cp 파일1 파일2	파일 1을 파일 2로 복사합니다. 파일 이름에 경로를 포함할 수 있습니다.
clear	화면을 지우고 문자열 포인터를 맨 위로 옮깁니다.
rmdir 폴더명	지정한 폴더를 삭제합니다(remove directory).
sudo rm	지워지지 않는 파일이나 폴더 등의 항목을 삭제합니다.

잠 깐 만 요

터미널 윈도우에서 ↑ 키를 누르면 이전에 입력했던 명령을 다시 입력합니다. 입력했던 명령어의 일부만 수정할 경우에 편리하겠죠?

터미널 윈도우에 명령어를 입력하면 기본 앱에는 없는 다양한 작업을 빠르게 실행할 수 있습니다. 하지만 일부 시스템에 직접 영향을 줄 수 있으므로 주의하세요.

최근 종료한 시간 확인하기

터미널에서 최근에 컴퓨터를 종료한 시간을 확인하려면 다음과 같이 입력합니다.

```
last shutdown
```

재부팅 시간 확인하기

최근에 재부팅한 시간도 확인할 수 있습니다.

```
last reboot
```

터미널에서 시스템 종료하기

Mac에서 시스템을 종료하려면 주로 [] – [시스템 종료]를 선택합니다. 터미널을 사용하는 도중에 시스템을 종료하려고 할 때, 굳이 터미널을 종료한 후 메뉴 막대에서 시스템 종료를 선택하지 않아도 터미널에서 직접 Mac을 종료할 수 있습니다. 단, 터미널에서 시스템을 종료할 때는 저장하지 않은 앱이 있어도 저장 메시지가 표시되지 않으므로 작업 내역을 저장했는지 확인한 후에 종료하세요.

즉시 종료하기: 명령을 입력한 후 [return]키를 누르는 동시에 시스템을 종료합니다.

```
shutdown -h now
```

종료 시간 지정하기: 앞으로 몇 분 후 또는 지정한 시각에 시스템을 종료하도록 지정할 수 있습니다.

```
shutdown -h +10        10분 후에 시스템 종료
shutdown -h 23:00      23:00에 시스템 종료
```

시스템 재부팅하기: 시스템을 종료한 후 재부팅하도록 지정합니다. 재부팅 시간도 함께 지정할 수 있습니다.

```
shutdown -r now        즉시 재부팅
shutdown -r +10        10분 후에 재부팅
shutdown -r 23:00      23:00에 재부팅
```

Finder에 숨겨진 파일 표시하기

터미널에서 defaults 명령을 사용하면 환경설정을 바꿀 수 있습니다. 기본적으로 Finder 윈도우에는 일부 파일들이 감춰져 있지만, Finder 윈도우에 숨겨진 파일까지 표시하려면 다음과 같이 입력합니다. 다시 감추려면 true를 false로 지정하면 됩니다.

```
defaults write com.apple.finder AppleShowAllFiles true
```

Finder 제목 막대에 경로 표시하기

Finder 윈도우에서 폴더를 열었을 때 제목 막대에는 폴더 이름만 표시됩니다. 제목 막대에 폴더 이름과 함께 경로까지 표시하려면 다음과 같이 입력합니다. 경로를 원래대로 감추려면 true를 false로 지정합니다. Finder 윈도우가 열려 있을 경우, Finder 윈도우를 종료했다가 다시 열면 변경된 것을 확인할 수 있습니다.

```
defaults write com.apple.finder _FXShowPosixPathInTitle -bool true
```

▲ 기본 형태

▲ 경로를 함께 표시한 형태

스크린샷 파일 형식 바꾸기

macOS 스크린샷의 캡처 이미지는 기본적으로 PNG 파일로 저장됩니다. 만일 스크린샷 파일 형식을 JPG로 바꾸려면 다음과 같이 입력합니다. Type에 'PDF'를 입력하면 JPG 대신 PDF로 지정할 수도 있습니다.

```
defaults write com.apple.screencapture type JPG
```

스크린샷 파일 저장 위치 변경하기

macOS에서 스크린샷을 만들면 기본적으로 데스크탑에 저장됩니다. 스크린샷 파일이 너무 많거나 용도에 따라 서로 다른 폴더에 저장하고 싶다면 스크린샷 파일의 저장 위치를 변경할 수 있습니다.

폴더 경로를 정확히 알지 못한다면 Finder 윈도우에서 드래그 앤 드롭할 수 있습니다. Finder 윈도우에서 스크린샷 파일을 저장할 폴더의 상위 폴더를 열어 놓습니다. 예를 들어, '문서' 폴더에 있는 'blog' 폴더 안에 저장하려면 '문서' 폴더를 열어 둡니다.

터미널 윈도우에 다음과 같이 입력합니다. location 다음에 한 칸 띄우고, 아직 return 키를 누르지 마세요.

```
defaluts write com.apple.screencapture location
```

Finder 윈도우에서 스크린샷 파일을 저장할 폴더를 클릭한 후 터미널의 location 뒤로 드래그합니다.

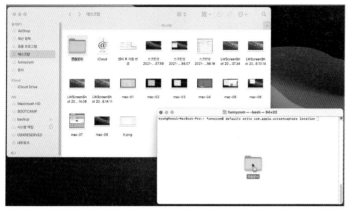

폴더 경로가 자동으로 입력되면 return 키를 누릅니다. 이후에 시스템을 재시동하면 변경한 폴더에 스크린샷이 저장됩니다.

Boot Camp

iMac이나 MacBook의 macOS을 사용하지만, 국내 인터넷 환경의 제한이나 각종 앱의 호환 등의 이유로 꼭 Windows를 사용해야 하는 경우가 많죠. macOS의 Boot Camp를 사용하면 iMac이나 MacBook에 Windows를 설치할 수 있습니다. 단, Apple M1칩을 사용한 iMac이나 MacBook에는 Boot Camp를 설치할 수 없습니다.

01 | Boot Camp로 Windows 10 설치하기

macOS를 사용하더라도 Windows가 필요한 상황은 많습니다. Boot Camp를 사용하면 macOS에 Windows 10을 설치할 수 있습니다.

Windows 10을 설치하기 전에 확인하세요

1 **프로세서 확인**: Boot Camp 기능은 Intel 프로세서를 사용한 Mac에서만 사용할 수 있습니다. Apple M1 프로세서를 사용한 Mac에는 Windows 10을 설치할 수 없습니다.

> **잠 깐 만 요** ──────
> Apple M1 칩은 Apple에서 개발한 Mac 전용 칩입니다.

2 **설치할 수 있는 모델**

MacBook Air		iMac	2012 이후 모델
MacBook Pro	2012년 이후 모델	iMac Pro	모든 모델
Mac mini		Mac Pro	2013 이후 모델
MacBook	2015년 이후 모델		

3 **시동 디스크 용량**: 시동 디스크에 최소 64GB 이상이 있다면 Windows 10을 설치할 수 있는데, 최상의 환경에서 사용하려면 128GB 정도의 공간이 필요합니다.

4 **Windows 설치 파일 준비**: Windows 10 설치 파일은 32비트와 64비트가 있는데, Boot Camp에서는 64비트 설치 파일이 필요합니다. 설치 파일은 Mac의 하드 디스크에 저장해 놓으세요.

5 **앱과 데이터 종료**: Windows 10을 설치하는 도중에 컴퓨터가 자동으로 재시동되기 때문에 Boot Camp를 시작하기 전에 작업 중이던 것을 모두 저장해야 합니다.

6 **외부 저장 장치 제거**: 컴퓨터에 외장 하드 디스크나 USB 메모리가 연결돼 있을 경우, Boot Camp를 시작할 때 외부 저장 장치를 제거하라는 경고가 표시되므로 외부 저장 장치들은 미리 제거한 상태에서 설치를 시작하세요.

Windows 10 설치하기

1 Finder 윈도우에서 [응용 프로그램]-[유틸리티]-[Boot Camp 지원]을 더블클릭합니다.

2 Boot Camp 지원 윈도우가 표시되면 [계속]을 클릭합니다.

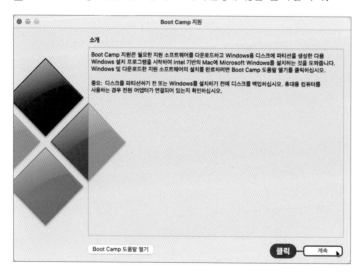

3 '다운로드' 폴더에 Windows 설치 파일(*.iso)이 있을 경우, 파일이 자동으로 선택됩니다. 그리고 'ISO 이미지'의 오른쪽에 있는 [선택]을 클릭해 윈도우 설치 파일의 위치를 지정합니다. 그런 다음 Boot Camp 파티션을 지정해야 하는데, 왼쪽 영역은 macOS 영역, 오른쪽 영역은 Windows 영역입니다. 두 영역 사이에 있는 조절점을 클릭한 후 좌우로 드래그해 적당한 크기를 지정하고 [설치]를 클릭합니다.

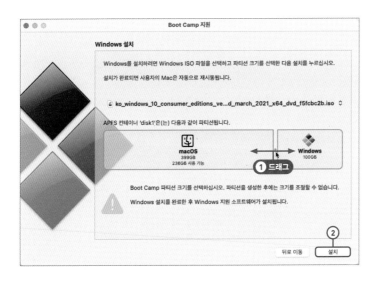

4 macOS에서 Windows를 사용할 수 있도록 하기 위해 지원 파일들을 다운로드하기 시작합니다. 파일 다운로드가 끝나면 Mac이 자동으로 재시동됩니다. 재시동 이후 나머지 설치 작업이 진행되는데, 설치하는 동안 컴퓨터가 몇 번 꺼졌다 켜진 후에는 Windows 10으로 부팅되면서 Windows 설치가 끝납니다.

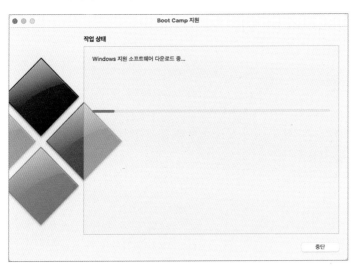

Boot Camp를 사용해 Windows 10을 설치한 후 인터넷 연결이 되지 않는 경우가 종종 있는데, 이럴 때는 Windows 10용 드라이버를 직접 설치해야 합니다.

1 Windows로 부팅되면 파일 탐색기를 실행한 후 [내 PC]-[OSXRESERVED]-[BootCamp] 폴더를 차례대로 선택합니다. 파일 중 Setup 파일을 더블클릭해 실행합니다.

잠|깐|만|요 ───
Boot Camp의 Windows 10에서 한/영 전환 키는 오른쪽 option 키입니다.

2 [다음]을 클릭해 설치를 진행합니다. 드라이버 설치가 모두 끝난 후 [완료]를 클릭하면 Mac 이 재시동되고, 인터넷이 연결됩니다.

시동 디스크를 macOS로 바꾸기

Boot Camp에 Windows 10을 설치하면 Mac을 켤 때마다 Windows로 부팅됩니다. macOS를 주로 사용하고, Windows는 가끔 사용한다면 시동 디스크를 macOS로 부팅하도록 바꿔야 합니다.

1 시스템 환경설정에서 [시동 디스크]를 클릭합니다.

2 환경설정을 바꾸는 것이기 때문에 잠금을 해제해야 합니다. 🔒를 클릭한 후 사용자 암호를 입력하고 [잠금 해제]를 클릭합니다.

3 'Macintosh HD macOS'를 선택한 후 [재시동]을 클릭해 Mac을 재시동하면 선택한 시동 디스크로 부팅됩니다.

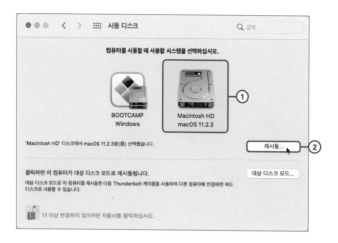

부팅할 때 시동 디스크 선택하기

macOS를 사용하다가 Windows로 부팅하거나 Windows를 사용하다가 macOS로 부팅해야 할 경우, 매번 시동 디스크를 변경하고 재시동하기 번거롭다면 부팅할 때 시동 디스크를 선택할 수도 있습니다.

Mac을 켜면서 option 키를 누르고 있거나 option 키를 누른 상태에서 [전원] ⏻ 버튼을 누르면 시동 관리자 화면이 나타납니다. 시동 관리자 화면에서 macOS로 부팅하려면 [Macintosh HD] 아래의 화살표, Windows로 부팅하려면 [Boot Camp] 아래의 화살표를 클릭합니다.

1 두 가지 이상의 프로그램을 한 권으로 끝내고 싶을 때!

핵심 기능만 쏙! 실무를 단숨에!

모든 버전 사용 가능

2016 버전

2013 버전

2 A~Z, 프로그램의 기본과 활용을 제대로 익히고 싶을 때!

기초 탄탄! 실무 충실!

2016 버전

2013 버전

2013 버전

2014 버전

3 현업에 꼭 필요한 실무 예제로 업무력을 강화하고 싶을 때!

직장인 업무 지침서 ! 현장 밀착 실무

버전 범용

2013 버전

프로 비즈니스 맨 지침서

효율적인 업무 정리부터 PPT 디자인까지 총망라!

| **무작정 따라하기** |

20년 이상 500만 독자에게 인정받은 길벗만의 노하우로,
독자의 1초를 아껴줄 수 있는 책을 한 권 한 권 정성들여 만들었습니다.